Testando Ideias de Negócios

Testing Business Ideas

Dados Internacionais de Catalogação na Publicação (CIP) de acordo com ISBD

B642t	Bland, David J.
	Testando Ideias de Negócios / David J. Bland, Trish Papadakos ; traduzido por Edite Siegert. - Rio de Janeiro : Alta Books, 2020.
	352 p. ; 24cm x 17cm.
	Tradução de: Testing Business Ideas
	Inclui índice.
	ISBN: 978-85-508-1450-6
	1. Administração. 2. Negócios. 3. Ideias. I. Papadakos, Trish. II. Siegert, Edite. III. Título.
2020-2300	CDD 658.4012
	CDU 65.011.4

Elaborado por Vagner Rodolfo da Silva - CRB-8/9410

ASSOCIAÇÃO BRASILEIRA DE DIREITOS REPROGRÁFICOS

Produção Editorial
Editora Alta Books

Gerência Editorial
Anderson Vieira

Gerência Comercial
Daniele Fonseca

Produtor Editorial
Illysabelle Trajano
Juliana de Oliveira
Thiê Alves

Editor de Aquisição
José Rugeri
j.rugeri@altabooks.com.br

Assistente Editorial
Maria de Lourdes Borges

Equipe Editorial
Ian Verçosa
Raquel Porto
Rodrigo Dutra
Thales Silva

Equipe Design
Larissa Lima
Marcelli Ferreira
Paulo Gomes

Marketing Editorial
Lívia Carvalho
marketing@altabooks.com.br

Tradução
Edite Siegert

Copidesque
Carolina Gaio

Revisão Gramatical
Vivian Sbravatti
Thaís Pol

Revisão Técnica
Adriano Teles
Empreendedor Serial

Diagramação
Luisa Maria Gomes

ALTA BOOKS EDITORA

Rua Viúva Cláudio, 291 — Bairro Industrial do Jacaré
CEP: 20.970-031 — Rio de Janeiro (RJ)
Tels.: (21) 3278-8069 / 3278-8419
www.altabooks.com.br — altabooks@altabooks.com.br
www.facebook.com/altabooks — www.instagram.com/altabooks

ASSOCIADO

Câmara Brasileira do Livro

Este é um guia de campo de experimentação rápida.
Use os 44 experimentos para acelerar a escalabilidade.
Vença em grande estilo com pequenas apostas...

Testando Ideias de Negócios

Testing Business Ideas

ESCRITO POR
David J. Bland
Alex Osterwalder

ALTA BOOKS
E D I T O R A
Rio de Janeiro, 2020

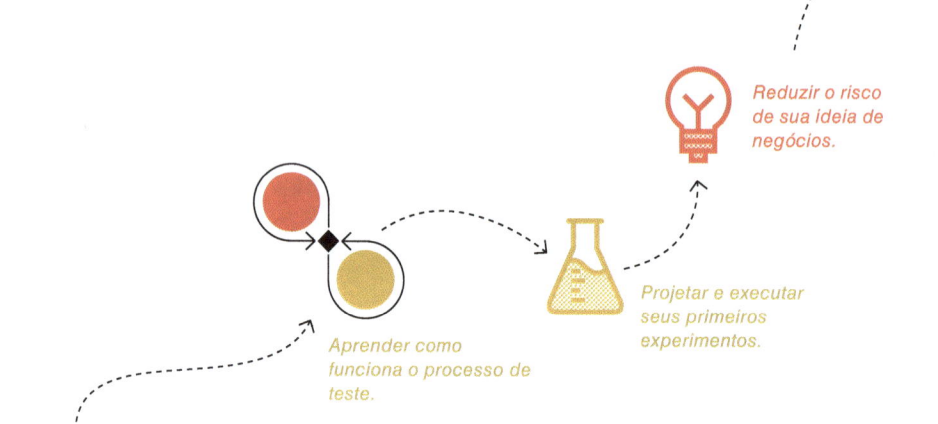

Reduzir o risco de sua ideia de negócios.

Aprender como funciona o processo de teste.

Projetar e executar seus primeiros experimentos.

Este livro o ajudará a **Começar a Testar**
Ideias de Negócios

O conceito de Testar Ideias de Negócios é relativamente
novo para você. Talvez tenha lido livros importantes sobre
o tema de Steve Blank e Eric Ries, talvez não. Contudo,
você sabe que quer começar e está ansioso para testar
suas ideias.

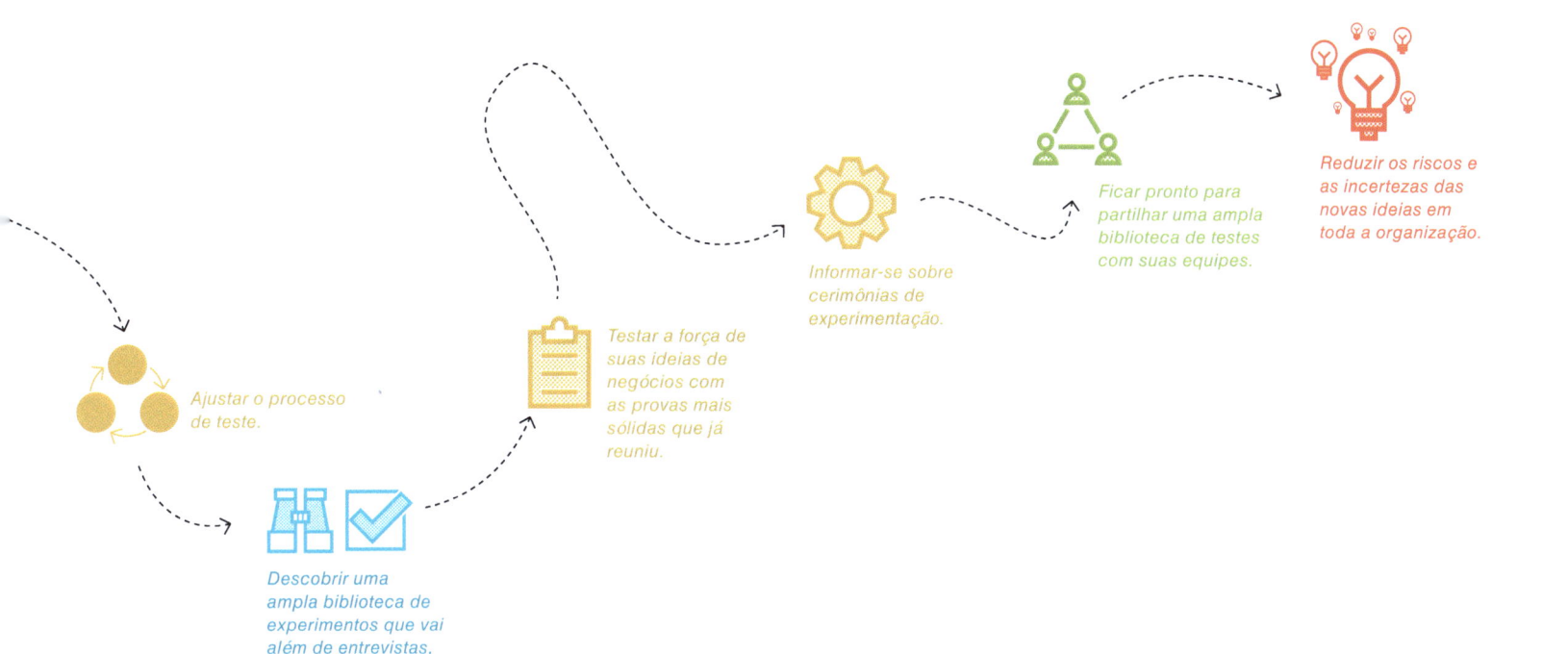

Ajustar o processo de teste.

Descobrir uma ampla biblioteca de experimentos que vai além de entrevistas, pesquisas e produtos viáveis mínimos.

Testar a força de suas ideias de negócios com as provas mais sólidas que já reuniu.

Informar-se sobre cerimônias de experimentação.

Ficar pronto para partilhar uma ampla biblioteca de testes com suas equipes.

Reduzir os riscos e as incertezas das novas ideias em toda a organização.

Melhorar Suas Habilidades de Testes

Você conhece bem o processo de Testar Ideias de Negócios. Leu todos os livros sobre o tema, executou vários projetos e criou produtos viáveis mínimos. Agora, quer incrementar sua estratégia e melhorar suas habilidades de testes.

Testar Escalabilidade na Organização

Você é designado para atividades de sistematização e testes de escalabilidade em sua organização. Tem experiência no assunto e está procurando ideias inovadoras para levar às equipes de toda a empresa.

v

Este livro foi feito para **Inovadores Corporativos**, **Empreendedores de Startups** e **Empreendedores Solo**.

Qual o descreve melhor?

☐ **Inovador Corporativo** que desafia o status quo e está criando novos empreendimentos nos limites de uma grande organização.

☐ **Empreendedor de Startup** que quer testar os componentes de seu modelo de negócios para evitar desperdício de tempo, energia e dinheiro da equipe, de cofundadores e de investidores.

☐ **Empreendedor Solo** que tem uma atividade paralela ou uma ideia que ainda não se transformou em negócio.

Com qual dos seguintes você se identifica?

☐ Estou procurando novas formas de experimentar, em vez de sempre confiar em grupos focais, entrevistas e pesquisas.

☐ Quero promover mais crescimento, mas não quero, acidentalmente, prejudicar a marca do empreendimento no processo de teste.

☐ Sei que, para ser realmente disruptivo, preciso de uma equipe dedicada que assuma o trabalho e seja capaz de criar as próprias evidências.

☐ Sei que é arriscado promover escala em um negócio que ainda não está preparado, então quero testar o modelo de negócios para provar que estou no caminho certo.

☐ Sei que preciso alocar recursos limitados com sabedoria e tomar decisões baseadas em fortes evidências.

☐ Quero dormir à noite sabendo que passamos o dia trabalhando nas coisas mais importantes para o sucesso de nossa startup.

☐ Estou ciente de que precisamos mostrar evidências de progresso que justifiquem os ciclos de investimentos atuais e futuros.

☐ Não tenho os recursos de uma startup financiada, quanto mais uma corporação.

☐ Nunca tentei isso antes, então quero que essas horas extras e finais de semana trabalhados valham a pena.

☐ No final, quero dedicar todo o meu tempo a essa ideia, mas parece arriscado. Para dar esse salto, preciso de evidências de que estou criando algo importante.

☐ Li alguns livros sobre empreendedorismo, mas preciso de orientação sobre como testar minhas ideias e realizar experimentos.

Como Ir de Uma Boa Ideia para um Negócio Validado

Muitos empreendedores e inovadores executam ideias prematuramente porque parecem ótimas nas apresentações, fazem todo o sentido nas planilhas e parecem irresistíveis no plano de negócios… e acabam descobrindo, depois, que sua visão não passava de uma alucinação.

Não cometa o erro de executar ideias de negócios sem evidências: teste as ideias com cuidado, independentemente do quanto pareçam ótimas na teoria.

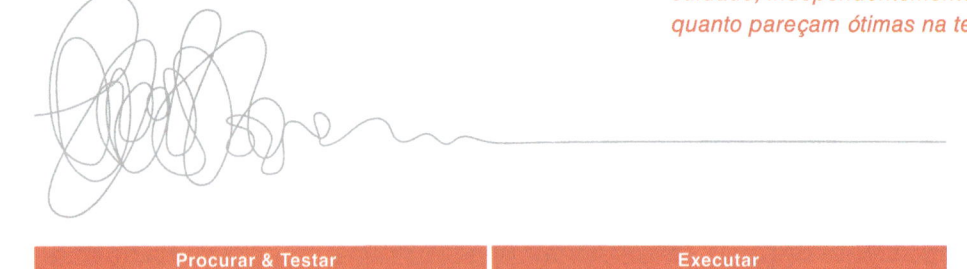

Ideia

Procurar & Testar

Executar

Negócio

**Navegue na Biblioteca de Experimentos
Deste Livro para Blindar Suas Ideias**

Testar é a ação de reduzir os riscos de perseguir ideias que parecem boas na teoria, mas não funcionam na prática. Teste suas ideias realizando experimentos rápidos que lhe possibilitem aprender e se adaptar.

Este livro resume a mais extensa biblioteca de testes do mercado para ajudá-lo a blindar suas ideias com evidências. Teste amplamente para não desperdiçar tempo, energia e recursos com ideias que não funcionam.

A tarefa nº 1 do empreende-dor e inovador é reduzir o risco e a incerteza.

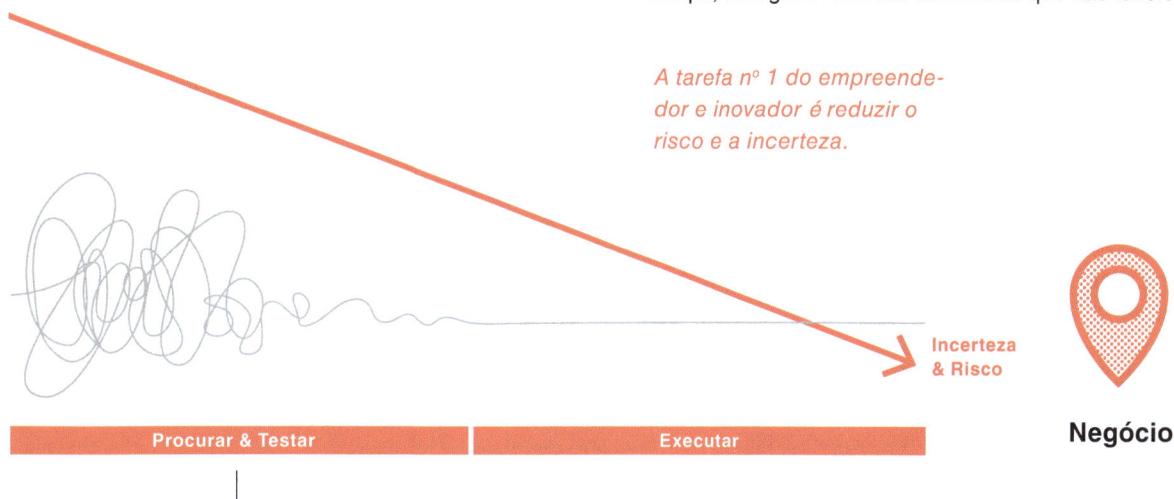

Ideia

Procurar & Testar

Executar

Incerteza & Risco

Negócio

Descoberta
Descubra se a direção está certa. Teste suposições básicas. Use os primeiros resultados para uma rápida correção do rumo.

Validação
Valide a direção tomada. Confirme com evidências sólidas que sua ideia de negócios tem chances de funcionar.

O Processo Iterativo

Design do Conceito de Negócios

Fazer o design é a ação de transformar ideias vagas, insights de mercado e evidências em proposições de valor concretas e em modelos sólidos de negócios. Um bom design consiste em usar padrões de modelos de negócios robustos para maximizar os retornos e competir além de produtos, preços e tecnologia.

O risco está na possibilidade de um negócio não obter acesso a recursos-chave (tecnologia, Propriedade Intelectual, marca etc.), não desenvolver capacidades para realizar atividades-chave ou não encontrar parceiros-chave para construir uma proposta de valor em escala.

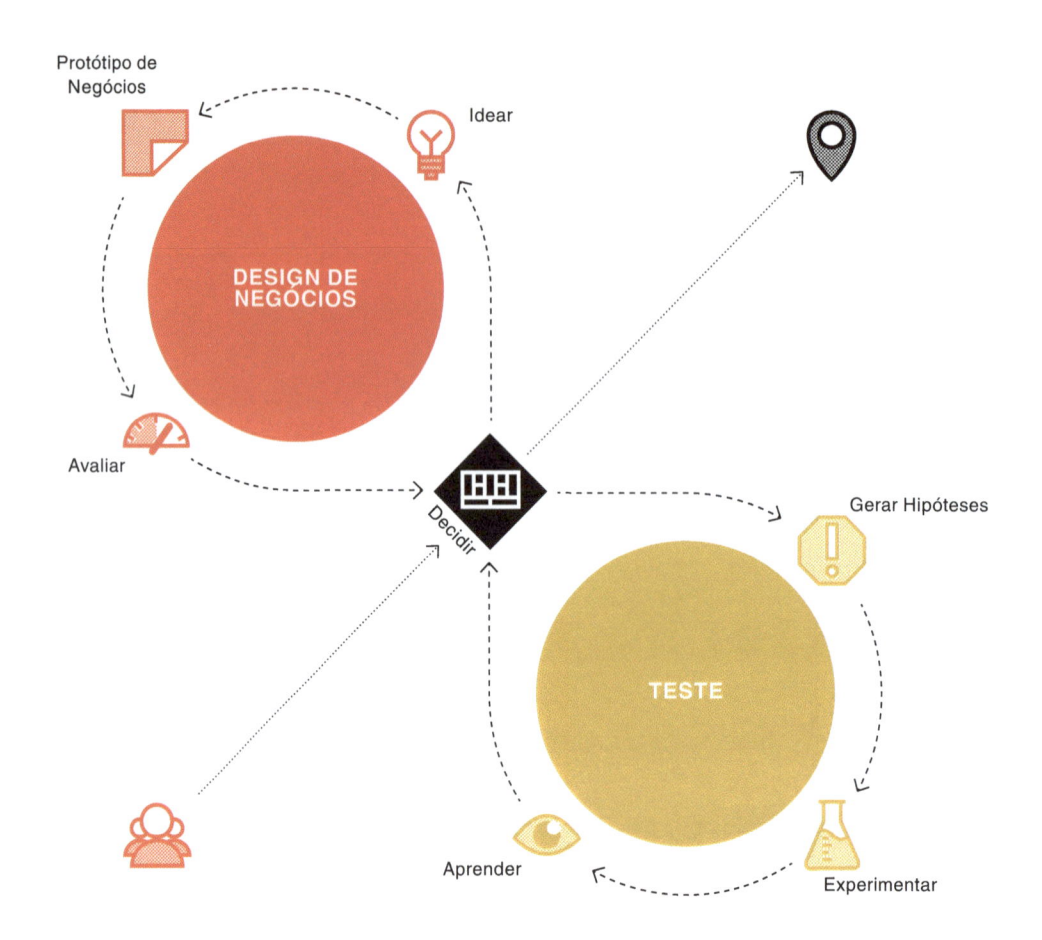

Protótipo de Negócios

Idear

DESIGN DE NEGÓCIOS

Avaliar

Decidir

Gerar Hipóteses

TESTE

Aprender

Experimentar

 **Ideia**  +  **Modelo de Negócios** 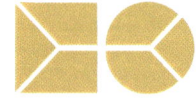 +  **Proposta de Valor** =

Testando e reduzindo riscos

Para testar uma ideia de negócios, você deverá dividi-la em porções menores de hipóteses testáveis. Essas hipóteses cobrem três tipos de risco. Primeiro, que os clientes não estão interessados em sua ideia (desejo).

Segundo, que você não pode construir e entregar sua ideia (praticabilidade). Terceiro, que você não pode ganhar dinheiro suficiente com sua ideia (viabilidade).

Você testará suas hipóteses mais importantes com experimentos apropriados. Cada experimento gerará evidências e insights que lhe permitirão aprender e se decidir. Com base nas evidências e nos insights, você poderá adaptar a ideia, caso perceba que está no caminho errado, ou continuar a testar outros de seus aspectos, se houver indícios que sustentem sua direção.

 **+**  **+**  **=** **Redução de Incertezas e de Riscos**

Hipóteses-chave **Experimentos** **Insights-chave**

Risco de desejo
Clientes não estão interessados
O risco é o de que o mercado-alvo seja muito pequeno; que poucos clientes queiram a proposta de valor; ou que a empresa não possa atingir, adquirir e reter os clientes-alvo.

Risco de praticabilidade
Não podemos construir e entregar
O risco é o de que o negócio não possa acessar recursos-chave (tecnologia, PI, marca etc.), não possa desenvolver capacidades de realizar atividades-chave ou não possa encontrar parceiros-chave para construir e proporcionar escala à proposta de valor.

Risco de viabilidade
Não conseguimos ganhar dinheiro suficiente
O risco é o de que o negócio não possa gerar fluxos de receita de sucesso, que os clientes não estejam dispostos a pagar (o suficiente) ou que os custos sejam muito altos para gerar um lucro sustentável.

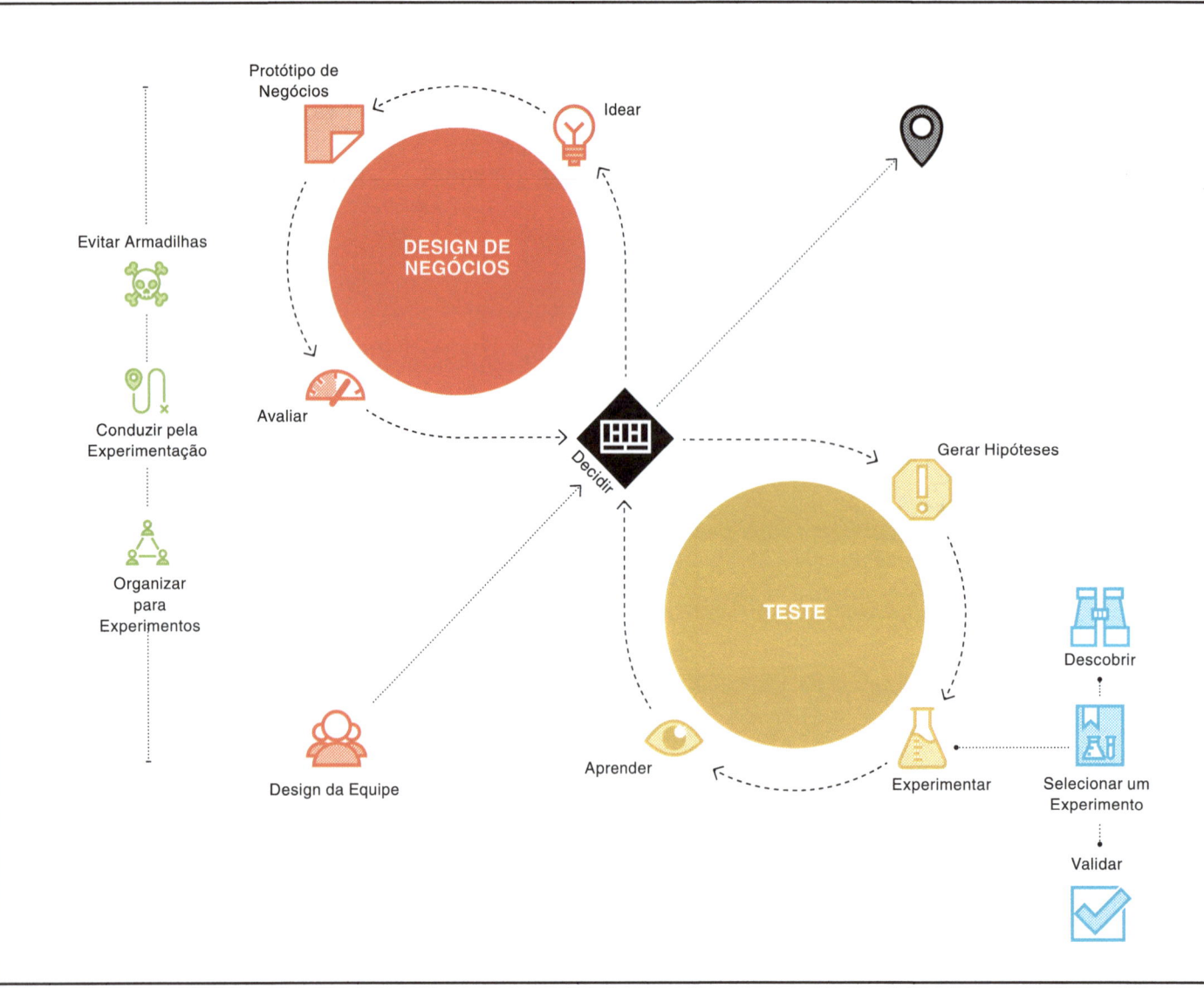

Des

ign

"A força da equipe é
cada membro individual.
A força de cada membro
é a equipe."

———————

Phil Jackson,
Ex-treinador da NBA

SEÇÃO 1 — DESIGN

1.1 — CRIE O DESIGN DA EQUIPE

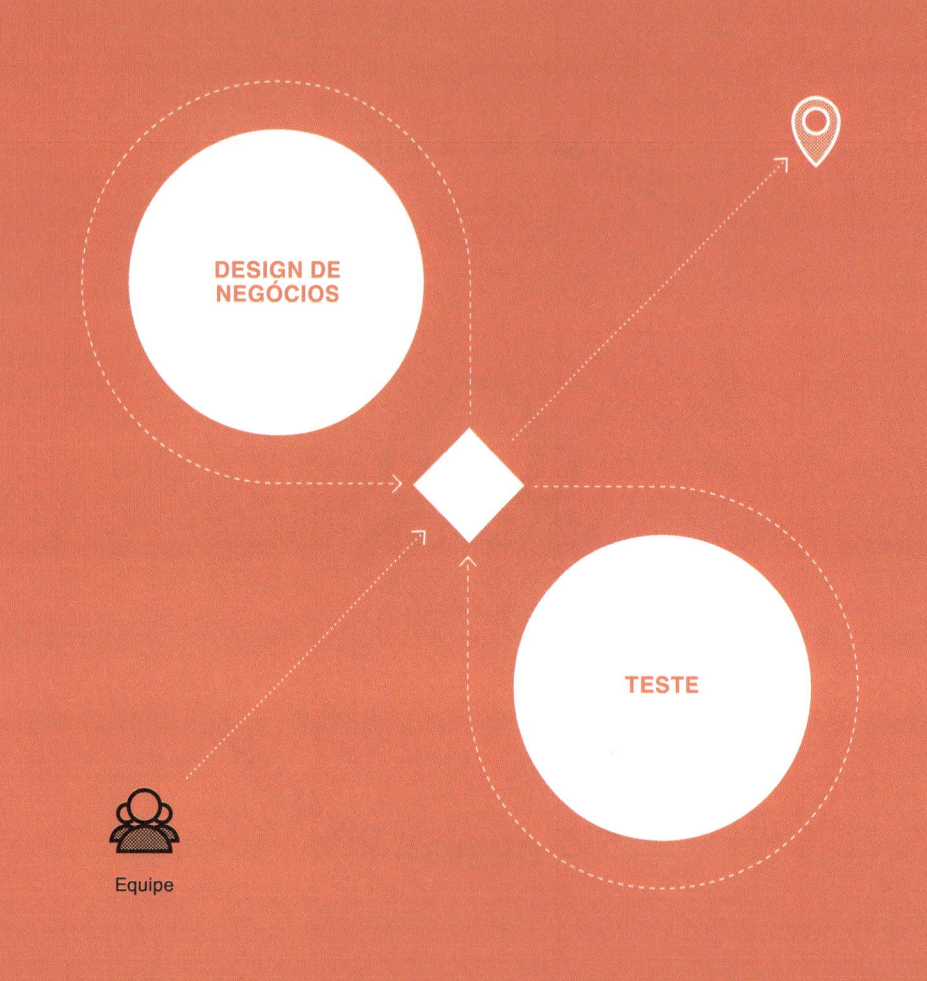

DESIGN DE
NEGÓCIOS

TESTE

Equipe

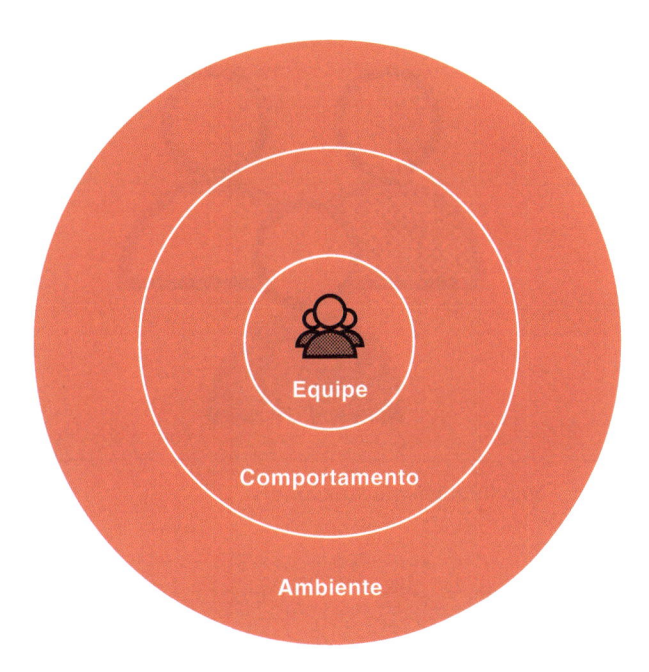

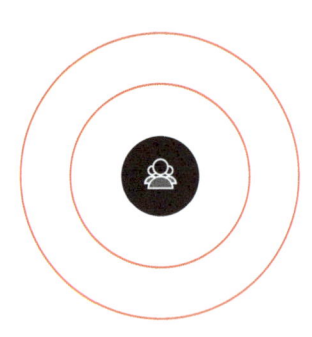

Design da Equipe

De que tipo de equipe precisamos para criar nosso negócio?

Ao trabalhar com equipes em todo o mundo, aprendemos que atrás de cada empreendimento bem-sucedido há uma ótima equipe. Se você está em uma startup, a equipe fundadora é o fator que une tudo. Se está em uma corporação, ainda precisa de uma equipe sólida para criar um novo empreendimento de negócios. Se é um empreendedor solo, a equipe que formar elevará ou derrubará seu empreendimento.

Habilidades Interfuncionais

Uma equipe interfuncional tem todas as habilidades essenciais necessárias para entregar o produto e aprender com os clientes. Um exemplo comum de uma equipe interfuncional básica consiste em design, produto e engenharia.

Adaptado de Jeff Patton.

Habilidades Normalmente Necessárias para Testar Ideias de Negócios

- Design
- Vendas
- Produto
- Marketing
- Tecnologia
- Pesquisa
- Jurídico
- Finanças
- Dados

Acesso às Habilidades que Faltam

Se você não tiver as habilidades necessárias ou não conseguir parcerias externas, avalie ferramentas tecnológicas para suprir a falta.

Ferramentas de Teste

Todos os dias surgem novas ferramentas no mercado que lhe permitem:

- Criar landing pages
- Desenhar logos
- Exibir anúncios online
- E mais…

E com pouca ou nenhuma experiência necessária.

Experiência Empreendedora

Não é coincidência que empreendimentos de sucesso se beneficiem de quem tem experiência empreendedora.

Muitos empreendedores precisaram de várias tentativas antes de encontrar o sucesso. O grande sucesso da Rovio, o jogo Angry Birds, foi antecedido por 6 anos e 51 jogos fracassados.

Diversidade

Diversidade dos membros da equipe significa variação quanto à raça, etnia, gênero, idade, experiência e pensamento. Hoje, mais do que nunca, novos negócios exercem um impacto mundial real nas pessoas e na sociedade. Se as pessoas de sua equipe tiverem experiências, pensamentos e aparências semelhantes, terão muita dificuldade em superar incertezas.

A falta de experiências e perspectivas diferentes em uma equipe fará com que seus vieses se entranhem no empreendimento.

Quando montar sua equipe, lembre-se de manter a diversidade em primeiro lugar, não como elemento secundário. Lidere pelo exemplo, tendo uma equipe de liderança diversificada. É muito difícil solucionar problemas que surgem quando se tem uma equipe homogênea.

SINOPSE

Comportamento da Equipe

Como nossa equipe precisa agir?

O design da equipe é necessário, mas insuficiente. Talvez você tenha experiência empreendedora, mas o modo de interagir com a equipe também precisa mostrar características empreendedoras. O comportamento da equipe deve ser separado em seis categorias, que são os principais indicadores de seu sucesso.

Equipes Bem-sucedidas Exibem Seis Comportamentos

1. Influenciadas por Dados
Você não precisa ser orientado por dados, mas deve ser influenciado por eles. As equipes não podem mais se dar ao luxo de desenvolver uma lista de funcionalidades. As ideias geradas a partir dos dados moldam o backlog e a estratégia.

2. Orientadas por Experimentos
Equipes erram e experimentam. Elas não focam apenas a entrega de funcionalidades, mas também elaboram experimentos para aprender sobre suas hipóteses mais arriscadas. Combine experimentos com o que você está tentando aprender.

3. Centradas nos Clientes
Para criar novos negócio hoje, as equipes têm que saber "o porquê" que fundamenta o trabalho. Para tanto, é preciso haver uma conexão constante com o cliente, que não deve se limitar à experiência do novo cliente, e se estende para dentro e fora do produto.

4. Empreendedora
Seja rápido e valide seus atos. As equipes têm um senso de urgência e criam impulso em direção ao resultado viável. Isso inclui uma solução de problemas criativa e rápida.

5. Abordagem Iterativa
Equipes visam um resultado desejado pela repetição de um ciclo de operações. A abordagem iterativa pressupõe que você não conhece a solução, e, assim, pela iteração por diversas táticas, chega-se ao resultado.

6. Questionamento de Hipóteses
As equipes devem se dispor a desafiar o status quo e o padrão dos negócios. Elas não têm medo de testar um modelo de negócios disruptivo que produzirá excelentes resultados, em vez de sempre agir com cautela.

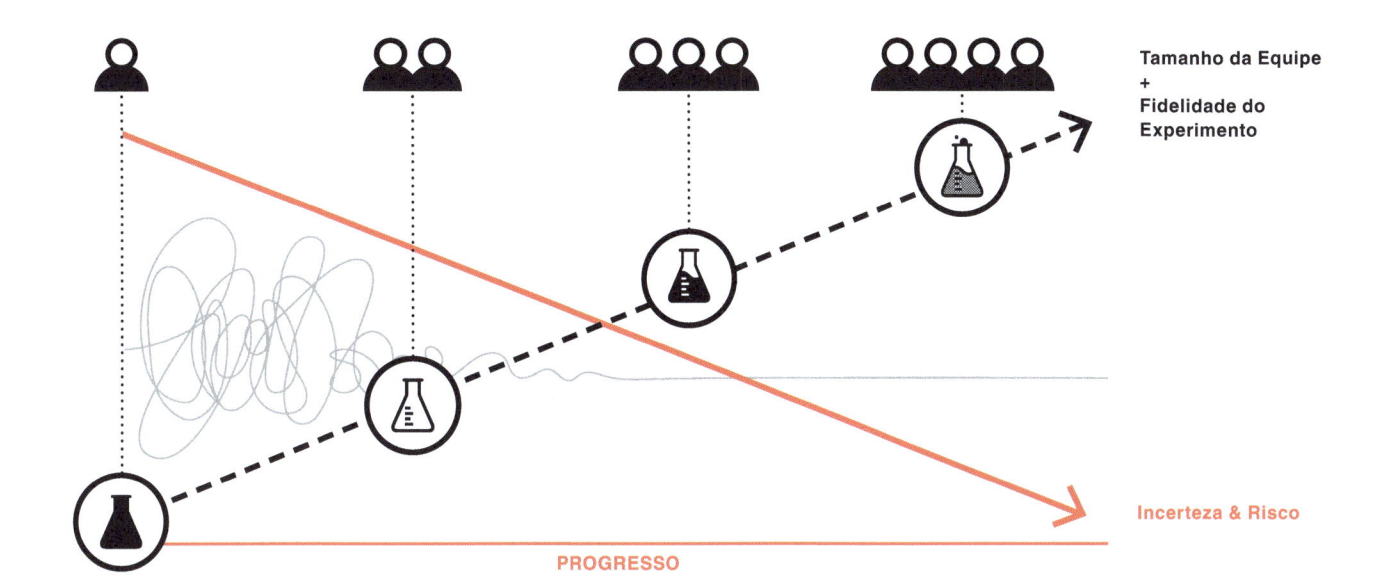

**Tamanho da Equipe
+
Fidelidade do
Experimento**

Incerteza & Risco

PROGRESSO

Desenvolvendo a Equipe

Essa jornada pode se iniciar sem uma equipe, mas, com
o tempo e o aumento das dificuldades, é provável que
você tenha que criá-la. Espere que sua equipe cresça e
evolua à medida que você encontra o product/market fit,
constrói do jeito certo e escala.

SINOPSE

Ambiente da Equipe

Como criar um ambiente para a sua equipe prosperar?

As equipes precisam de um ambiente sustentável para explorar novas oportunidades de negócios. Elas não podem se ater a um padrão em que falhas não são uma opção. Falhas ocorrem, só não são uma meta. A meta é aprender mais depressa que a concorrência e pôr esse aprendizado em prática. Líderes precisam intencionalmente planejar um ambiente em que isso possa ocorrer, do contrário, mesmo uma equipe ideal, com os comportamentos acertados, acabará se estagnando e desistindo.

As Equipes Precisam Ser...

Dedicadas

As equipes precisam de um ambiente em que possam se dedicar ao trabalho. Ser multitarefas em vários projetos silenciosamente destruirá qualquer progresso. Equipes pequenas dedicadas ao trabalho progridem mais do que grandes não dedicadas.

Financiadas

É impraticável esperar que essas equipes atuem sem um orçamento ou recursos. Experimentos custam dinheiro. Aumente os recursos para as equipes usando uma abordagem do tipo capital de risco, com base nos ensinamentos que partilham durante as revisões com os stakeholders.

Autônomas

As equipes devem ter espaço para se apoderar do trabalho. Não pratique o microgerenciamento a ponto de retardar seu progresso. Em vez disso, dê-lhes espaço para prestar contas do progresso em relação à meta.

O Empreendimento Deve Proporcionar...

Apoio

Liderança

Equipes precisam de um ambiente que tenha o tipo certo de apoio de liderança. Um estilo de liderança facilitador é ideal aqui, porque você não conhece a solução. Lidere com perguntas, não respostas; e com a consciência de que o gargalo está sempre no alto da garrafa.

Coaching

Equipes precisam de coaching, principalmente se essa for sua primeira jornada juntos. Coaches, internos ou externos, podem ajudar a guiar as equipes quando se veem sem saber qual experimento realizar em seguida. Equipes que têm usado só entrevistas e estudos podem se beneficiar de coaches que conhecem uma ampla série de experimentos.

Acesso

Clientes

Equipes precisam de acesso aos clientes. Há uma tendência de isolar as equipes dos clientes, mas não se pode agir assim se quiserem resolver os problemas deles. Se as equipes continuarem sendo impedidas de ter acesso aos clientes, acabarão fazendo suposições e agindo sem uma boa orientação.

Recursos

Equipes precisam de acesso a recursos para serem bem-sucedidas. É bom ter limites, mas fazê-las passar por privações não gera resultados. Elas precisam de recursos suficientes para progredir e produzir evidências. Os recursos podem ser físicos ou digitais, dependendo da nova ideia de negócios.

Direção

Estratégia

Equipes precisam de direção e estratégia ou será muito difícil fazer mudanças com base em informações, persistir ou alterar decisões sobre uma nova ideia de negócios. Sem uma estratégia clara e coerente, você confundirá estar ocupado com progredir.

Orientação

Equipes precisam de restrições para focar seus experimentos. Quer se trate de um mercado adjacente ou da criação de um novo, para liberar novos recursos, as equipes precisam de orientação sobre onde aplicá-los.

KPIs

Equipes precisam de indicadores-chave de desempenho (KPIs) para que todos saibam se estão avançando em direção à meta. Sem sinais ao longo do caminho, saber se você deve investir no novo negócio pode ser desafiador.

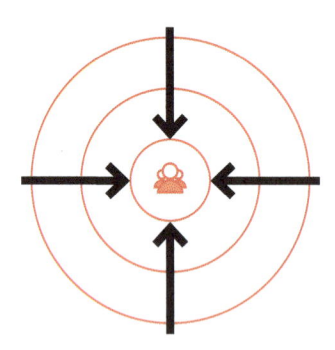

Alinhamento de Equipe

Como garantir o alinhamento dos membros da equipe?

Muitas vezes, falta às equipes partilhar metas, contexto e linguagem quando formadas. Isso pode se mostrar devastador mais tarde, se não for resolvido durante sua formação ou lançamento.

O Mapa de Alinhamento de Equipe, criado por Stefano Mastrogiacomo, é uma ferramenta visual que permite aos participantes se preparar para a ação: realizar reuniões mais produtivas e estruturar o conteúdo de suas conversas. Ele pode ajudar equipes a dar pontapés iniciais mais produtivos, com melhor engajamento e maior sucesso nos negócios.

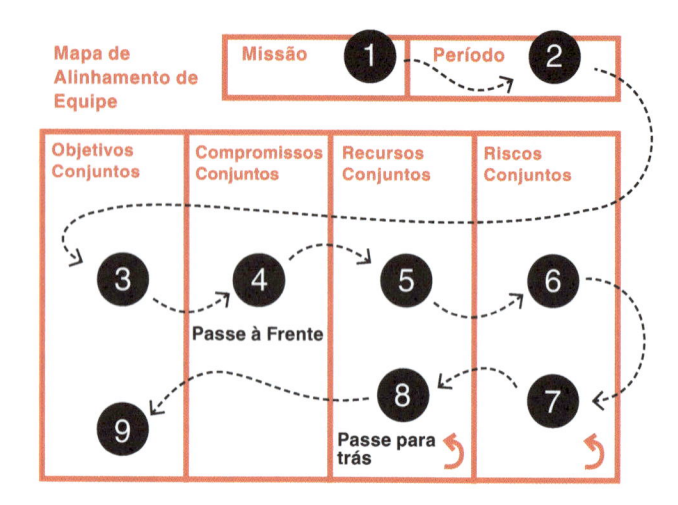

Mapa de Alinhamento de Equipe

Missão 1 — Período 2

Objetivos Conjuntos — 3 — 9

Compromissos Conjuntos — 4 — Passe à Frente

Recursos Conjuntos — 5 — 8 — Passe para trás

Riscos Conjuntos — 6 — 7

Cada componente ilustra informações essenciais a serem discutidas com a equipe. Identificar lacunas de percepção no início pode evitar que um desalinhamento passe despercebido.

1. Defina a Missão.

2. Defina o time box para o acordo.

3. Crie objetivos conjuntos de equipe.
   Objetivos Conjuntos
   O que pretendemos alcançar juntos?

4. Identifique os níveis de comprometimento para os membros da equipe.
   Compromissos Conjuntos
   Quem faz o quê?

5. Documente os recursos conjuntos necessários para ter êxito.
   Recursos Conjuntos
   De que recursos precisamos?

6. Anote os maiores riscos que podem surgir.
   Riscos Conjuntos
   O que pode impedir nosso sucesso?

7. Descreva como tratar os maiores riscos criando novos objetivos e compromissos.

8. Descreva como tratar restrições de recursos.

9. Estabeleça datas conjuntamente e valide-as.

Para saber mais sobre o Mapa de Equipe, visite
www.teamalignment.co
[conteúdo em inglês]

Mapa de Alinhamento de Equipe

Missão:

Período:

Objetivos Conjuntos ⊙

O que pretendemos alcançar juntos?

Compromissos Conjuntos 🤝

Quem faz o quê?

Recursos Conjuntos 🔋

De que recursos precisamos?

Riscos Conjuntos 👁

O que pode impedir nosso sucesso?

CRIADO POR: Steffano Mastrogiacomo

teamalignment.co

13

CRIE O DESIGN DA EQUIPE

SEÇÃO 1 — DESIGN

1.2 — DEFINA A IDEIA

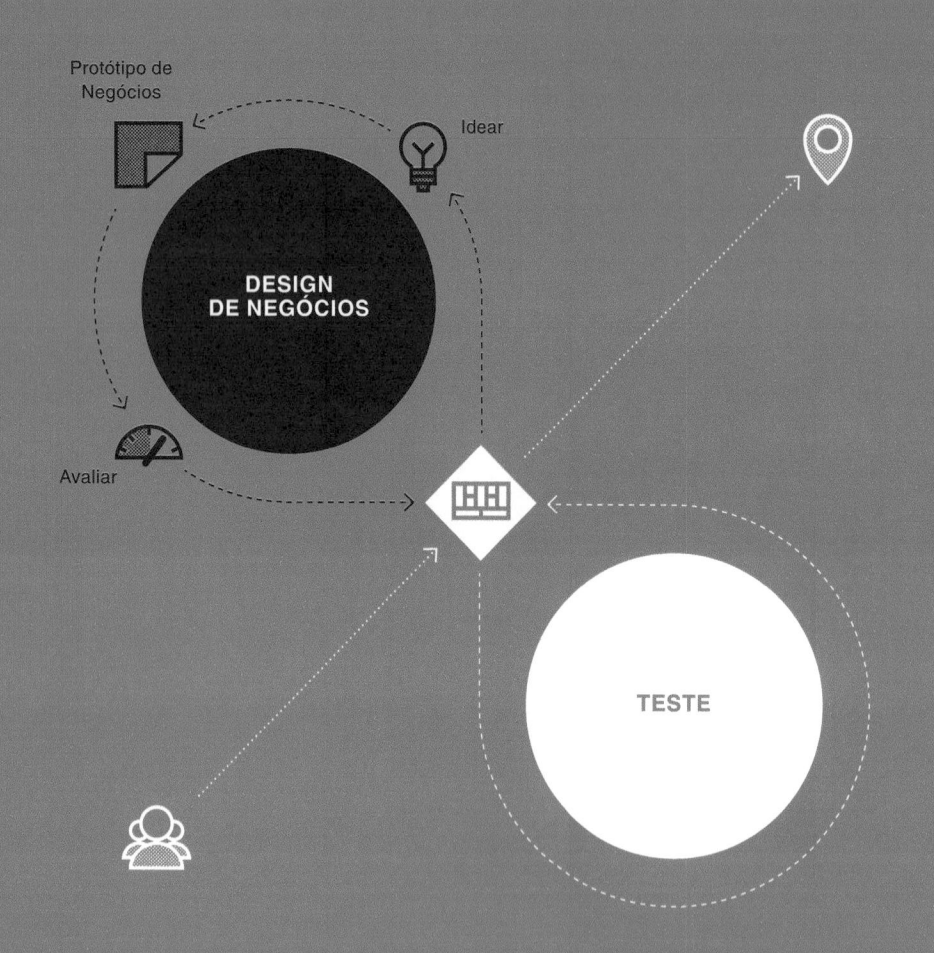

Protótipo de Negócios

Idear

DESIGN DE NEGÓCIOS

Avaliar

TESTE

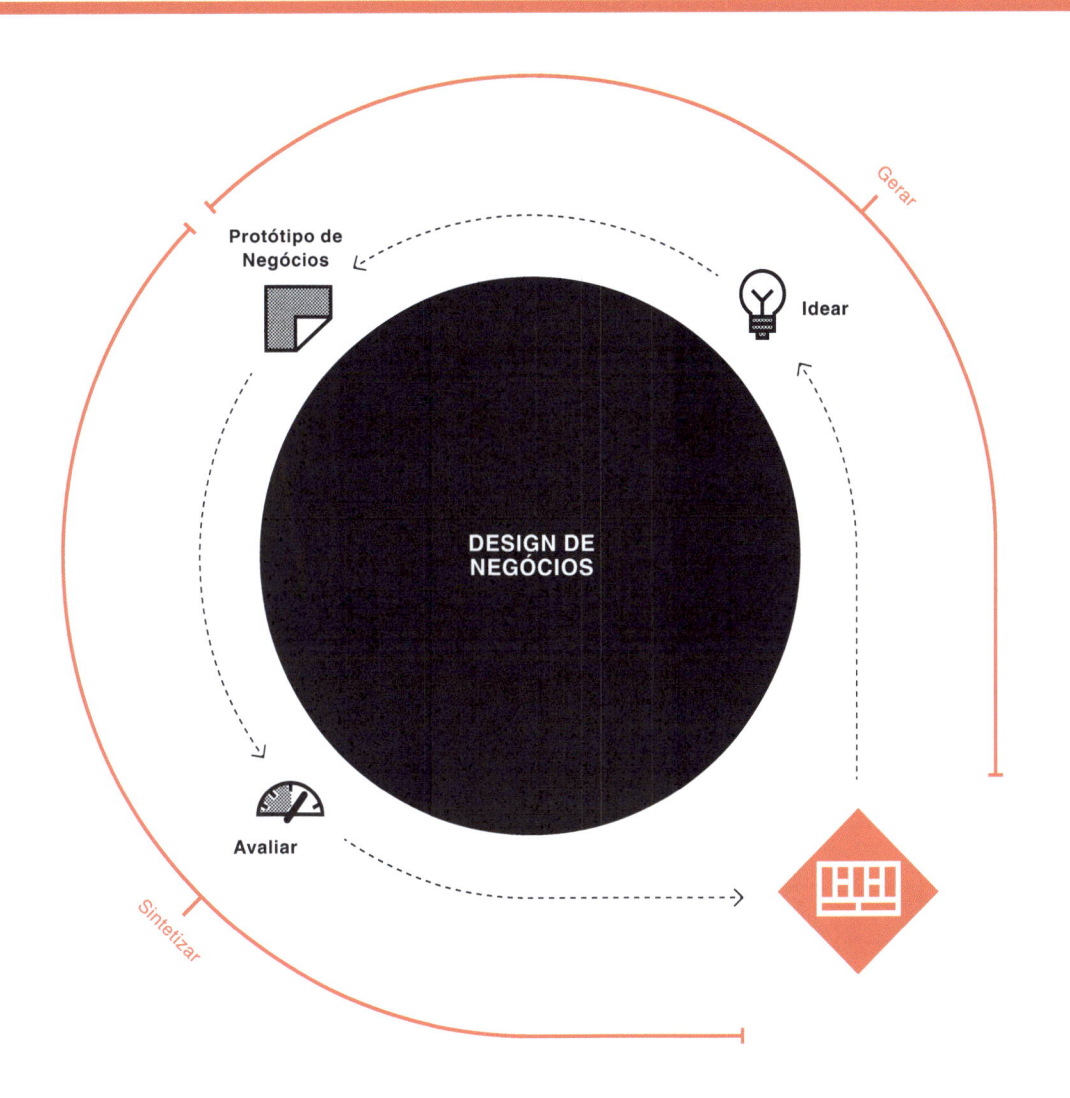

Design de Negócios

No ciclo do design, você modela e remodela sua ideia de negócios para transformá-la na melhor proposta de valor e no melhor modelo de negócios possível. Suas primeiras iterações se baseiam em sua intuição e no ponto de partida (ideia do produto, tecnologia, oportunidade de mercado etc.). Iterações subsequentes se baseiam em evidências e insights do ciclo de testes.

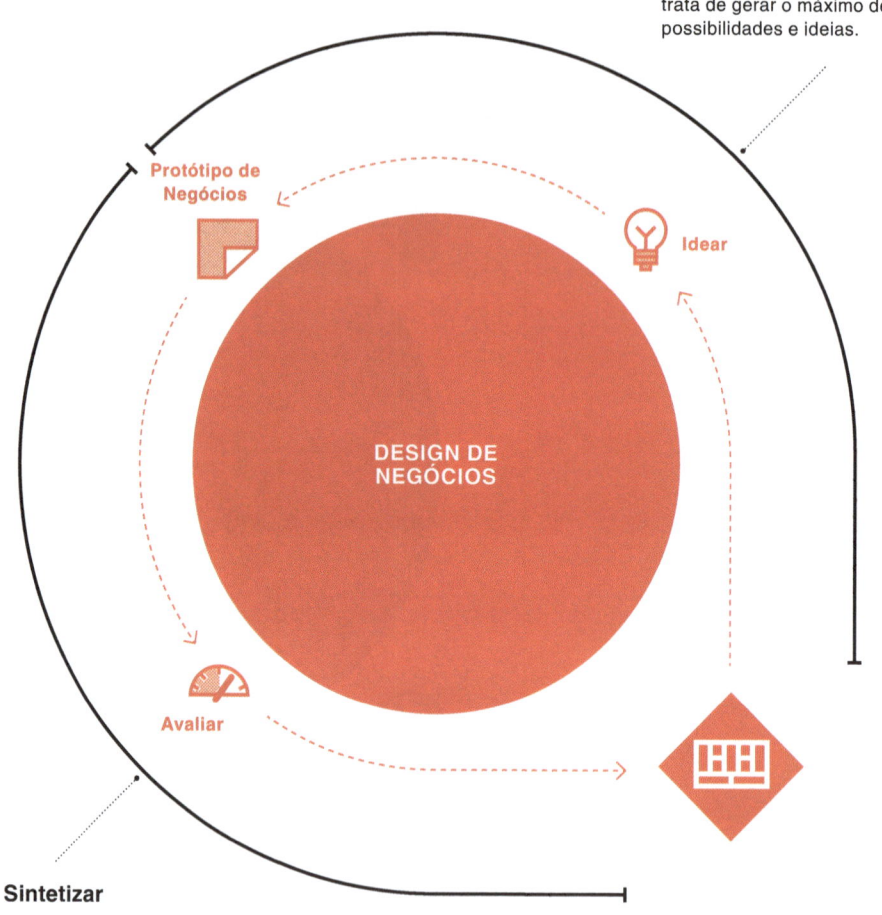

Gerar
A primeira fase do ciclo do design trata de gerar o máximo de possibilidades e ideias.

Protótipo de Negócios

Idear

DESIGN DE NEGÓCIOS

Avaliar

Sintetizar
A segunda fase do ciclo de design sintetiza as possibilidades e reduz as opções à oportunidade mais promissora.

O ciclo de design tem três etapas.

1. Idear

Nesta primeira etapa, você tentará imaginar o máximo de meios alternativos possíveis para usar sua intuição ou insights iniciais criados pelos testes para transformar sua ideia em um negócio sólido. Não se apaixone por sua primeira ideia.

2. Protótipo de Negócios

Nesta segunda etapa, você reduzirá as alternativas idealizadas com protótipos de negócios. No início, poderá usar protótipos rústicos, como esboços em guardanapos. Depois, use o Canvas da Proposta de Valor e o Canvas do Modelo de Negócios para suas ideias ficarem claras e tangíveis. Neste livro, usamos essas ferramentas para dividir ideias em porções menores, testáveis. Você melhora constantemente seus protótipos de negócios com insights dos testes em futuras iterações.

3. Avaliar

Nesta última etapa do ciclo de design, você avaliará o design de seus protótipos de negócios. Faça perguntas como: "Esta é a melhor forma de tratar as tarefas, dores e ganhos dos nossos clientes?", "Este é o melhor meio de monetizar nossa ideia?" ou "Esta é a melhor forma de usar o que aprendemos com os testes?" Quando ficar satisfeito com o design dos seus protótipos de negócios, comece a testá-los em campo ou volte aos testes, se estiver trabalhando em iterações subsequentes.

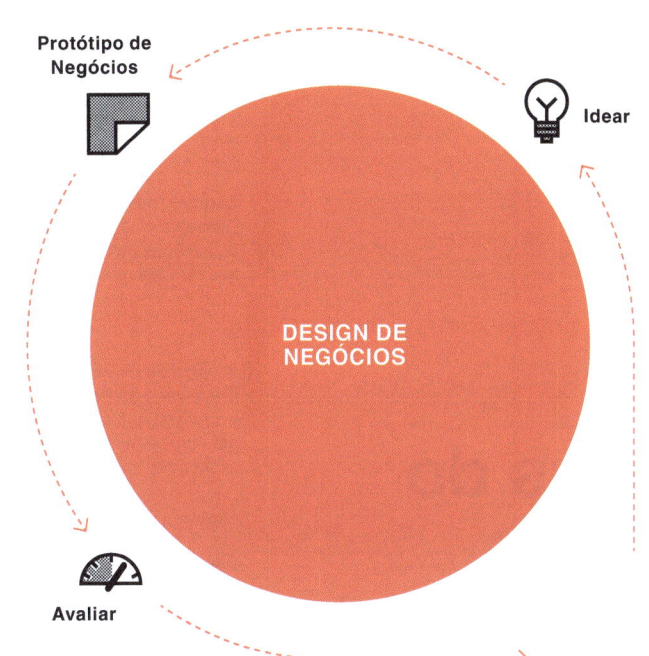

Protótipo de Negócios

Idear

DESIGN DE NEGÓCIOS

Avaliar

Aviso

Este livro foca Testes de Ideias de Negócios e oferece uma coleção de experimentos para testar suas ideias e protótipos de negócios. Se quiser aprender mais sobre design de negócios, sugerimos que leia *Business Model Generation* (Alta Books, 2011) e *Value Proposition Design* (Alta Books, 2015).

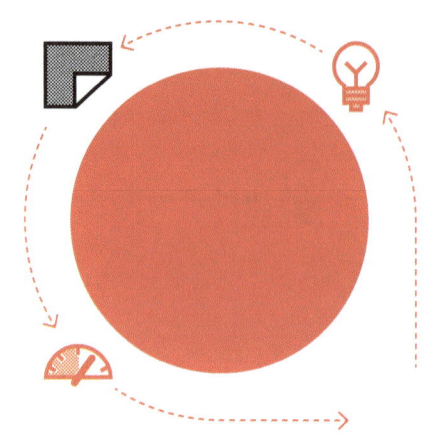

SINOPSE

O Canvas do Modelo de Negócios

Você não precisa ser um expert no Canvas do Modelo de Negócios para usar este livro, mas poderá valer-se dele para transformar ideias em um modelo de negócios e definir, testar e gerenciar riscos. Neste livro, usamos o Canvas do Modelo de Negócios para definir o desejo, a viabilidade e a praticabilidade de uma ideia. Se quiser ir além da sinopse do Canvas do Modelo de Negócios, recomendamos a leitura de *Business Model Generation*.

Segmentos de Clientes
Descreva os diferentes grupos de pessoas ou organizações que visa atingir e atender.

Propostas de Valor
Descreva o grupo de produtos e serviços que criam valor para um segmento de clientes específico.

Canais
Descreva como o empreendimento se comunica e atinge seus segmentos de clientes para entregar uma proposta de valor.

Relacionamento com Clientes
Descreva os tipos de relacionamentos estabelecidos pelo empreendimento com segmentos e clientes específicos.

Fluxos de Receita
Descreva o dinheiro gerado por cada segmento de clientes para o empreendimento.

Recursos-chave
Descreva os bens mais importantes necessários para que o modelo de negócios funcione.

Atividades-chave
Descreva as coisas mais importantes que o empreendimento precisa fazer para que o modelo de negócios funcione.

Parcerias Principais
Descreva a rede de fornecedores e parceiros que fazem o modelo de negócios funcionar.

Estrutura de Custos
Descreva todos os custos gerados ao operar um modelo de negócios.

Para saber mais sobre o Canvas do Modelo de Negócios, visite strategyzer.com/books/business-model-generation *[conteúdo em inglês]*

O Canvas do
Modelo de Negócio

Parceiros Principais 🔗	Atividades-chave ✔	Propostas de Valor 🎁	Relacionamento com Clientes ❤	Segmentos de Clientes
	Fontes de Receita		Canais 🚚	

Estrutura de Custos 🏷	Fluxo de Receita 💰

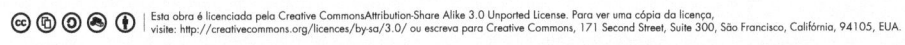
Criado por: Strategyzer AG
Os criadores de BusinessModel Generation e Strategyzer

strategyzer.com

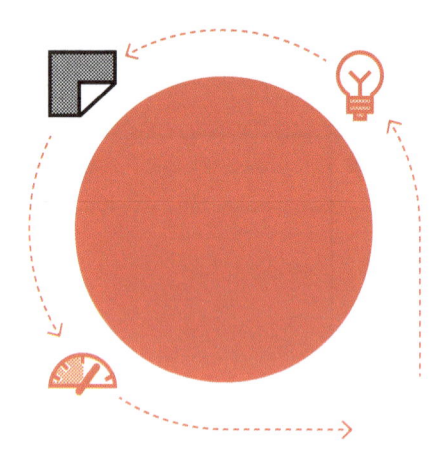

DESIGN

O Canvas da Proposta de Valor

Como no Canvas do Modelo de Negócios, o mesmo ocorre com o Canvas da Proposta de Valor. Você se beneficiará deste livro sem precisar dominar seu conteúdo, mas nós o indicamos para estruturar seu experimento, principalmente em relação à compreensão do cliente e de como seus produtos e serviços criam valor. Se quiser ir além da sinopse do Canvas da Proposta de Valor, recomendamos que leia *Value Proposition Design*, ou aprenda mais online.

Mapa de Valor

Descreve as características de uma proposta de valor específica em seu modelo de negócios de modo estruturado e detalhado.

Produtos e Serviços

Enumera produtos e serviços em torno dos quais sua proposta de valor é construída.

Criadores de Ganho

Descreve como seus produtos e serviços criam ganhos para o cliente.

Aliviam as Dores

Descreve como seus produtos e serviços aliviam as dores dos clientes.

Perfil do Cliente

Descreve um segmento de clientes específico em seu negócio, de modo estruturado e detalhado.

Tarefas dos Clientes

Descreve o que os clientes tentam fazer em seu trabalho e na vida.

Ganhos

Descreve os resultados que os clientes querem obter ou os benefícios concretos que procuram.

Dores

Descreve os maus resultados, os riscos e os obstáculos relacionados às tarefas do cliente.

Para saber mais sobre o Canvas da Proposta de Valor visite
strategyzer.com/books/value-proposition-design [conteúdo em inglês]

O Canvas da Proposta de Valor

Proposta de Valor

Segmento de Cliente

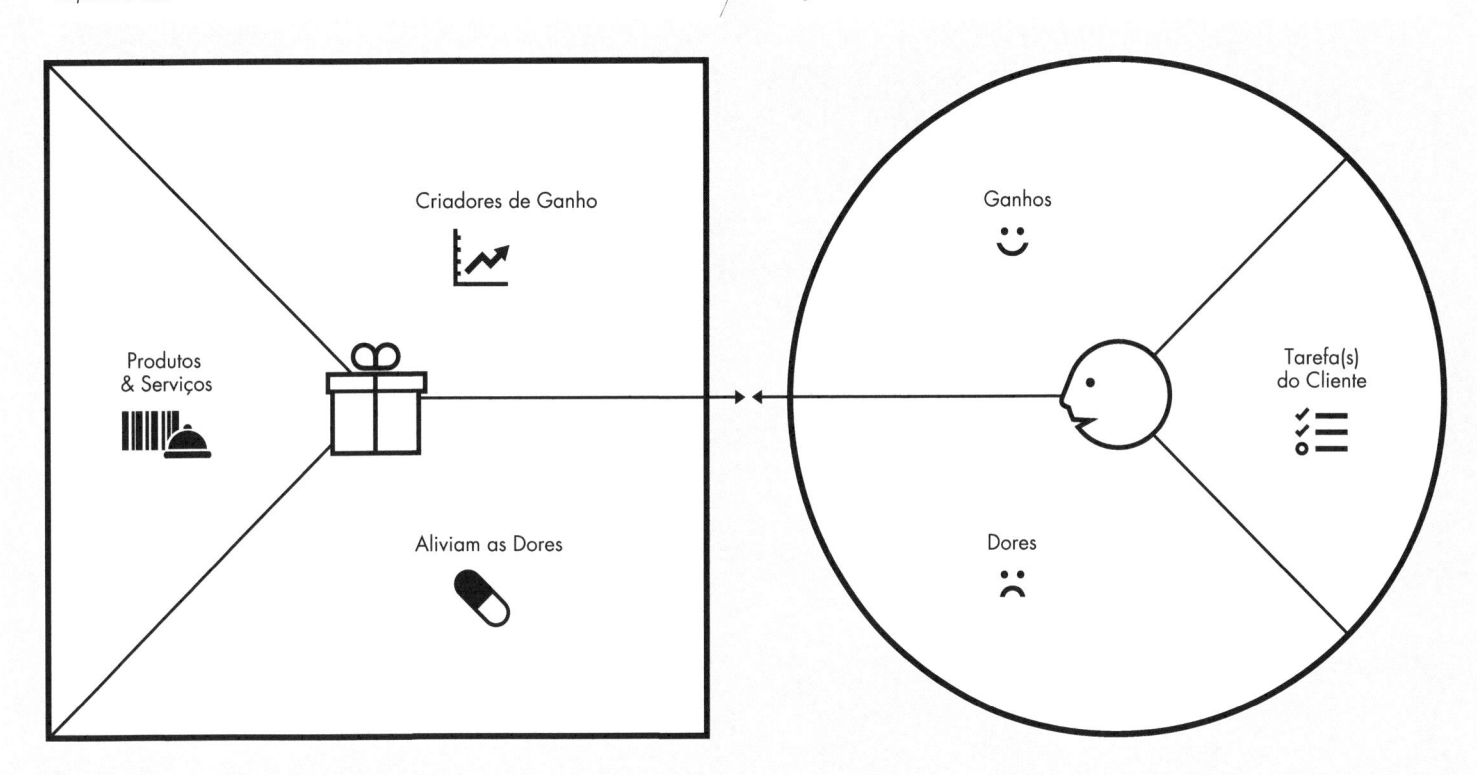

Criadores de Ganho

Produtos & Serviços

Aliviam as Dores

Ganhos

Tarefa(s) do Cliente

Dores

strategyzer.com

Te

ste

"Uma visão inicial para uma startup é semelhante a uma hipótese científica."

———

Rashmi Sinha
Fundador da Slideshare

2.1 — GERAR HIPÓTESES

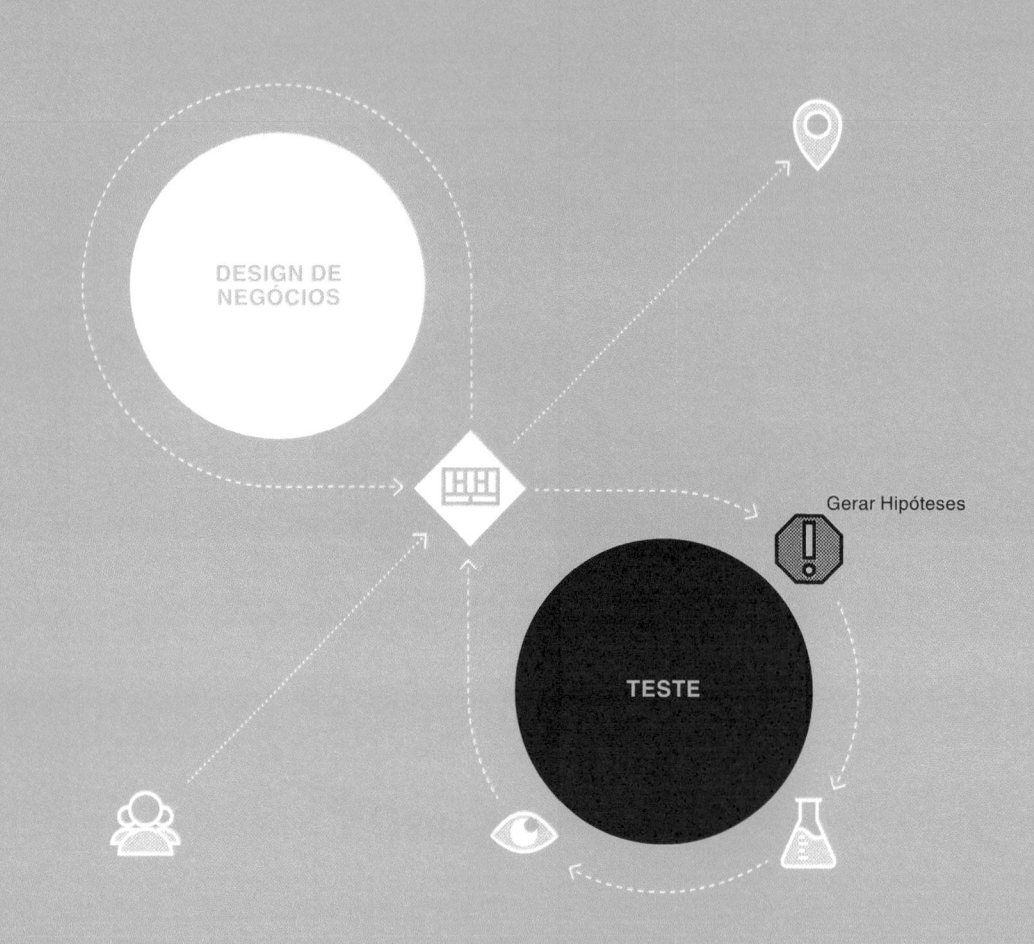

DESIGN DE NEGÓCIOS

TESTE

Gerar Hipóteses

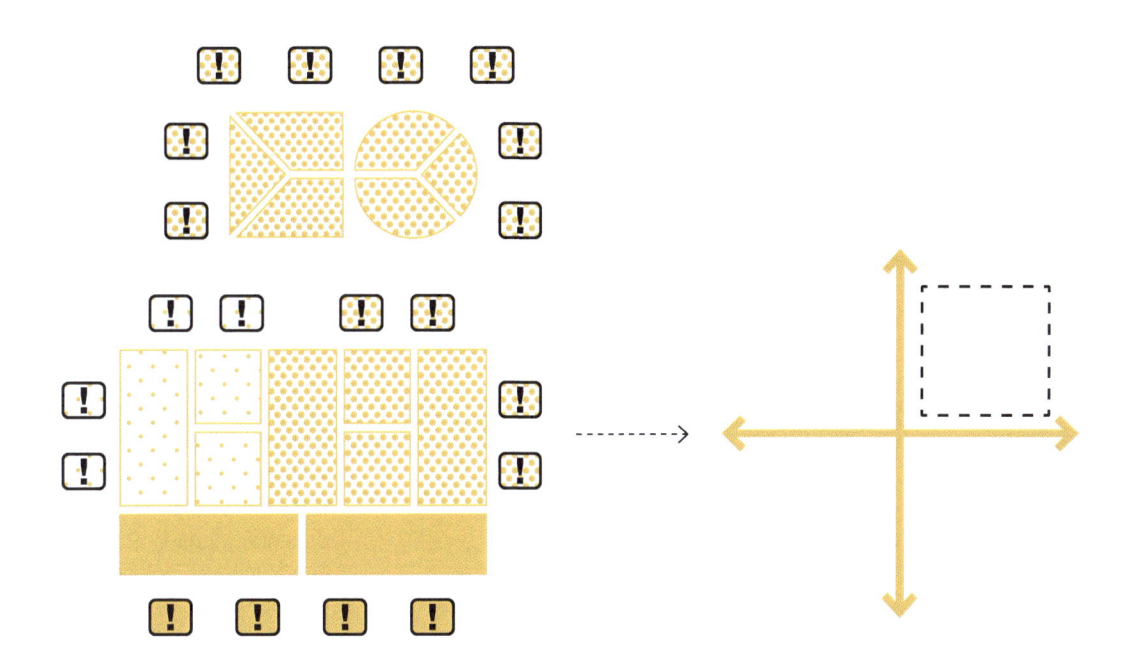

1. **Identifique as Hipóteses que Fundamentam Sua Ideia**
   Para testar uma ideia de negócios, você deve, antes, explicitar os riscos que a impedirão de funcionar. É necessário transformar as pressuposições que fundamentam sua ideia em hipóteses claras que possa testar.

2. **Priorize as Hipóteses Mais Importantes**
   Para identificar que hipóteses testar primeiro, faça duas perguntas: "Qual é a hipótese mais importante que deve ser confirmada para que a ideia funcione?" e "Para que hipóteses faltam dados de campo concretos?"

DEFINIÇÃO

Hipótese

A hipótese tem origem na antiga civilização. Vem do grego hupothesis, *que significa "supor". Alguns até se referem às hipóteses como suposições razoáveis. Hipóteses são instrumentos usados para provar ou refutar suas suposições.*

Para o livro *Testing Business Ideas: Testando ideias de negócios*, focamos sua hipótese de negócio, que é definida como:

- Uma suposição na qual sua proposta de valor e seu modelo de negócios, ou estratégia, se baseiam.
- O que você precisa aprender para que a sua ideia de negócios funcione.

Criando uma boa hipótese de negócios

Ao gerar hipóteses que ache válidas para sua ideia de negócios, comece escrevendo a frase: "Acreditamos que…"

"Acreditamos que pais millennials farão assinaturas mensais de projetos educacionais de ciências para seus filhos."

Lembre-se de que, se criar todas as hipóteses no formato "Acreditamos que…", poderá cair na armadilha do viés de confirmação. Você sempre tentará provar que sua ideia está certa, em vez de tentar refutá-la. Para que isso não ocorra, crie algumas hipóteses que contestem suas suposições.

"Acreditamos que pais millennials não farão assinaturas mensais de projetos educacionais de ciências para seus filhos."

Você pode testar essas hipóteses concorrentes ao mesmo tempo. Isso costuma ser útil quando os membros da equipe não concordam com que hipótese testar.

Características de uma boa hipótese

Uma hipótese de negócios bem formada descreve um elemento testável, preciso e distinto que você quer investigar. Assim, é possível continuar a aperfeiçoar e analisar suas hipóteses sobre o negócio de assinatura do projeto de ciências.

	✕	✓
Testável Sua hipótese é testável quando se pode provar que é verdadeira (validada) ou falsa (invalidada) com base em evidências (e orientada pela experiência).	– *Acreditamos que pais millennials preferem projetos de arte.*	☐ *Acreditamos que pais millennials preferem projetos de ciências selecionados que correspondam ao nível educacional dos filhos.*
Precisa Sua hipótese é precisa quando se sabe o que é o sucesso. O ideal é que descreva com precisão o que, o quem e o quando de suas suposições.	– *Acreditamos que millennials gastarão muito em projetos de ciências.*	☐ *Acreditamos que pais millennials com filhos de 5-9 anos pagarão US$15 por mês para projetos de ciências selecionados que correspondam ao seu nível educacional.*
Distinta Sua hipótese é distinta quando descreve só o elemento distinto, testável e preciso que quer investigar.	– *Acreditamos que podemos comprar e enviar caixas para projetos de ciências com lucro.*	☐ *Acreditamos que podemos comprar materiais para projetos de ciências a preço de atacado por menos de US$3 a caixa.* ☐ *Acreditamos que podemos enviar materiais para projetos de ciências no país por menos de US$5 a caixa.*

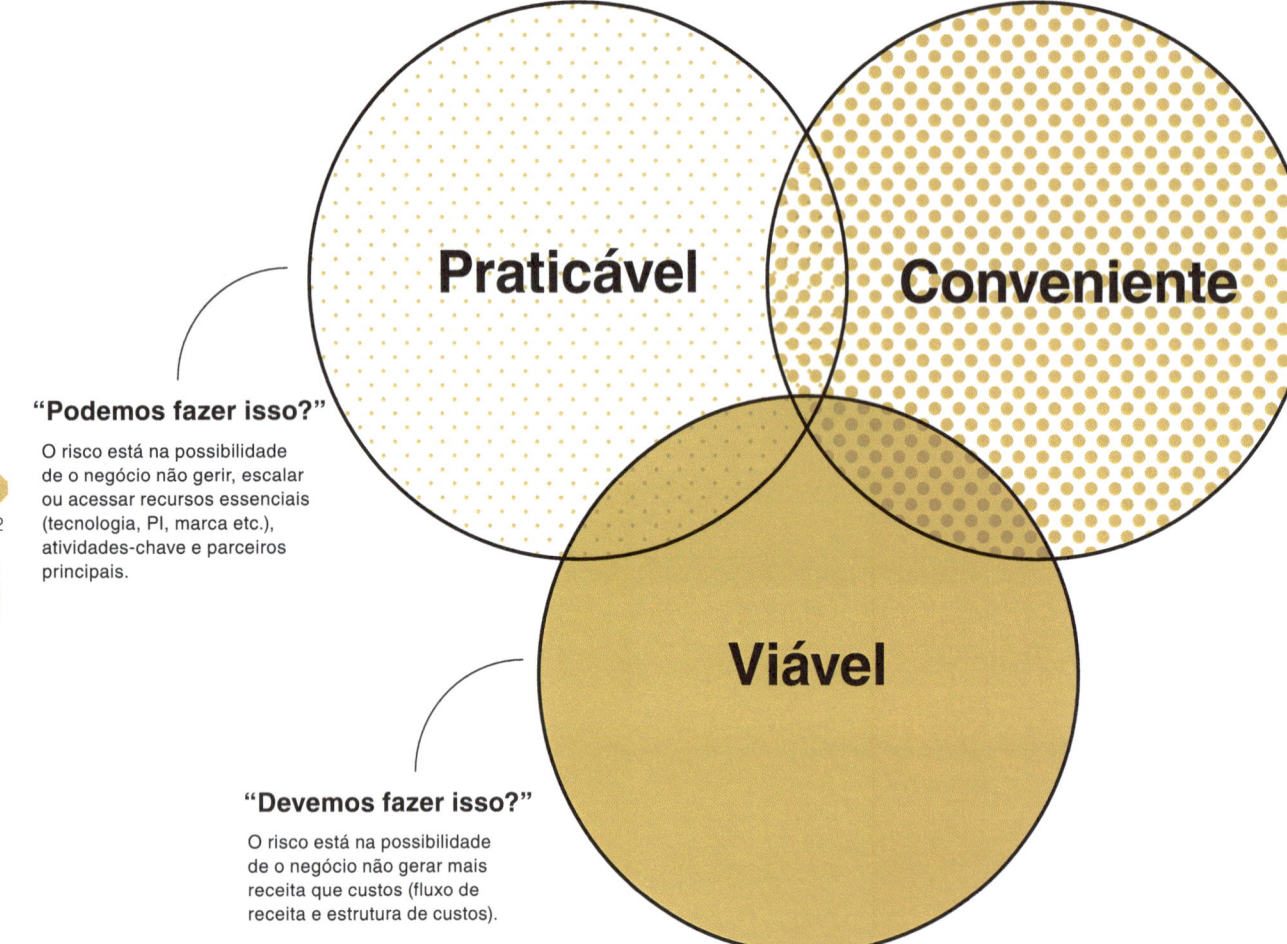

"Podemos fazer isso?"

O risco está na possibilidade de o negócio não gerir, escalar ou acessar recursos essenciais (tecnologia, PI, marca etc.), atividades-chave e parceiros principais.

Praticável

Conveniente

"Eles querem isso?"

O risco está na possibilidade de o mercado-alvo do negócio ser muito pequeno; de poucos clientes quererem a proposta de valor; ou de o empreendimento não atingir, adquirir nem reter clientes-alvo.

Viável

"Devemos fazer isso?"

O risco está na possibilidade de o negócio não gerar mais receita que custos (fluxo de receita e estrutura de custos).

Tipos de Hipóteses
Adaptado de Larry Keeley, Doblin Group e IDEO.

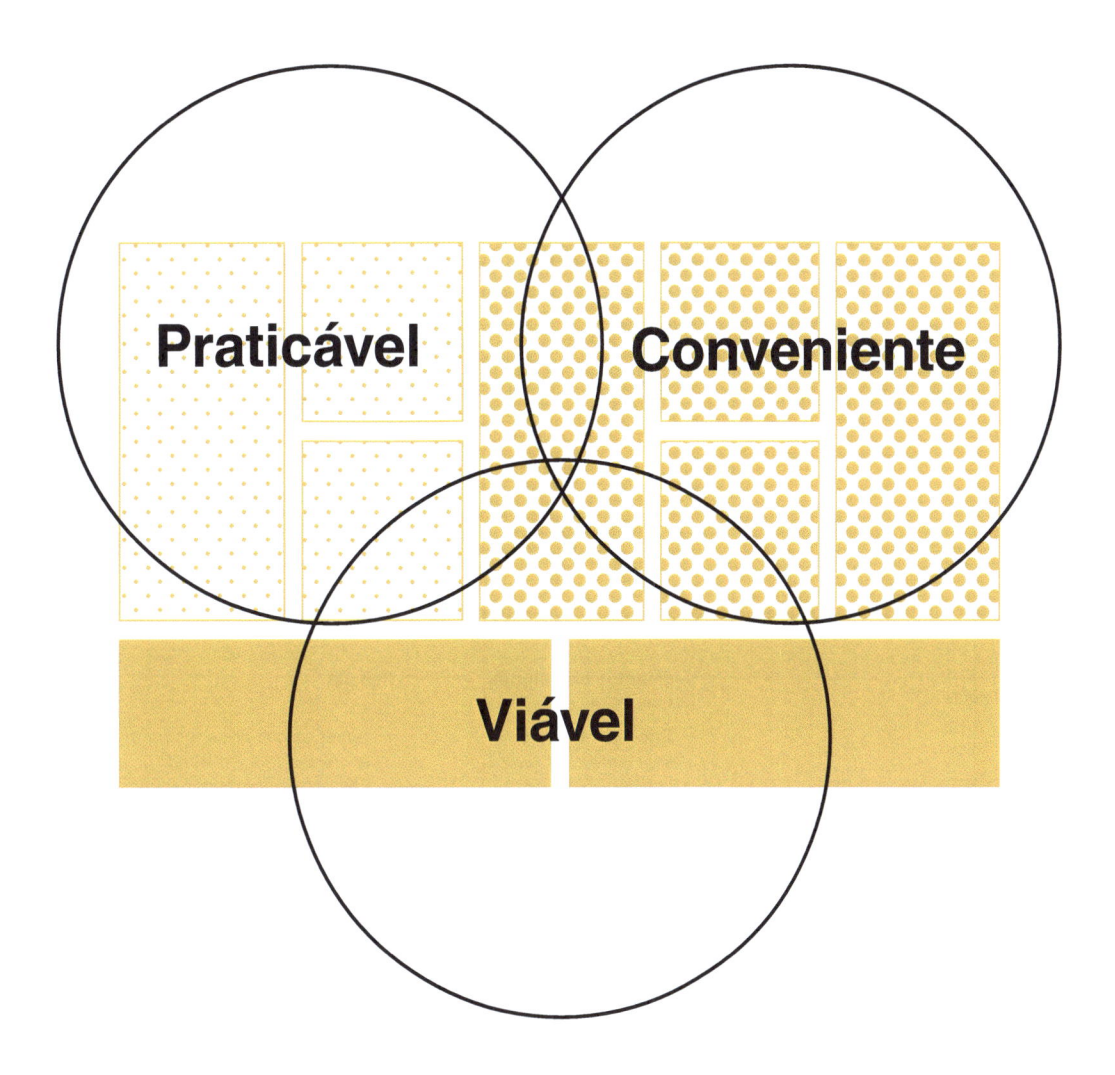

Tipos de Hipóteses no Canvas do Modelo de Negócios

Hipótese de Desejo
Explore primeiro

O Canvas da Proposta de Valor contém o risco de mercado no Mapa de Valor e no Perfil do Cliente. Identifique as hipóteses de desejo que você está fazendo em:

O Canvas do Modelo de Negócios contém o risco de mercado nos componentes da proposta de valor, segmento de clientes, canais e relacionamento com clientes. Identifique as hipóteses de desejo que você está fazendo em:

Perfil do Cliente
Acreditamos que...

- *Estamos tratando de tarefas realmente importantes para os clientes.*
- Estamos focados nas dores realmente importantes dos clientes.
- Estamos focados em ganhos realmente importantes para os clientes.

Mapa de Valor
Acreditamos que...

- *Nossos produtos e serviços realmente resolvem tarefas de alto valor dos clientes*
- Nossos produtos e serviços aliviam dores importantes dos clientes.
- Nossos produtos e serviços criam ganhos importantes para os clientes.

Segmentos de Clientes
Acreditamos que...

- *Estamos visando os segmentos de clientes certos.*
- Os segmentos visados realmente existem.
- Os segmentos visados são grandes o suficiente.

Propostas de Valor
Acreditamos que...

- Temos as propostas de valor certas para os segmentos de clientes visados.
- Nossa proposta de valor é única demais para ser replicada.

Canais
Acreditamos que...

- *Temos os canais certos para atingir e adquirir clientes.*
- Podemos dominar os canais para entregar valor.

Relacionamentos com Clientes
Acreditamos que...

- *Podemos criar os relacionamentos certos com os clientes.*
- É difícil que os clientes mudem para um produto da concorrência.
- Podemos reter clientes.

Hipótese de Praticabilidade
Explore em segundo

O Canvas do Modelo de Negócios contém o risco de infraestrutura nos componentes de parceiros principais, atividades-chave e recursos-chave. Identifique as hipóteses de praticabilidade que está fazendo em:

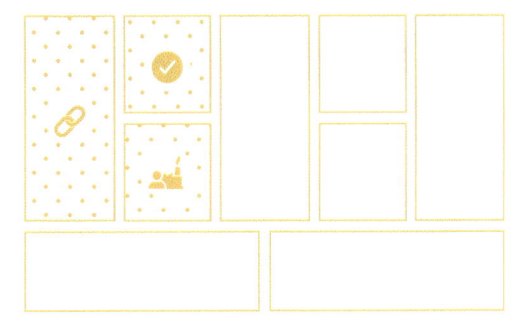

Atividades-chave
Acreditamos que...

- Podemos realizar todas as atividades (em escala) e no nível de qualidade exigido para construir nosso modelo de negócios.

Recursos-chave
Acreditamos que...

- *Podemos obter e gerir todas as tecnologias e recursos (em escala) necessários para construir nosso modelo de negócios, incluindo propriedade intelectual e recursos humanos, financeiros e outros.*

Parceiros Principais
Acreditamos que...

- *Podemos criar as parcerias necessárias para construir nosso negócio.*

Hipótese de Viabilidade
Explore em terceiro

O Canvas do Modelo de Negócios contém o risco financeiro no fluxo de receitas e na estrutura de custos. Identifique as hipóteses de viabilidade que você está fazendo em:

Fluxos de Receita
Acreditamos que...

- *Podemos fazer com que os clientes paguem um preço específico por nossas propostas de valor.*
- Podemos gerar receitas suficientes.

Estrutura de Custos
Acreditamos que...

- *Podemos gerir e controlar os custos de nossa infraestrutura.*

Lucro
Acreditamos que...

- Podemos gerar mais receita que custos, a fim de obter lucro.

Mapeamento de Suposições

Um exercício de equipe em que as hipóteses de desejo, viabilidade e praticabilidade são explicitadas e priorizadas em termos de importância e evidências.

Cada ideia, produto, serviço, proposta de valor, modelo de negócios ou estratégia radicalmente novo exige um voto de confiança. Se forem falsos, esses aspectos importantes, mas ainda não comprovados, podem representar o sucesso ou o fracasso de seu negócio. O exercício de Mapeamento de Suposições destina-se a ajudá-lo a explicitar todos os riscos na forma de hipóteses, para que você possa priorizá-las e focar sua experimentação de curto prazo.

Adaptado de Gothelf & Seiden, Lean UX

Como Facilitar

Equipe central

A equipe central consiste em indivíduos que se dedicarão a tornar os esforços desse novo negócio um sucesso. Eles são interfuncionais, ou seja, têm as habilidades de produto, design e tecnologia necessárias para enviar e aprender rapidamente no mercado com os verdadeiros clientes. No mínimo, a equipe central precisa estar presente ao mapear as suposições de seu Canvas do Modelo de Negócios.

Equipe de apoio

A equipe de apoio consiste em indivíduos que não se dedicam necessariamente ao esforço do negócio, mas são necessários para que ele seja um sucesso. Pessoal da área jurídica, segurança, compliance, marketing e pesquisa do usuário é necessário para testar suposições em áreas nas quais a equipe central não tem conhecimento nem experiência de domínio.

Sem uma equipe de apoio forte, os membros centrais podem ficar sem dados e tomar decisões sem informações sobre o que é importante.

Identifique Hipóteses

Etapa 1

Use notas adesivas para escrever cada:

- Hipótese de desejo e colocá-la em seus canvas.
- Hipótese de praticabilidade e colocá-la em seus canvas.
- Hipótese de viabilidade e colocá-la em seus canvas.

Melhores Práticas

Use notas adesivas de cores diferentes para hipóteses de desejo, praticabilidade e viabilidade.

- Suas hipóteses devem ser o mais específicas possível, de acordo com as informações a que tem acesso hoje.
- Cada hipótese deve usar uma única nota adesiva. Não as separe por itens; isso facilitará priorizá-las.
- Elabore hipóteses curtas e precisas. Nada de palavras desnecessárias.
- Discuta e faça acordos em equipe enquanto escreve.

Priorize as Hipóteses
Etapa 2

Use o Mapa de Suposições para priorizar todas as suas hipóteses em termos de importância, existência ou ausência de evidências que sustentem diferentes tipos de hipóteses.

Eixo-x: Evidência

No eixo-x, você posiciona todas as hipóteses para mostrar que evidências você tem ou não para sustentar ou refutar uma hipótese específica. Coloque uma hipótese à esquerda se puder produzir evidências relevantes, observáveis e recentes para sustentá-la. Coloque-a à direita se não tiver evidências e, portanto, precisar gerá-las.

Eixo-y: Importância

No eixo-y, você coloca todas as hipóteses em termos de importância. Posicione a hipótese no alto se ela for absolutamente crítica para o sucesso de sua ideia de negócios. Em outras palavras, se ela estiver errada, a sua ideia de negócio falhará, e todas as outras serão irrelevantes. Coloque a hipótese embaixo se não for uma das primeiras a ser testada.

Superior Esquerdo

Compartilhar

Compare o quadrante superior esquerdo com suas evidências e compartilhe-as com a equipe. Essas hipóteses realmente têm evidências observáveis para sustentá-las? Confira as evidências para garantir que sejam adequadas. Acompanhe essas hipóteses em seu plano à medida que avançar.

Superior Direito

Experimentar

Foque o quadrante superior direito para identificar quais hipóteses testará primeiro. Isso define sua experimentação de curto prazo. Crie experimentos para tratar dos temas de alto risco em seu negócio.

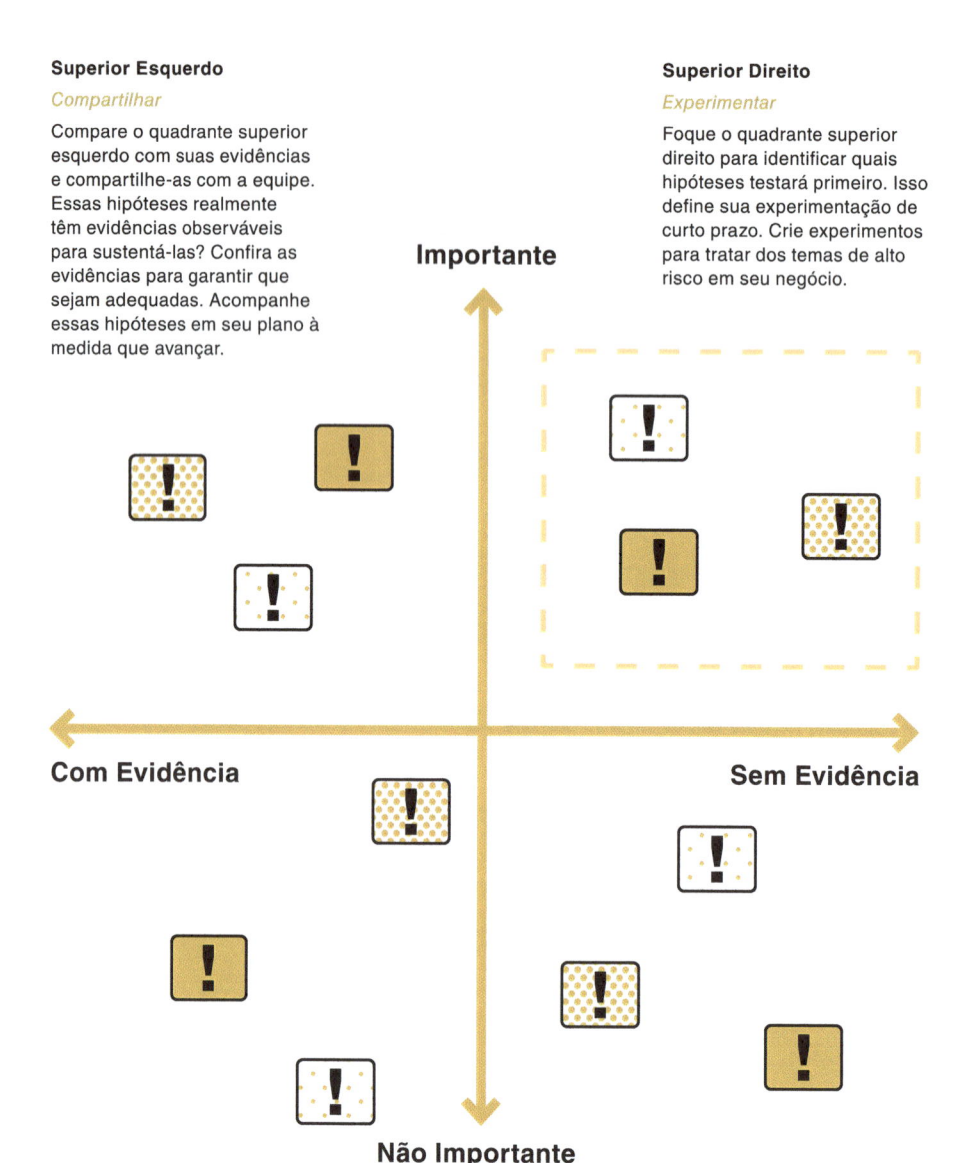

Identifique e Priorize Hipóteses Mais Arriscadas

Etapa 3

Para atender ao objetivo deste livro, o foco principal está em como testar o quadrante superior direito de seu Mapa de Suposições: experimentos com hipóteses importantes e pouca evidência. Essas suposições, caso sejam falsas, causarão o fracasso de seu negócio.

Priorize Hipóteses de Desejo
Como equipe, tome cada hipótese de desejo e coloque-a no Mapa de Suposições.

Priorize Hipóteses de Praticabilidade
Depois, tome cada hipótese de praticabilidade e coloque-a no Mapa de Suposições.

Priorize Hipóteses de Viabilidade
Então, tome cada hipótese de viabilidade e coloque-a no Mapa de Suposições.

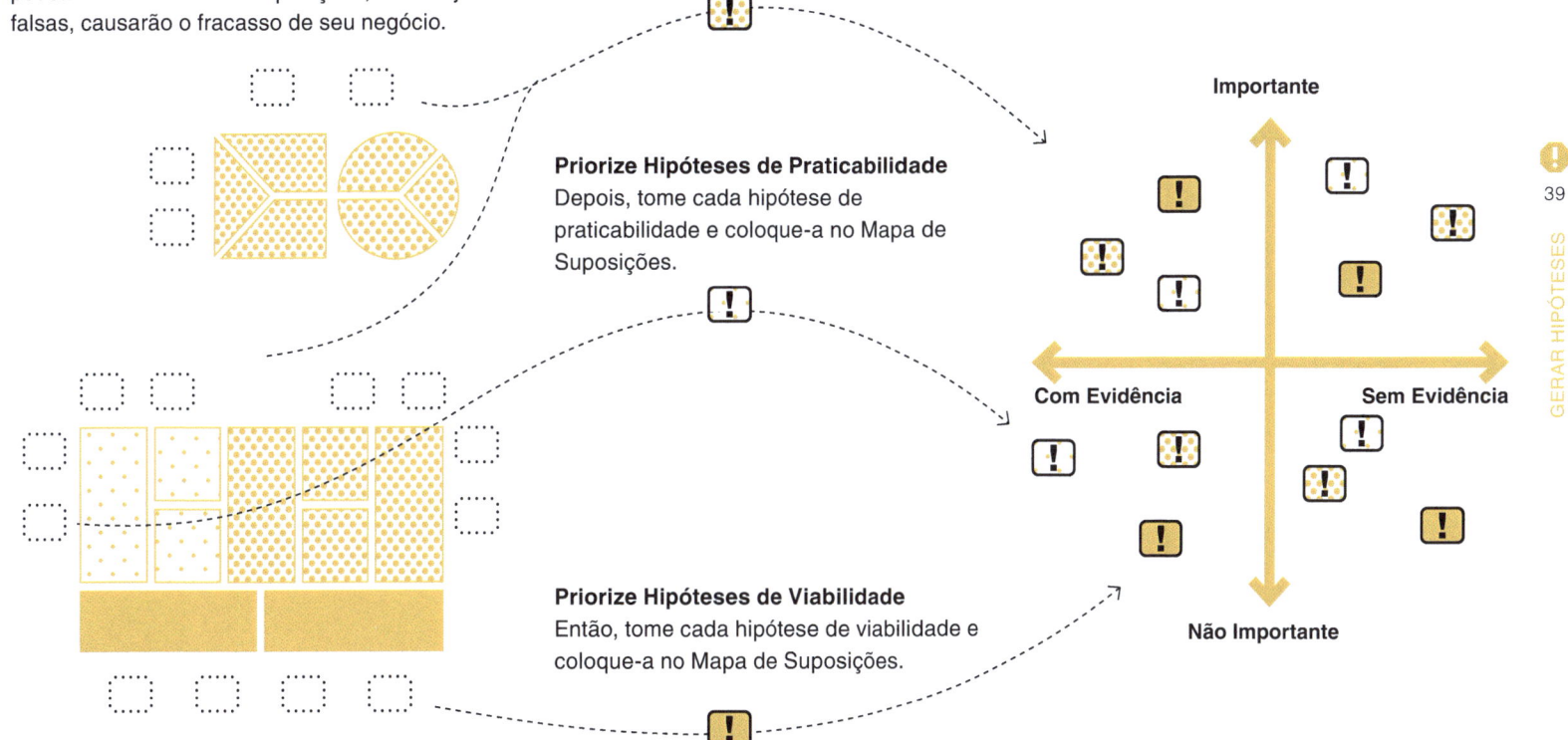

GERAR HIPÓTESES

"Não importa o quanto a sua teoria seja bonita,
não importa o quanto você seja inteligente.
Se isso não corresponder ao
experimento, está errado."

———

Richard Feynman
Físico teórico norte-americano

SEÇÃO 2 — TESTE

2.2 — EXPERIMENTAR

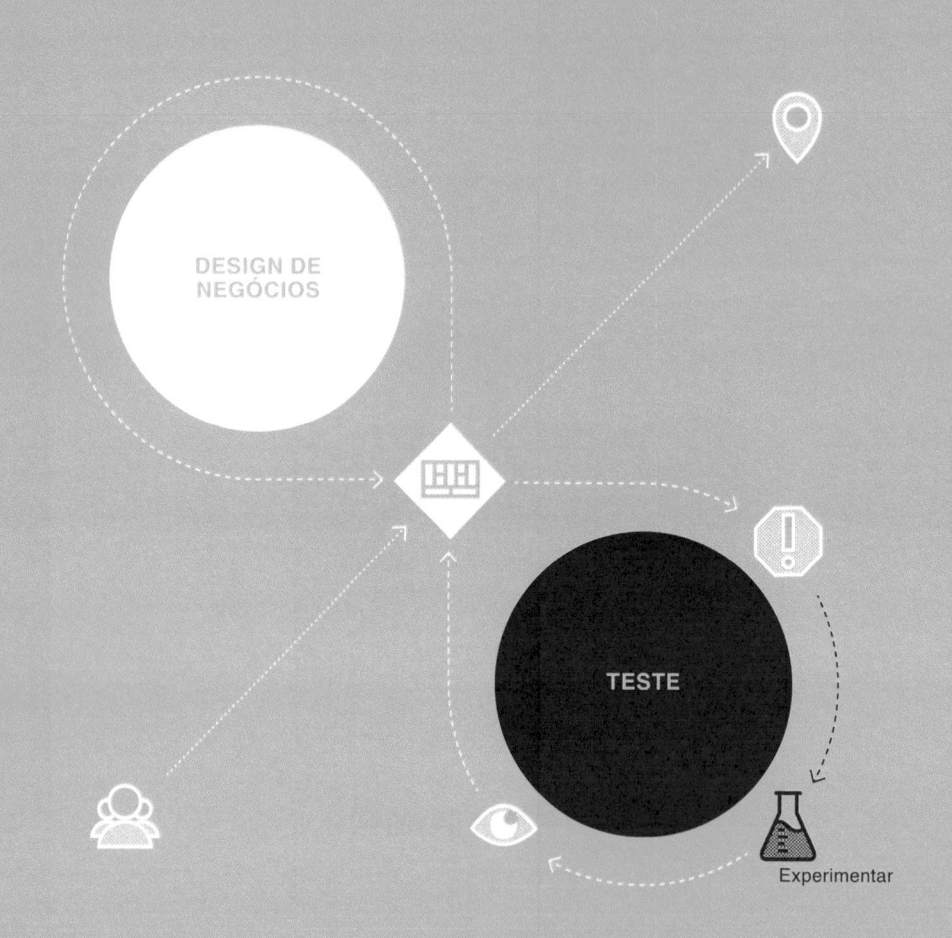

DESIGN DE
NEGÓCIOS

TESTE

Experimentar

Cartão de Teste · ⚙Strategyzer

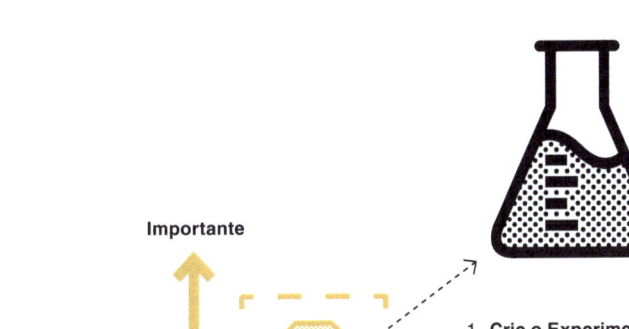

Importante

Com Evidência   **Sem Evidência**

Não Importante

1. **Crie o Experimento**

   Para começar a testar sua ideia de negócios, transforme as hipóteses mais importantes em experimentos. Comece com experimentos baratos e rápidos para aprender depressa. Cada experimento reduzirá o risco de você gastar tempo, energia e dinheiro em ideias que não funcionam.

2. **Execute o Experimento**

   Cada experimento tem um tempo de execução específico para gerar evidências suficientes com que aprender. Certifique-se de realizar seus experimentos quase como um cientista, para que suas provas sejam claras e não ilusórias.

DEFINIÇÃO

Experimento

Experimentos servem para reduzir os riscos e incertezas de sua ideia de negócios.

O experimento é a essência do método científico. Como a hipótese, pode ser acompanhado por meio da história, desde a observação ao tempo de medição.

O que permaneceu consistente ao longo do tempo é que o método científico é valioso para gerar insights.

As crianças naturalmente experimentam e iteram para solucionar seus problemas. Quando começam a avançar no ensino tradicional, a experimentação se torna cada vez menos uma prática fora da aula de ciências. O modo como os alunos são avaliados, julgados e testados dá a entender que têm que encontrar uma única resposta certa. Na vida, como nos negócios, raramente há uma única resposta certa. Assim, ao longo do tempo, as pessoas valorizam estar certas, em vez de progredir, porque estão habituadas a ser penalizadas por estarem erradas.

Não é de surpreender que crianças criadas nesse sistema educacional se tornem adultos que, muitas vezes, sofrem com a ideia de estar errados. A cultura de recompensar quem está certo e penalizar quem está errado se estende aos negócios. Eles foram condicionados a procurar uma única resposta certa.

Conforme você ler este livro e aprender a testar suas ideias de negócios, descobrirá que, muitas vezes, não há um caminho a seguir, mas vários.

Enquanto experimenta, lembre-se de como se sentia no jardim da infância e na pré-escola: quando você tentava encaixar uma peça quadrada em um espaço redondo. A experimentação trata da criatividade estruturada. Recorra à sua energia interior e à de suas equipes.

Neste livro, focamos experimentos de negócios que:

- São procedimentos que reduzem o risco e a incerteza de uma ideia de negócios.
- Produzem evidências fracas ou fortes que sustentam ou refutam uma hipótese.
- Podem ser conduzidos de modo rápido/lento e barato/caro.

O que é um bom experimento?

Um bom experimento é preciso o bastante para poder ser replicado pelos membros da equipe e gerar dados úteis e comparáveis.

- Define precisamente "quem" (sujeito do teste)
- Define precisamente "onde" (contexto do teste)
- Define precisamente "o quê" (elementos do teste)

Quais são os componentes de um experimento?

Um experimento de negócios bem formado consiste em quatro componentes:

1. Hipótese
   A hipótese mais crítica do quadrante superior direito do seu Mapa de Suposições.

2. Experimento
   A descrição do experimento realizado para apoiar ou refutar a hipótese.

3. Métrica
   Os dados medidos como parte do experimento.

4. Critérios
   Os critérios de sucesso para a métrica de seu experimento.

Experimento de Chamada-para-ação

Um tipo específico de experimento que prepara o sujeito do teste para desempenhar uma ação observável. Usado em um experimento a fim de testar uma ou mais hipóteses.

Cartão de Teste   ⓦStrategyzer

ETAPA 1 - HIPÓTESE

Acreditamos que

Críitico:

⚠ ⚠ ⚠

ETAPA 2 - TESTE

Para verificar isso,

Custo do Teste: Confiabilidade dos Dados:

ETAPA 3 - MÉTRICA

E mediremos

Tempo Exigido:

ETAPA 4 - CRITÉRIO

Estamos certos se

Copyright Strategyzer AG   *Os criadores de Business Model Generation e Strategyzer*

Crie múltiplos experimentos para a sua hipótese

Nunca trabalhamos com uma equipe que criou apenas um experimento, fez uma descoberta importante e então criou um negócio multibilionário a partir dela. Na verdade, são necessários vários experimentos para gerar a possibilidade de um negócio bem-sucedido. Use os Cartões de Testes e a coleção de experimentos para criar experimentos bem formados para testar suas hipóteses de negócios.

Cartão de Teste — Strategyzer

Entrevistas com Clientes

Grace Grant

ETAPA 1: HIPÓTESE

Acreditamos que pais millennials preferem projetos de ciências selecionados que correspondam ao nível educacional dos filhos.

Crítico:

ETAPA 2: TESTE

Para verificar isso, entrevistaremos 20 pais millennials sobre as necessidades dos projetos de ciências dos filhos.

Custo do Teste: Confiabilidade dos Dados:

ETAPA 3: MÉTRICA

E mediremos as principais tarefas, dores e ganhos dos clientes que não são atendidos pelas soluções existentes.

Tempo Exigido:

ETAPA 4: CRITÉRIOS

Estaremos certos se nossa classificação de principais tarefas, dores e ganhos for 80% precisa.

Copyright Strategyzer AG — Os criadores de Business Model Generation e Strategyzer

Cartão de Teste — Strategyzer

Análise de Tendências de Busca

Bob Gail

ETAPA 1: HIPÓTESE

Acreditamos que pais millennials preferem projetos de ciências selecionados que correspondam ao nível educacional dos filhos.

Crítico:

ETAPA 2: TESTE

Para verificar isso, realizaremos análises de tendências de busca de pais millennials para soluções para projetos de ciências dos filhos online.

Custo do Teste: Confiabilidade dos Dados:

ETAPA 3: MÉTRICA

E mediremos volume de busca doméstica.

Tempo Exigido:

ETAPA 4: CRITÉRIOS

Estaremos certos se volume superar 10 mil buscas domésticas por mês.

Copyright Strategyzer AG — Os criadores de Business Model Generation e Strategyzer

Cartão de Teste — Strategyzer

Concierge

Claire McCain

ETAPA 1: HIPÓTESE

Acreditamos que pais millennials preferem projetos de ciências selecionados que correspondam ao nível educacional dos filhos

Crítico:

ETAPA 2: TESTE

Para verificar isso, selecionaremos manualmente kits de projetos de ciências para 20 filhos de pais millennials

Custo do Teste: Confiabilidade dos Dados:

ETAPA 3: MÉTRICA

E mediremos tempo e custo para criar, custo para enviar e satisfação do cliente.

Tempo Exigido:

ETAPA 4: CRITÉRIOS

Estaremos certos se a classificação da satisfação do cliente for "parcialmente satisfeito" a "muito satisfeito" de 16 entre 20 pais.

Copyright Strategyzer AG — Os criadores de Business Model Generation e Strategyzer

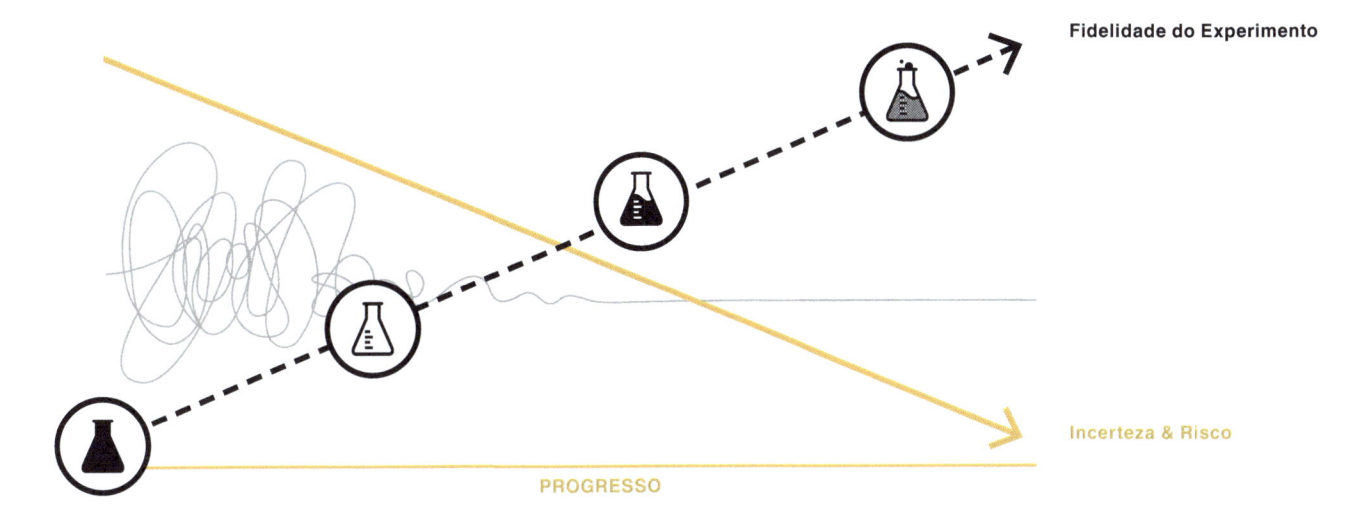

Fidelidade do Experimento

Incerteza & Risco

PROGRESSO

Experimentos Reduzem
o Risco de Incertezas

Enquanto lê *Testing Business Ideas: Testando ideias de negócios*, você começará a entender como os experimentos podem ajudá-lo a reduzir o risco da incerteza rapidamente. Em vez de se construir internamente por longos períodos em um ambiente sem clientes, você aprenderá como reduzir aos poucos seus riscos ao longo do tempo. Isso lhe permite construir no momento certo com a fidelidade certa.

"Quem não fica constrangido
pelo que era no ano passado provavelmente
não está aprendendo o suficiente."

———

Alain de Botton
Filósofo

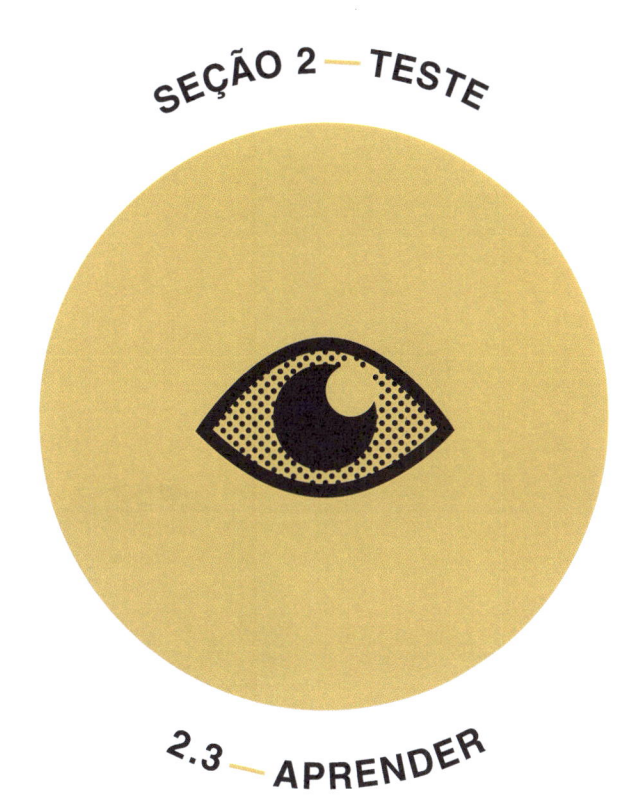

SEÇÃO 2 — TESTE

2.3 — APRENDER

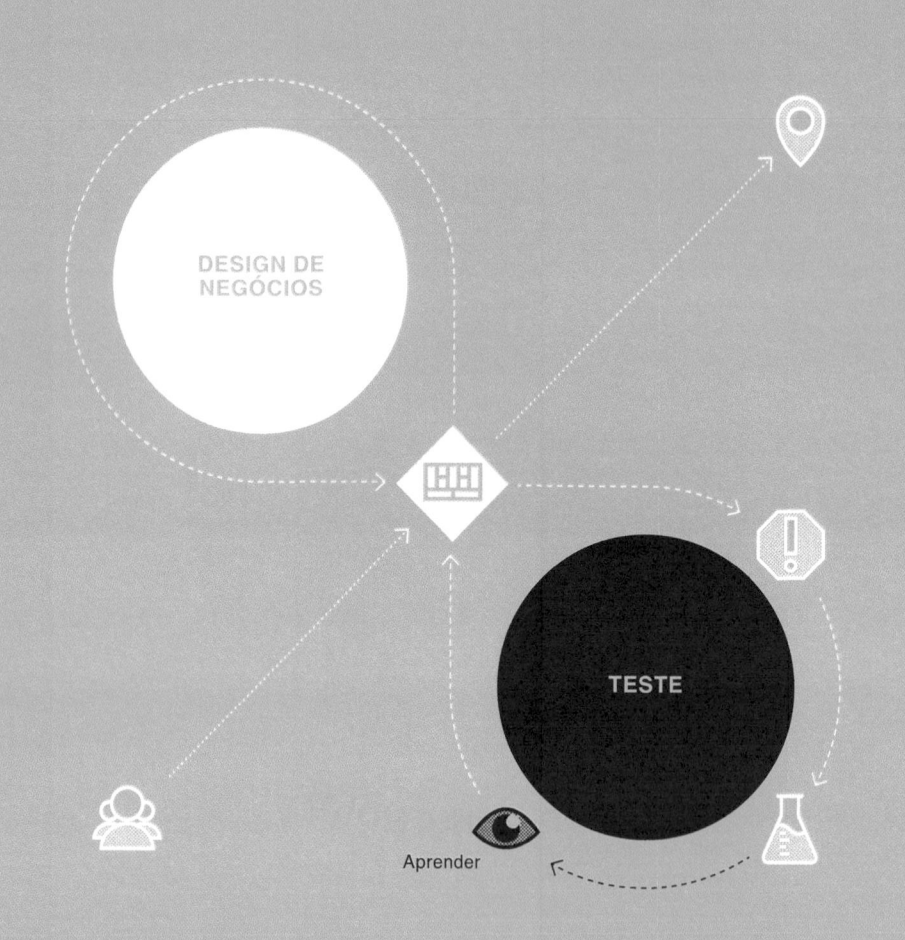

DESIGN DE
NEGÓCIOS

TESTE

Aprender

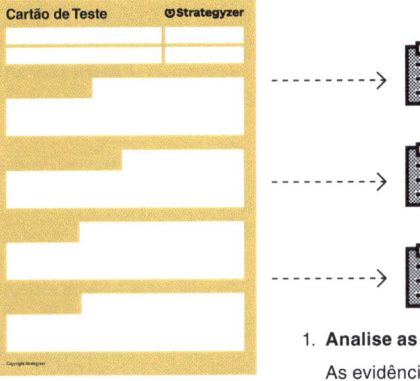

1. **Analise as Evidências**

   As evidências não falam por si só. Reúna as obtidas a partir de vários experimentos diferentes para uma hipótese específica e as analise. Certifique-se de separar evidências fortes e fracas.

2. **Obtenha Insights**

   Insights são informações decisivas conseguidas na análise de dados. Eles permitem apoiar ou refutar as hipóteses testadas. Seus insights o ajudam a entender a probabilidade de a ideia funcionar.

Força da Evidência

A força de uma evidência define o quanto podemos confiar nela para apoiar ou refutar uma hipótese. Você pode avaliar a força da evidência verificando quatro áreas. As evidências se baseiam em…

Evidência Fraca		Evidência (Mais) Forte

Evidência

O que é evidência?

Evidência é o que você usa para apoiar ou refutar as hipóteses que sustentam sua ideia de negócios. São os dados que você obtém em pesquisas ou gera em experimentos de negócios. As evidências podem ser fracas ou fortes, e vir em formas diferentes.

Para atender aos objetivos deste livro, focamos as evidências de seus experimentos de negócios, que definimos como:

- Dados gerados por um experimento ou coletados no campo.
- Fatos que apoiam ou refutam uma hipótese.
- Possivelmente de natureza diferente (como citações, comportamentos, taxas de conversão, pedidos, compras…); podem ser fracas/fortes.

1. Opiniões (Crenças)
Quando as pessoas dizem coisas como: "Eu faria…", " Eu acho que _____ é importante", "Acredito que…" ou "Eu gosto…"

Fatos (Eventos)
Quando pessoas dizem coisas como: "Semana passada eu_____", "Nesse caso, eu geralmente_____" ou "Gastei_____ em".

2. O que as pessoas dizem
O que as pessoas dizem em uma entrevista ou pesquisa não é, necessariamente, o que fazem na vida real ou farão no futuro.

O que as pessoas fazem
O comportamento observável geralmente é um bom indicador do que as pessoas fazem ou farão no futuro.

3. Ambiente de laboratório
Quando sabem que você está realizando um teste, as pessoas podem ter um comportamento diferente do que teriam em um ambiente do mundo real.

Ambiente de mundo real
O previsor mais confiável de comportamento futuro é o que observamos nas pessoas quando não sabem que estão sendo testadas.

4. Pequenos investimentos
A assinatura por e-mail para receber informações sobre lançamentos de produtos é um investimento pequeno e uma evidência relativamente fraca de interesse.

Grandes investimentos
Pré-compra de um produto ou arriscar a reputação profissional é um investimento importante e uma forte evidência de interesse real.

Diferentes experimentos criam evidências diferentes

Entrevistas com Clientes

Cartão de Teste 🅦**Strategyzer**

Entrevistas com Clientes	
Grace Grant	

ETAPA 1: HIPÓTESE

Acreditamos que **pais millennials preferem projetos de ciências selecionados que correspondam ao nível educacional dos filhos.** Crítico: ▲ ▲ ▲

ETAPA 2: TESTE

Para verificar isso, **entrevistaremos 20 pais millennials sobre as necessidades dos projetos de ciências dos filhos.** Custo do Teste / Confiabilidade dos Dados:

ETAPA 3: MÉTRICA

E mediremos **as principais tarefas, dores e ganhos dos clientes que não são atendidos pelas soluções existentes.** Tempo Exigido:

ETAPA 4: CRITÉRIOS

Estaremos certos se **nossa classificação de principais tarefas, dores e ganhos for 80% precisa.**

Copyright Strategyzer AG · Os criadores de Business Model Generation e Strategyzer

Transcrições & Citações

⚖ ●○○○○

FORÇA DA EVIDÊNCIA

"Queremos que nosso filho tenha um projeto diferente dos das outras crianças para a feira de ciências."

"Deve ser adequado para seu nível escolar. O que experimentamos dizia ser para o 2º ano, mas era difícil demais."

"Muitos kits que encontramos de graça online têm instruções incompletas ou confusas."

"Eu pagaria por um kit de ciências que tenha tudo de que precisamos em uma caixa."

Análise de Tendências de Busca

Cartão de Teste 🅦**Strategyzer**

Análise de Tendências de Busca	
Bob Gail	

ETAPA 1: HIPÓTESE

Acreditamos que **pais millennials preferem projetos de ciências selecionados que correspondam ao nível educacional dos filhos.** Crítico: ▲ ▲ ▲

ETAPA 2: TESTE

Para verificar isso, **analisaremos tendências de busca de pais millennials por soluções para projetos de ciências dos filhos online.** Custo do Teste / Confiabilidade dos Dados:

ETAPA 3: MÉTRICA

E mediremos **volume de busca doméstica.** Tempo Exigido:

ETAPA 4: CRITÉRIOS

Estaremos certos se **o volume superar 10 mil buscas domésticas por mês.**

Copyright Strategyzer AG · Os criadores de Business Model Generation e Strategyzer

Volume de Dados de Busca

⚖ ●●●○○

FORÇA DA EVIDÊNCIA

Mês de fevereiro:

"Ideias para feiras de ciências" tiveram 5 mil–10 mil buscas.

"Ideias para feiras de ciências no jardim de infância" tiveram 10 mil–15 mil buscas.

"Ideias para feiras de ciências no 1º ano" tiveram mil–5 mil buscas.

"Ideias para feiras de ciências no 2º ano" tiveram menos que mil buscas.

"Ideias para feira de ciências no 3º ano" tiveram menos que mil buscas.

Concierge

Cartão de Teste 🅦**Strategyzer**

Concierge	
Claire McCain	

ETAPA 1: HIPÓTESE

Acreditamos que **pais millennials preferem projetos de ciências selecionados que correspondam ao nível educacional dos filhos.** Crítico: ▲ ▲ ▲

ETAPA 2: TESTE

Para verificar isso, **selecionaremos manualmente kits de projetos de ciências para 20 filhos de pais millennials.** Custo do Teste / Confiabilidade dos Dados:

ETAPA 3: MÉTRICA

E mediremos **tempo e custo para criar, custo para enviar e satisfação do cliente.** Tempo Exigido:

ETAPA 4: CRITÉRIOS

Estaremos certos se **a classificação da satisfação do cliente for de "parcialmente satisfeito" a "muito satisfeito", de 16 entre 20 pais.**

Copyright Strategyzer AG · Os criadores de Business Model Generation e Strategyzer

Dados Concierge

⚖ ●●●●●

FORÇA DA EVIDÊNCIA

Tempo para Criar = 2 horas para cada kit

Custo para Criar = US$10–US$15

Custo para Enviar = US$5–US$8

Pontuação de Satisfação do Pai Cliente = Parcialmente Satisfeito

APRENDER

Insights

54

TESTE

O que são insights?

Há uma diferença entre olhar para algo e procurar algo. As evidências, por si só, não ajudarão a diminuir o risco de sua ideia de negócios; assim, recomendamos obter insights das evidências geradas por seus experimentos.

Neste livro, insights de negócios são definidos como:

- O que você aprende analisando as evidências.
- Aprendizado relacionado com a validade de uma hipótese e a descoberta em potencial de novos rumos.
- A base para tomar decisões de negócios bem fundamentadas e agir.

Entrevistas com Clientes

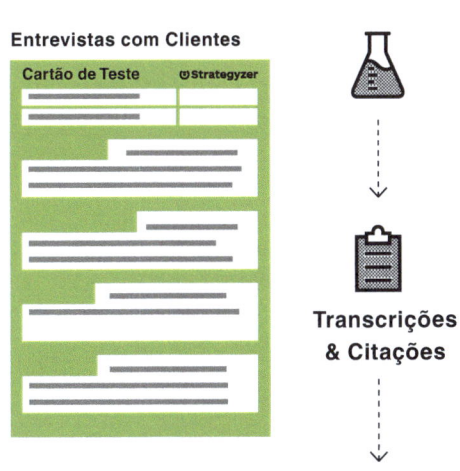

Transcrições & Citações

Análise de Tendências de Busca

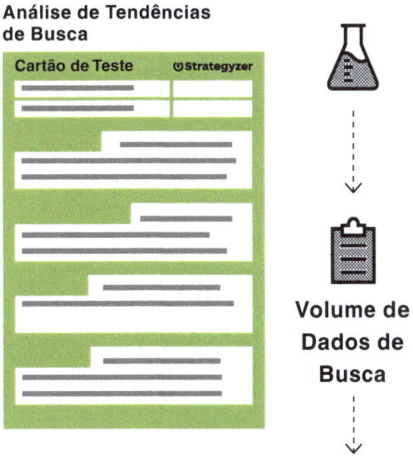

Volume de Dados de Busca

Concierge

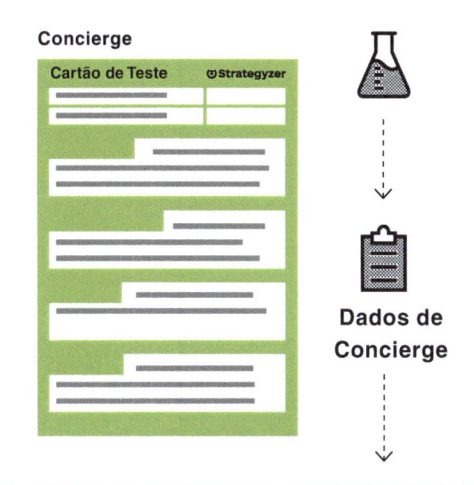

Dados de Concierge

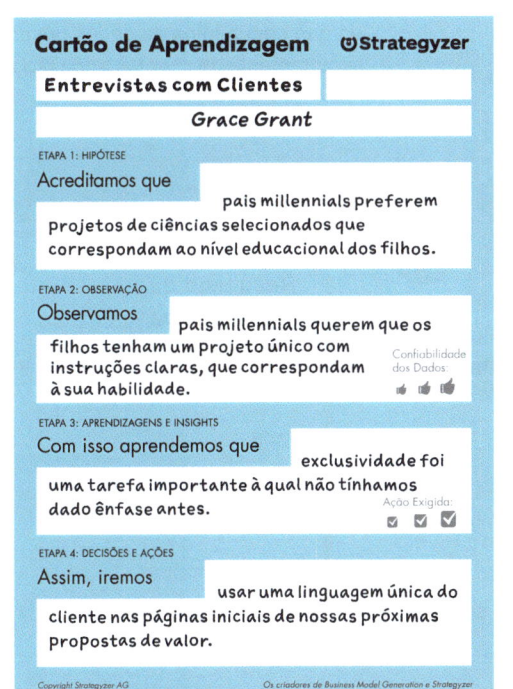

Cartão de Aprendizagem ⏱ **Strategyzer**

Entrevistas com Clientes

Grace Grant

ETAPA 1: HIPÓTESE
Acreditamos que pais millennials preferem projetos de ciências selecionados que correspondam ao nível educacional dos filhos.

ETAPA 2: OBSERVAÇÃO
Observamos pais millennials querem que os filhos tenham um projeto único com instruções claras, que correspondam à sua habilidade.
Confiabilidade dos Dados:

ETAPA 3: APRENDIZAGENS E INSIGHTS
Com isso aprendemos que exclusividade foi uma tarefa importante à qual não tínhamos dado ênfase antes.
Ação Exigida:

ETAPA 4: DECISÕES E AÇÕES
Assim, iremos usar uma linguagem única do cliente nas páginas iniciais de nossas próximas propostas de valor.

Copyright Strategyzer AG   Os criadores de Business Model Generation e Strategyzer

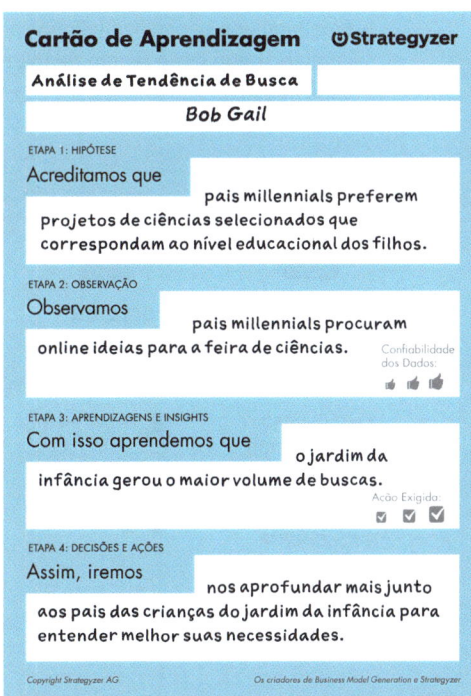

Cartão de Aprendizagem ⏱ **Strategyzer**

Análise de Tendência de Busca

Bob Gail

ETAPA 1: HIPÓTESE
Acreditamos que pais millennials preferem projetos de ciências selecionados que correspondam ao nível educacional dos filhos.

ETAPA 2: OBSERVAÇÃO
Observamos pais millennials procuram online ideias para a feira de ciências.
Confiabilidade dos Dados:

ETAPA 3: APRENDIZAGENS E INSIGHTS
Com isso aprendemos que o jardim da infância gerou o maior volume de buscas.
Ação Exigida:

ETAPA 4: DECISÕES E AÇÕES
Assim, iremos nos aprofundar mais junto aos pais das crianças do jardim da infância para entender melhor suas necessidades.

Copyright Strategyzer AG   Os criadores de Business Model Generation e Strategyzer

Cartão de Aprendizagem ⏱ **Strategyzer**

Concierge

Claire McCain

ETAPA 1: HIPÓTESE
Acreditamos que pais millennials preferem projetos de ciências selecionados que correspondam ao nível educacional dos filhos.

ETAPA 2: OBSERVAÇÃO
Observamos que o feedback geral foi positivo, mas o tempo e o custo para criar os kits excederam nosso ponto de preço-alvo.
Confiabilidade dos Dados:

ETAPA 3: APRENDIZAGENS E INSIGHTS
Com isso aprendemos que embora os pais estejam satisfeitos, temos que achar meios de reduzir o tempo e o custo.
Ação Exigida:

ETAPA 4: DECISÕES E AÇÕES
Assim, iremos explorar fornecedores por atacado e encontrar etapas otimizadas para montar os kits.

Copyright Strategyzer AG   Os criadores de Business Model Generation e Strategyzer

Nível de Confiança

Seu nível de confiança indica o quanto você acredita que sua evidência é forte o bastante para apoiar ou refutar uma hipótese específica.

Nem sempre evidências e insights são iguais. Você deve ter mais confiança em seus insights depois de realizar vários experimentos com evidências cada vez mais fortes para uma hipótese específica. Por exemplo, você pode começar com entrevistas para obter alguns insights iniciais sobre as tarefas, as dores e os ganhos de seu cliente. Depois, pode realizar um estudo para testar seus insights em uma escala maior com mais clientes. Finalmente, pode realizar uma venda simulada para gerar o tipo de evidência mais forte para o interesse do cliente.

Há três dimensões para ajudar a definir seu nível de confiança:

1. Tipo e força da evidência
Diferentes tipos de evidência têm forças diferentes. A citação de uma entrevista é um indicador relativamente fraco de comportamento futuro. Uma compra em uma simulação de vendas é um indicador forte de comportamento futuro. O tipo de evidência que você reuniu para uma hipótese específica influenciará a confiança que pode ter em relação a seus insights.

2. Número de pontos de dados por experimento
Quanto mais pontos de dados você tiver, melhor. Cinco citações de entrevistas pessoais com clientes certamente são mais fracas do que cem. Porém, é provável que essas mesmas citações sejam mais precisas do que cem pontos de dados em um levantamento de clientes anônimos.

Tipo de Teste	Força da Evidência	Número de Pontos de Dados	Resultado da Qualidade da Evidência
ENTREVISTAS COM CLIENTES	●○○○○	10 PESSOAS	FRACO
ESTUDO DE DESCOBERTA	●●○○○	500 PESSOAS	FRACO
VENDAS SIMULADAS	●●●●○	250 PESSOAS	MUITO FORTE

Nível de Confiança na Hipótese

Quanta confiança você pode depositar em experimentos, evidências e insights para apoiar ou refutar uma hipótese específica?

Muita Confiança
Você pode ter muita confiança se realizou vários experimentos dos quais pelo menos um foi um teste de chamada para ação que produziu evidências fortes.

Alguma Confiança
Você pode ter alguma confiança se realizou experimentos que produziram evidências fortes ou um experimento de chamada para ação especialmente forte.

Pouca Confiança
Você precisa realizar mais experimentos se apenas conduziu entrevistas ou estudos nos quais as pessoas dizem o que farão. Elas podem se comportar de modo diferente na realidade.

Nenhuma Confiança
Você precisa de mais experimentos se apenas realizou um que produziu evidências fracas, como uma entrevista ou uma pesquisa.

3. **Quantidade e tipo de experimentos realizados para a mesma hipótese**
O nível de confiança deve aumentar com a quantidade de experimentos realizados para testar a mesma hipótese. Três séries de entrevistas são melhores que uma. Realizar entrevistas, estudos e vendas simuladas para testar a mesma hipótese é ainda melhor. Você terá resultados melhores se realizar experimentos com uma força crescente de evidências e à medida que aprender mais.

"Tenha propensão à ação—
vamos ver algo acontecer agora.
Você pode dividir aquele grande plano
em pequenas etapas e iniciar a primeira
agora mesmo."

———

Indira Gandhi
Ex-primeira-ministra da Índia

2.4 — DECIDIR

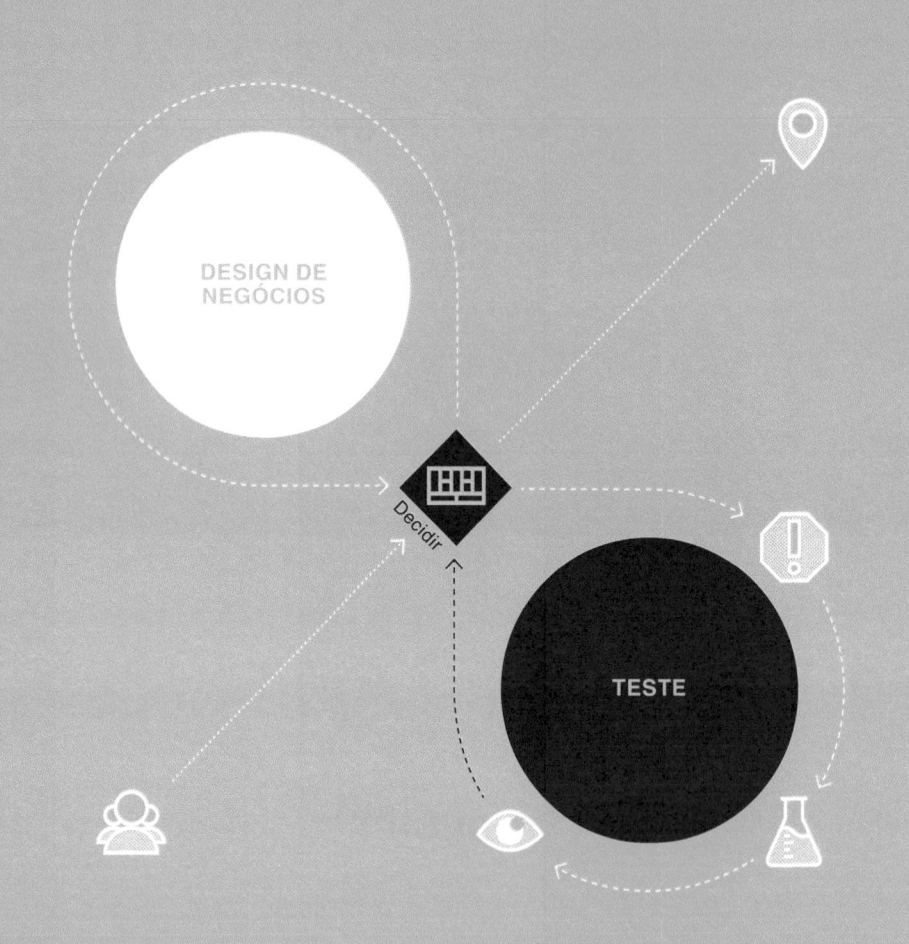

DESIGN DE
NEGÓCIOS

Decidir

TESTE

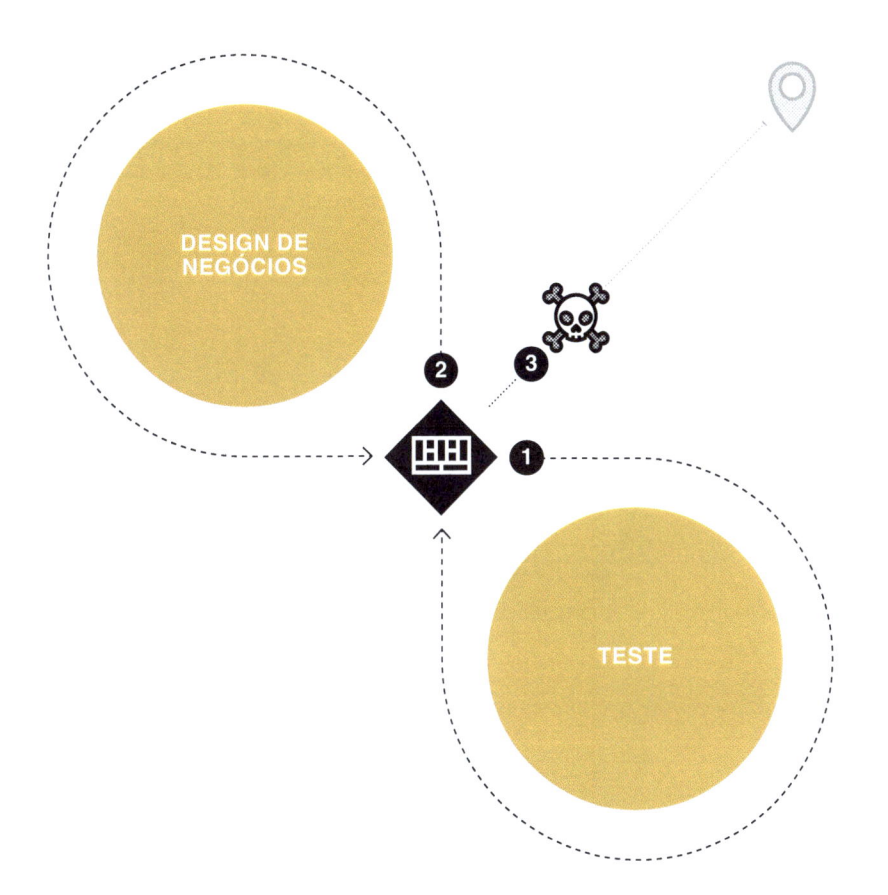

1. **Persistir**

   A decisão de continuar a testar uma ideia com base em evidências e insights. Você persiste ao testar mais a mesma hipótese com um experimento mais forte ou passando à próxima hipótese importante.

2. **Pivotar**

   A decisão de fazer uma mudança significativa em um ou mais elementos de suas ideias, proposta de valor ou modelo de negócios. Muitas vezes, uma mudança drástica pode significar que uma evidência anterior é irrelevante para a sua nova trajetória. Geralmente, é preciso retestar os elementos do modelo de negócios que você já testou.

3. **Matar**

   A decisão de matar uma ideia com base em evidências e insights. As evidências podem mostrar que a ideia não funcionará na realidade ou que o potencial de lucro é insuficiente.

Decisão

Transformar insights em ação

Aprender mais depressa do que os outros não é mais suficiente. Você precisa pôr esse aprendizado em prática, porque o que aprendeu tem data de validade. Se acha que isso está ocorrendo mais depressa do que em qualquer outra época, você pode estar certo. Hoje, as pessoas estão expostas a mais informações em um ano do que as dos anos de 1900 em toda a vida. Mercados e tecnologias avançam tão rápido que os insights obtidos podem expirar em meses, semanas ou até dias.

Para este livro, definimos ação como:

- Próximos passos para avançar com os testes e eliminar os riscos da ideia de negócios.
- Decisões abalizadas em insights reunidos.
- Decisões de abandonar, mudar e/ou continuar a testar uma ideia de negócios.

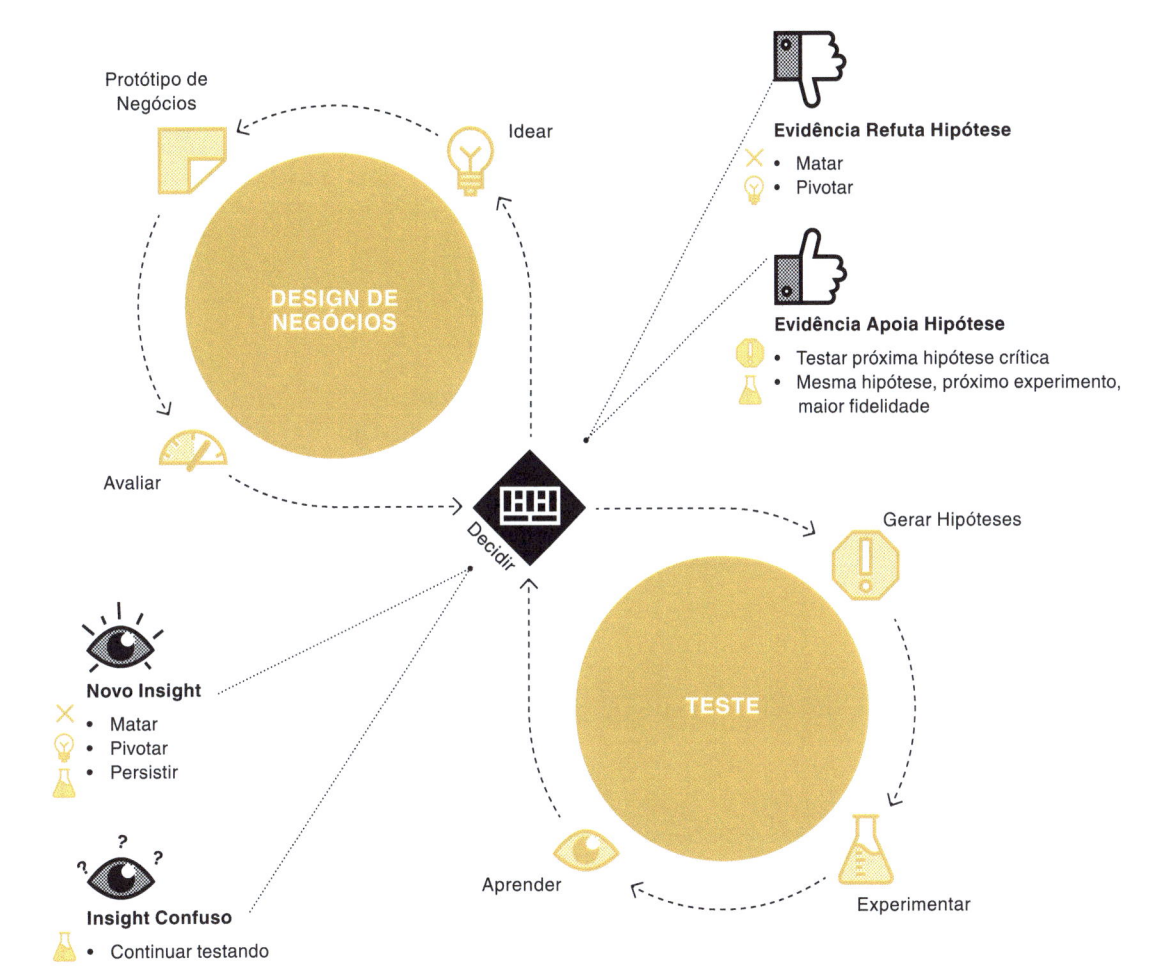

Protótipo de Negócios

Idear

DESIGN DE NEGÓCIOS

Avaliar

Decidir

TESTE

Gerar Hipóteses

Aprender

Experimentar

Evidência Refuta Hipótese
- Matar
- Pivotar

Evidência Apoia Hipótese
- Testar próxima hipótese crítica
- Mesma hipótese, próximo experimento, maior fidelidade

Novo Insight
- Matar
- Pivotar
- Persistir

Insight Confuso
- Continuar testando

**"O maior problema
com a comunicação é a ilusão
de que ela foi alcançada."**

———

*George Bernard Shaw
Dramaturgo e ativista político irlandês*

SEÇÃO 2 — TESTE

2.5 — GERENCIAR

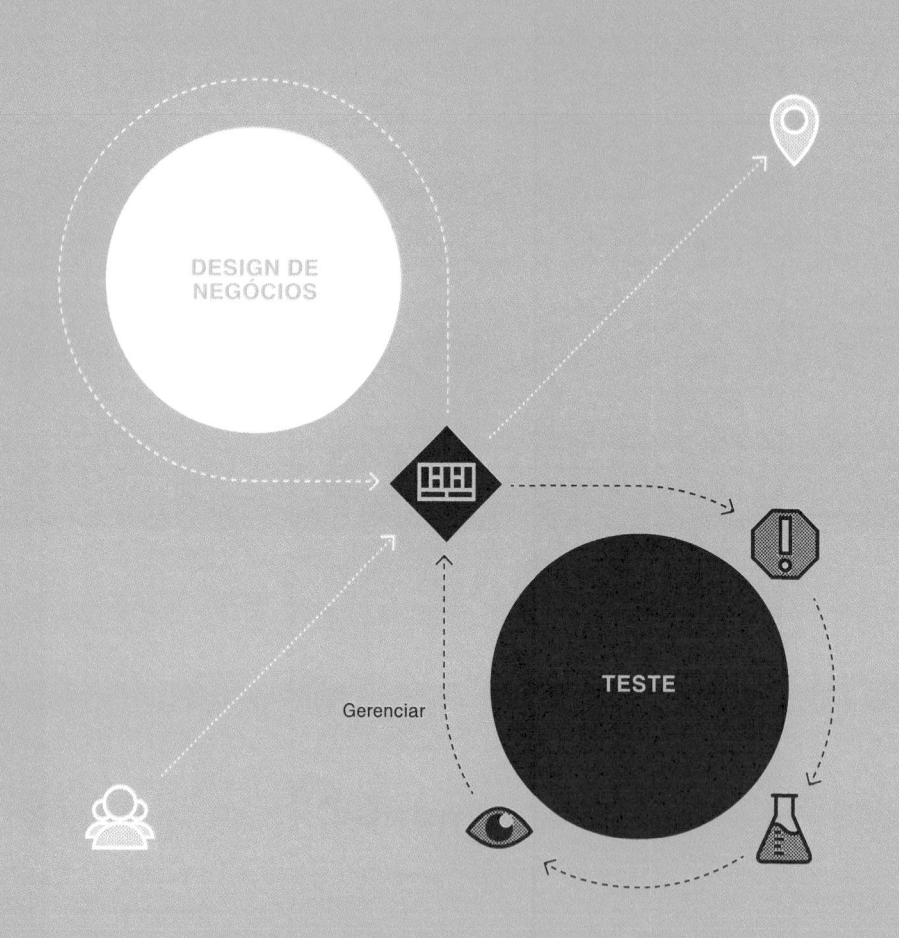

DESIGN DE
NEGÓCIOS

TESTE

Gerenciar

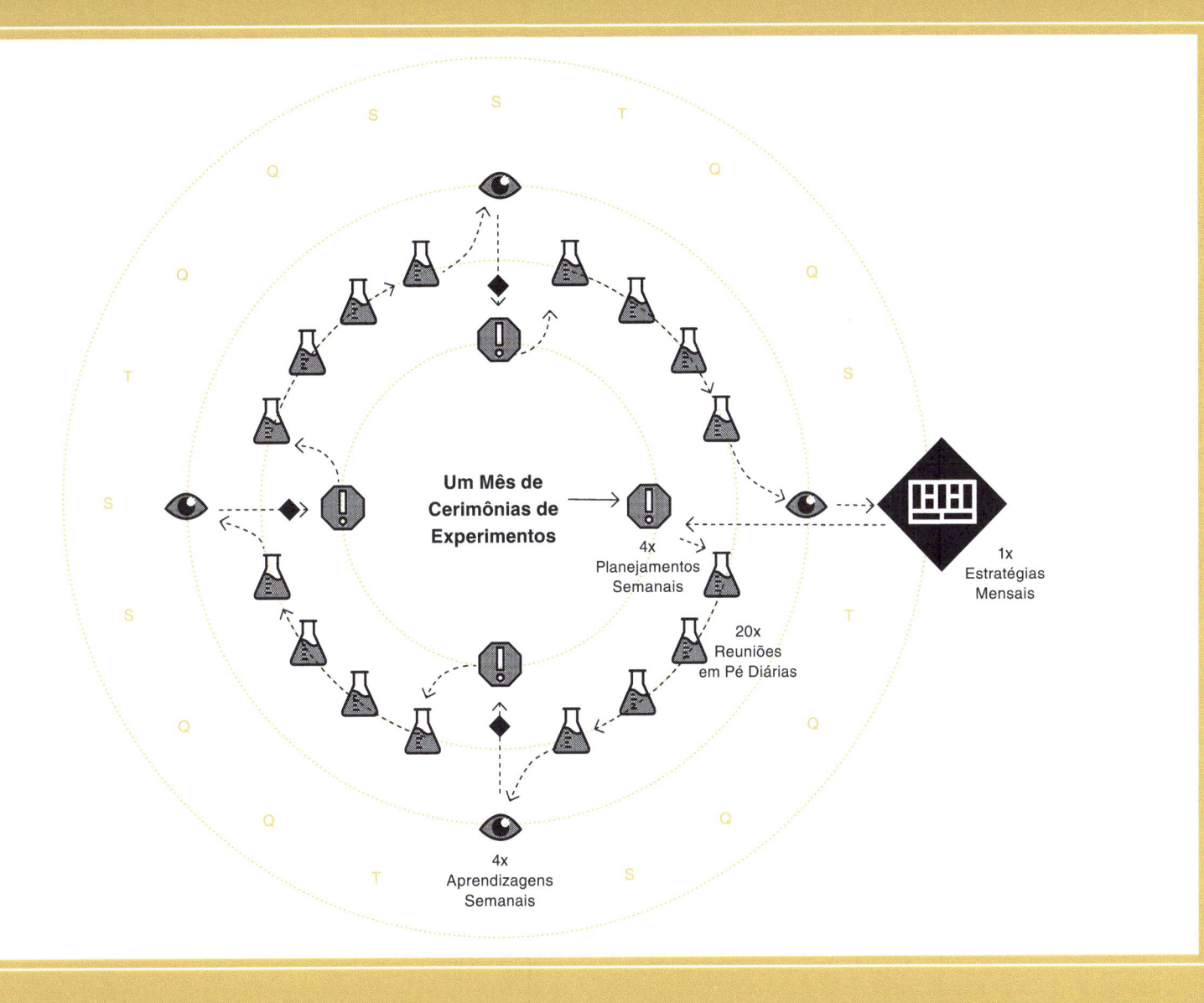

Cerimônias de Experimentos

Cerimônias nos ajudam a colaborar, e não é diferente com a experimentação. Se sua meta é criar um novo negócio bem-sucedido, precisará de mais do que um experimento para encontrar o caminho certo. Por esse motivo, recomendamos uma série de cerimônias que criam um processo repetível. Cada cerimônia se comunica com sua cerimônia de ligação, criando um sistema.

Essa série de cerimônias de experimentos é resultado de anos de trabalho com equipes que transformaram a experimentação de negócios em um processo repetível. Nós nos inspiramos nas metodologias de design thinking, agile e lean.

Tipo de Reunião	Tempo		Participantes	Agenda
Planejamento	60 minutos Semanais		● Equipe Central	• Meta de aprendizagem • Priorização • Tarefas
Em Pé	15 minutos Diários		● Equipe Central	• Meta de aprendizagem • Bloqueadores • Ajuda
Aprendizagem	60 minutos Semanais		○ Equipe Estendida ● Equipe Central	• Sintetização de evidências • Insights • Ações
Retros	30 minutos Quinzenais		● Equipe Central	• Foi bem • Consertar • Tentar
Decisão	60 minutos Mensais		◉ Stakeholders ○ Equipe Estendida ● Equipe Central	• Aprendizagens • Bloqueadores • Decisões

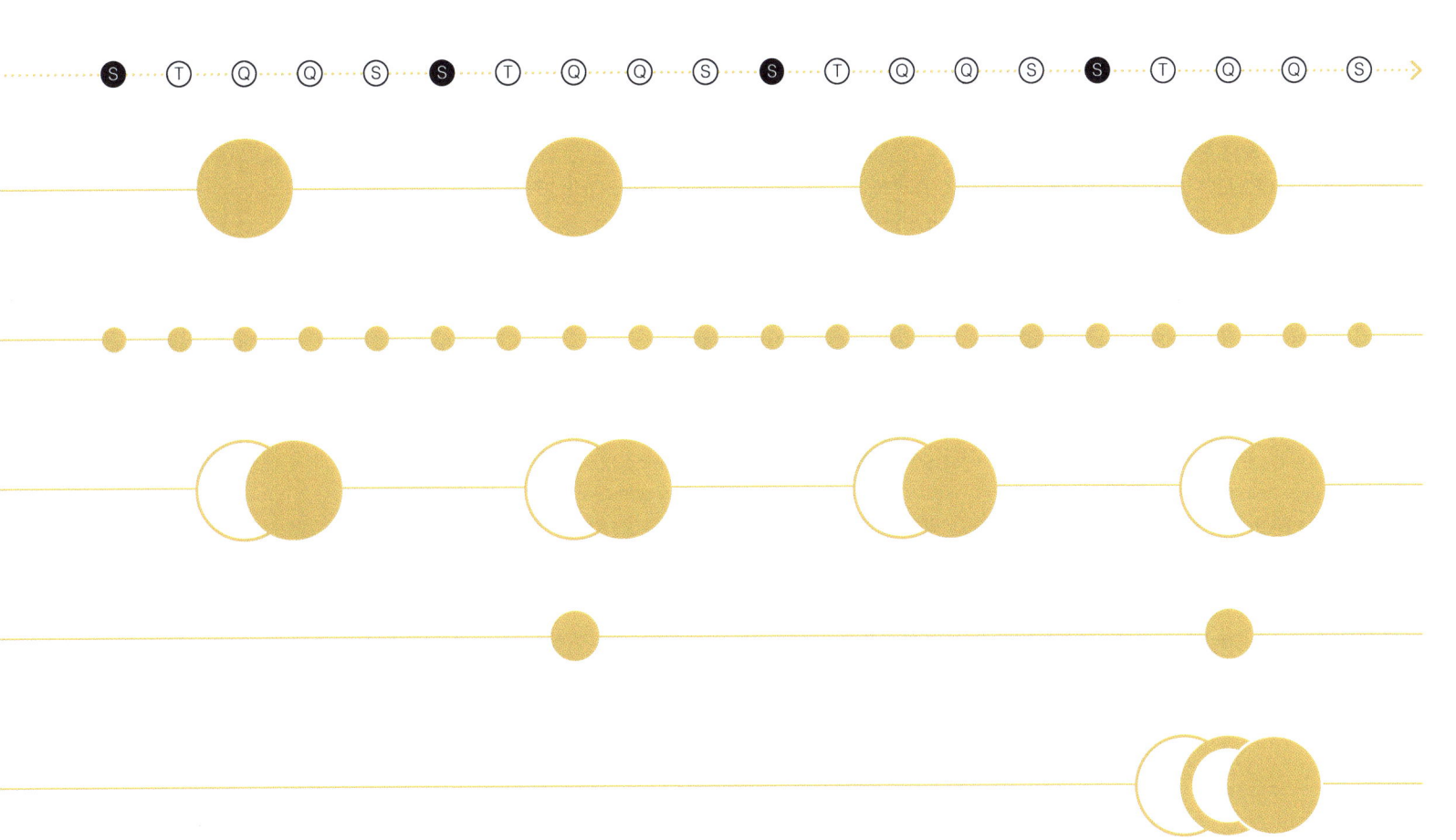

GERENCIAR

Coalocada ou Distribuída?

Neste mundo do trabalho de rápida evolução tecnológica, ter equipes reunidas na mesma sala não é mais um pré-requisito para que elas sejam altamente eficientes. Seja com o sistema de coalocação ou de distribuição, vimos equipes adotando essas cerimônias de experimentos para ajudar a impulsionar suas novas ideias de negócios.

Equipes Coalocadas

Para Equipes Coalocadas, recomendamos ter um espaço semiprivativo. Pode ser difícil garantir uma sala de conferências para todas essas cerimônias, e você teria que levar seus artefatos toda vez que fossem impressos.

Muitas equipes que orientamos escolhem uma parede ou compartimento que lhes permita interagir rapidamente e então voltar ao trabalho.

Equipes Distribuídas

Para Equipes Distribuídas, recomendamos fazer chat por vídeo sempre que possível. É importante conectar-se aos membros da equipe e ver sua linguagem corporal. Felizmente para você, poderá escolher entre muitas opções de chats por vídeo.

Ao revisar artefatos ou realizar exercícios, tente usar um software que mostre pessoas editando e movendo coisas em tempo real. Isso evitará confusão e duplicação de participantes.

Comprometimento de Tempo

Com base em uma semana de 40 horas, o volume de cerimônias pode parecer grande para a sua equipe. Na verdade, o comprometimento, além da realização efetiva dos experimentos, é bastante modesto e adequadamente apoiado pela equipe central.

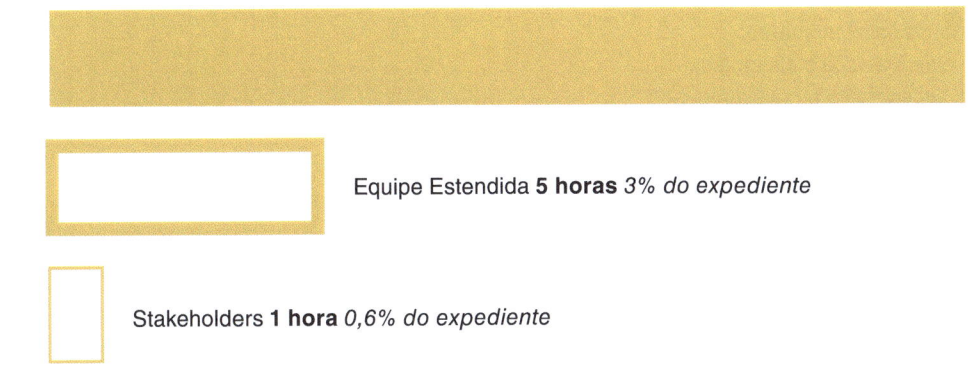

Equipe Central **15,25 horas** *9% do expediente*

Equipe Estendida **5 horas** *3% do expediente*

Stakeholders **1 hora** *0,6% do expediente*

Tempo
30–60 minutos
Uma vez por semana
Pós-aprendizagem Semanal

Participantes
Equipe Central

Planejamento Semanal

Planeje e distribua os experimentos para a semana seguinte. Embora o plano possa mudar, o planejamento realizado ainda é um exercício valioso.

Agenda

1. Hipóteses a Serem Testadas

Identifique e revisite as hipóteses que está testando. Escolha pelo menos uma de suas hipóteses importantes para testar na semana seguinte.

2. Priorização de Experimentos

Depois de definir as hipóteses, priorize os experimentos necessários para aprender sobre elas. Use sua biblioteca de experimentos para identificar qual experimento é mais adequado para testar desejo, viabilidade e praticabilidade.

3. Distribuição de Experimentos

Depois de priorizados, distribua os experimentos selecionados para serem realizados na semana seguinte. Lembre-se de que os experimentos complexos demoram mais e, muitas vezes, exigem tarefas sequenciais.

Equipe Corporativa

Membros centrais da Equipe Corporativa.

Membros da Equipe Estendida são opcionais, a menos que você preveja que serão necessários na semana seguinte. Nesse caso, eles são recomendados.

Equipe de Startup

Membros centrais da Equipe de Startup.

Mesmo que vocês sejam apenas dois, crie o hábito de explicar o que se passa na sua cabeça para poder priorizar o trabalho mais importante.

Contratações externas são opcionais, a menos que você preveja que seu conhecimento será necessário na semana seguinte. Nesse caso, elas são recomendadas.

Empreendedor Solo

Empreendedores solo se beneficiam do Planejamento Semanal, mesmo se não estiverem trabalhando em colaboração com contratados externos.

O ritual de planejar seu trabalho todas as semanas o ajudará a manter o ritmo e a criar um senso de realização.

Se faz contratações externas, sua presença será opcional, a menos que preveja que seu conhecimento será necessário para os experimentos da semana seguinte. Nesse caso, ela é recomendada.

Tempo
15 minutos
Todas as manhãs, no
mesmo horário

Participantes
Equipe Central

Reuniões Diárias em Pé

Fique alinhado e foque o trabalho diário.
Muitos experimentos requerem que várias
tarefas sejam completadas, e as Reuniões
Diárias em Pé ajudam a coordenar seu
trabalho cotidiano.

Agenda

1. Qual É a Meta Diária?
Crie uma meta diária. Se sua meta for completar um
experimento, então é importante alinhar suas tarefas para
atingi-la. Lembre-se de que metas diárias alimentam metas
maiores e mais ambiciosas do empreendimento em geral.

2. Como Atingir Essa Meta?
Identifique as tarefas necessárias para atingir a meta diária e
planeje o seu dia.

3. O que Está Atrapalhando?
Identifique quaisquer gargalos que o impediriam de completar
as tarefas do experimento do dia ou de atingir a meta. Alguns
deles podem ser solucionados na reunião, se for rápido; do
contrário, agende outra reunião, mais tarde, para tratar do
problema.

Equipe Corporativa

Membros centrais da Equipe Corporativa.
Faça uma Reunião Diária em Pé em um local em que outros possam ver que está planejando o seu dia. Esse é um ótimo modo de socializar com o restante da organização.

Equipe de Startup

Membros centrais da Equipe de Startup.
Você ainda se beneficiará das Reuniões Diárias em Pé. Startups agem depressa, e você pode sair de sincronia rapidamente. Isso o ajudará a ficar alinhado e focado em suas metas ao longo do tempo.

Empreendedor Solo

Sim, mesmo empreendedores solo precisam planejar seu dia. Reuniões Diárias em Pé o ajudam a se manter organizado e alinhado com suas metas mais importantes, mesmo se não estiver trabalhando em colaboração com contratados externos.

Tempo
30–60 minutos
Uma vez por semana
Antes do Planejamento
Semanal

Participantes
Equipe Estendida
Equipe Central

Aprendizagem Semanal
Tenha uma conversa para interpretar a
evidência e transformá-la em ação. Lembre-se
de que seu aprendizado com experimentos
poderá lhe indicar sua estratégia geral.

Agenda
1. Reúna Evidências
Reúna as evidências geradas pelo seu experimento. Isso inclui tipos
de evidência qualitativa e quantitativa.

2. Gere Insights
Procure padrões e insights em suas evidências. Mesmo evidências
qualitativas podem ser rapidamente categorizadas com técnicas
como a classificação por afinidade. Tente ficar com a mente aberta.
Você poderá encontrar insights inesperados, que o levarão a novos
caminhos de receita.

3. Revisite Sua Estratégia
Tome os novos insights que conseguiu e revisite seu Canvas do
Modelo de Negócios, o Canvas da Proposta de Valor e o Mapa de
Suposições. Faça as atualizações necessárias para que reflitam sua
situação atual de aprendizagem. Isso é essencial para usar o que
aprendeu e elaborar sua estratégia. Não se preocupe se ela parecer
estranha, pois é uma parte normal do empreendedorismo.

Equipe Corporativa

Membros centrais da Equipe Corporativa.
Membros da Equipe Estendida são opcionais, a menos que você preveja que seu conhecimento será necessário para sintetizar o aprendizado. Nesse caso, eles são recomendados.

Equipe de Startup

Membros centrais da Equipe de Startup.
Contratações externas são opcionais, a menos que você preveja que seu conhecimento seja necessário para sintetizar o aprendizado. Nesse caso, elas são recomendadas.

Empreendedor Solo

Se estiver usando contratações externas, sua participação é opcional, a menos que preveja que seu conhecimento será necessário para sintetizar o aprendizado. E, nesse caso, a participação é recomendada.

GERENCIAR

Tempo
30–60 minutos
Quinzenais
Após/Antes do
Aprendizado Semanal

Participantes
Equipe Central

Retrospectiva Quinzenal

Recue um passo, respire e fale sobre como você pode melhorar o modo de trabalhar. Em nossa opinião, essa é a cerimônia mais importante. Quando você para de refletir, aprender e melhorar.

Agenda

1. O que Está Indo Bem

Use cinco minutos para anotar o que está indo bem. Assim, a retrospectiva começará bem, enquanto as pessoas têm espaço para falar positivamente sobre os membros da equipe e como estão trabalhando em conjunto.

2. O que Precisa de Melhoria

Use cinco minutos para anotar o que precisa de melhoria. Essas são coisas que não estão indo bem ou poderiam ser melhores. É importante encará-las como uma oportunidade para melhorar, e não como um ataque pessoal contra um membro da equipe.

3. O que Tentar em Seguida

Encontre três coisas que gostaria de tentar. Pode ser um dos itens que já foi discutido ou algo totalmente novo. Assim, você terá a chance de tentar uma nova forma de trabalhar, que não se baseia apenas naquilo que necessita melhorar.

Dica
Há muitas opções adicionais de retrospectiva, como o Speed Boat, Começar — Parar — Manter e Manter — Largar — Adicionar.

Recomendamos testar alguns formatos diferentes para ver o que funciona melhor para você.

Equipe Corporativa

Membros centrais da Equipe Corporativa.

Para Equipes Corporativas, é importante detalhar o que é possível controlar dentro da equipe e o que pode estar fora de sua esfera de influência na organização.

Completada a retrospectiva, peça que um membro da equipe comunique quaisquer questões externas aos envolvidos no processo, para obter ajuda.

Se não conseguir resolvê-las, tente achar meios criativos de reduzir seu impacto na equipe.

Equipe de Startup

Membros centrais da Equipe de Startup.

Com Equipes de Startups, lembre-se de que, à medida que incorpora melhorias ao modo de trabalho, isso pode ajudar você a construir a cultura que deseja para a sua startup.

Cofundadores que mostram a disposição de inspecionar e adaptar seu modo de trabalhar acabarão por atrair empregados que querem trabalhar desse jeito.

Empreendedores Solo

Para Empreendedores Solo, às vezes, essa pode parecer uma experiência de isolamento. Reflita sobre como está trabalhando, mesmo que esteja só durante a cerimônia.

Se não puder atingir os resultados que deseja, então pode ser uma boa ideia tentar novas formas de trabalho para avançar.

Se estiver usando contratações externas, sua presença é opcional, a menos que queira consultá-los e aprimorar sua colaboração.

Tempo
60–90 minutos
Uma vez por mês

Participantes
Stakeholders
Equipe Estendida
Equipe Central

Revisões Mensais com Stakeholders

Mantenha os stakeholders no ciclo de como você está pivotando, persistindo ou matando uma ideia.

Agenda

1. O que Você Aprendeu

Forneça um resumo executivo do que aprendeu no mês passado. Isso inclui a Meta de Aprendizagem Semanal e quaisquer insights adicionais gerados pelos experimentos. É importante não sobrecarregar os participantes com análises detalhadas de cada experimento. Mantenha as informações em um apêndice para se aprofundar nos dados.

2. O que Está Bloqueando o Progresso

Esse é o momento de revisar quaisquer entraves que os Stakeholders possam ajudar a remover. Isso inclui itens de retrospectivas anteriores, que estejam fora de sua influência ou controle. Eles devem ser comunicados com clareza como solicitações de apoio.

3. Decisão de Pivotar/Persistir/Matar

Faça as recomendações aos Stakeholders sobre se você deve pivotar, persistir ou matar a nova ideia de negócios. Isso deve se basear não só no que aprendeu, mas também no que você vê como um caminho a seguir em sua estratégia.

Dica
Os três principais tipos de pivotagem que vemos se baseiam no cliente, no problema e na solução. Você pode ficar com o cliente e pivotar o problema. Pode ficar com o problema e pivotar o cliente. Pode ficar com o cliente e o problema, e pivotar a solução.

Equipe Corporativa

Membros centrais da Equipe Corporativa e stakeholders.

Para Equipes Corporativas, continue a comunicar aos Stakeholders o avanço de seu aprendizado. Faça uma comparação entre como você está trabalhando de modo diferente e fazendo progresso.

Se os Stakeholders tomarem a forma de um comitê de financiamento, então as decisões serão tomadas durante a sessão sobre se os esforços de seguir adiante serão financiados.

Equipe de Startup

Membros centrais da Equipe de Startup e stakeholders.

Para Equipes de Startups, mantenha os investidores informados sobre como está progredindo, mesmo que isso signifique contar suas dificuldades. Grandes investidores entendem que o caminho para o sucesso não é uma linha reta. Balaji Srinivasan dá a isso o nome afetuoso de "Labirinto de Ideias".

Você pode comunicar essa atualização via e-mail ou vídeo, se seus investidores não estiverem fisicamente perto.

Empreendedor Solo

Empreendedor solo e um consultor.

Faça uma chamada de vídeo ou tome um café com seu consultor, e conte o que aprendeu e o que está recomendando. Embora seja provável que seu consultor não seja um investidor, ainda é útil ouvir uma opinião externa sobre sua estratégia.

GERENCIAR

Para saber mais sobre o "Labirinto de Ideias", visite spark-public.s3.amazonaws.com/startup/lecture_slides/ lecture5-market-wireframing-design.pdf. [conteúdo em inglês]

Princípios do Fluxo do Experimento

Realizar um experimento é ótimo, mas a meta é reduzir a incerteza do seu negócio. Isso significa realizar vários experimentos ao longo do tempo. Você quer que o processo do experimento flua, gerando a evidência necessária para tomar decisões de investimento abalizadas.

Visualize Seus Experimentos

Deixe seu trabalho visível para si mesmo e para os outros.

Fomos inspirados pelos movimentos lean e kanban, principalmente nesse aspecto. Se mantiver todo esse trabalho em sua cabeça, você nunca poderá atingir o fluxo. Não só seus colegas de equipe não têm condições de ler sua mente, mas grande parte do fluxo requer que você visualize seu trabalho.

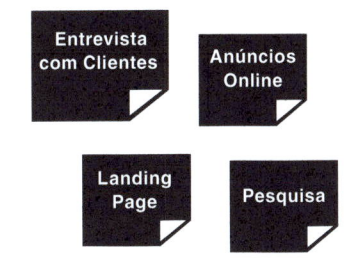

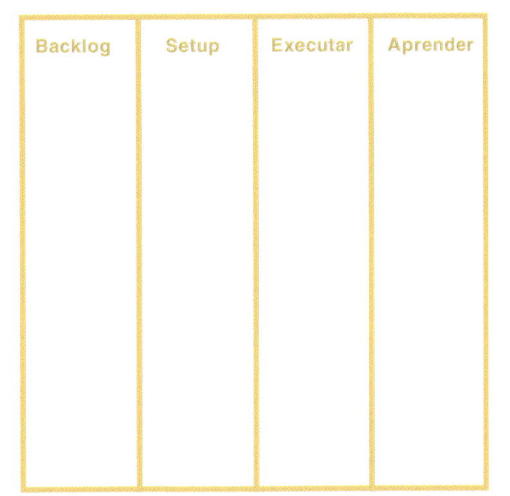

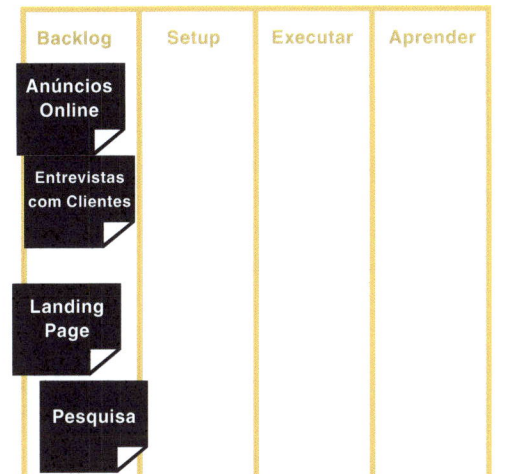

1. Anote seus experimentos

Recomendamos apenas um experimento por nota adesiva, para fins de organização.
Você não precisa anotar centenas de experimentos — só os que pretende realizar nas semanas seguintes.

2. Crie um quadro de experimentos simples

Esse é um dos quadros de experimentos mais simples que se pode criar.
Temos usado esse formato há bastante tempo e gostávamos da coluna "Validar", que aprendemos com Eric Ries. Com o tempo, desistimos dessa linguagem porque as equipes estabelecem um padrão muito baixo para as hipóteses e as validam artificialmente e avançam depressa demais. Preferimos "Aprender" a "Validar".

3. Adicione seus experimentos à coluna de Backlog

Classifique seus experimentos de cima para baixo, sendo o primeiro o que você realizará em seguida. Mova-os à medida que começar a trabalhar com cada um, indo do Setup para Executar e depois aprender.

Limite os Experimentos em Andamento

Realizar tarefas em excesso pode causar problemas.

É inerente às equipes subestimar o quanto é trabalhoso realizar um experimento, principalmente se nunca o fizeram. Assim, não deve ser surpresa que elas tomem todos os experimentos e tentem realizá-los ao mesmo tempo. Isso resulta no atraso de todo o processo. Também é difícil extrair insights de um experimento anterior para obter informações para o próximo.

TESTE

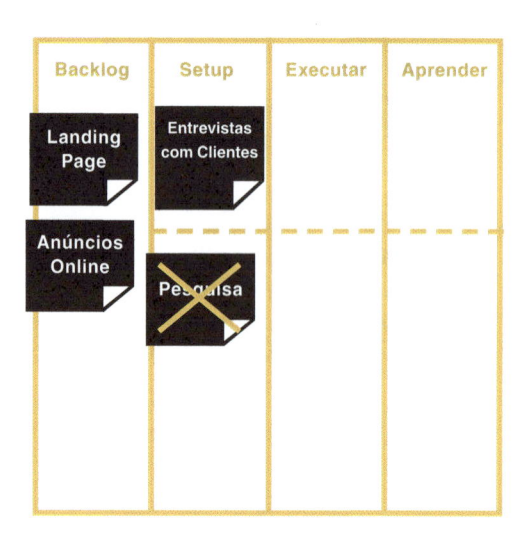

Defina limites do trabalho em andamento para seus experimentos.

Por exemplo, comece com o limite de 1 nas colunas Setup, Executar e Aprender. Isso evitará que a equipe passe um segundo experimento por cima do primeiro antes que ele seja passado à outra coluna e, finalmente, seja arquivado.

Neste exemplo, a equipe realiza as entrevistas antes da pesquisa, em vez de tentar as duas coisas ao mesmo tempo (atrasando tudo). Os experimentos fluem, usando o que você aprendeu para passar as informações para o próximo experimento.

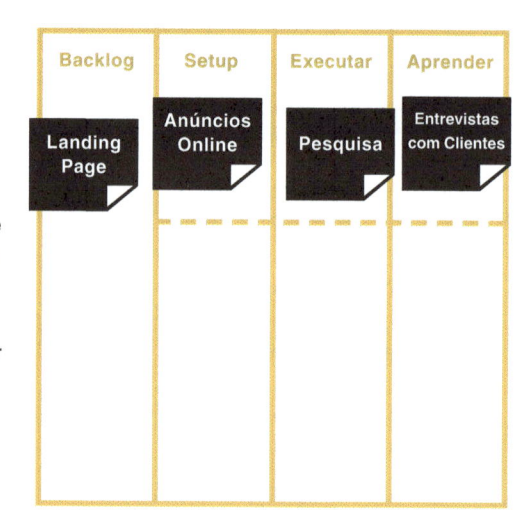

Experimente Continuamente
Continue a experimentar.

O último princípio, que também se origina
nas ferramentas lean e kanban, é a ideia da
experimentação contínua. Uma equipe que começa
com o quadro anterior para alcançar o fluxo acabará
por ultrapassá-lo. Você não quer que o quadro limite
artificialmente a equipe de crescer e amadurecer
ao longo do tempo. Como recomendamos na seção
sobre cerimônias (veja a página 80 e as seguintes),
faça uma retrospectiva a cada duas semanas. Isso se
aplica ao seu fluxo de experimento, que pode render
interessantes artefatos para melhoria.

Backlog	Setup		Executar	Aprender
	Em Andamento	Em Espera		
Pesquisa	Entrevistas com Clientes			
Anúncios Online				
Landing Page				

GERENCIAR

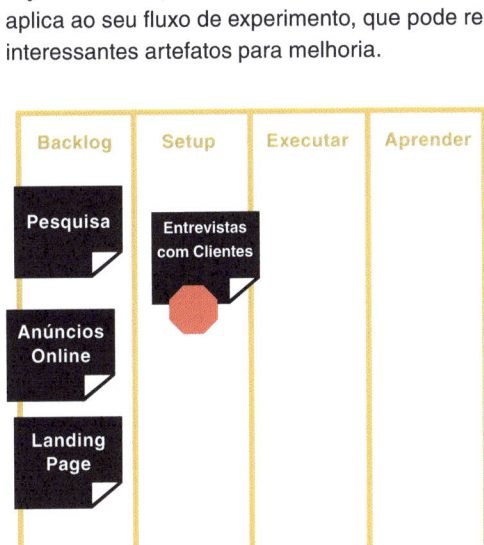

Backlog	Setup	Executar	Aprender
Pesquisa	Entrevistas com Clientes		
Anúncios Online			
Landing Page			

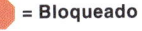 = Bloqueado

Experimento Bloqueador
Como exemplo, temos a equipe que tenta
alinhar entrevistas com clientes, mas o
departamento de pesquisa não deixa. Eles
afirmam que falar com os clientes contraria a
política da empresa. Esse é o "bloqueador" que
o impede de avançar nesse experimento.

Identificá-los e visualizá-los é uma boa
ideia, pois o ajudará a comunicar seu progresso
aos stakeholders e explicar por que as coisas
estão se desacelerando. É difícil alcançar um
fluxo quando você é bloqueado.

Experimento da Divisão das Colunas
Outro exemplo é quando a equipe ultrapassou o
quadro inicial e está frustrada pelo fato de que
a coluna de Setup não capta as nuances do
experimento.

Há trabalho para criar o experimento, mas
você precisa executá-lo, e, se a equipe estiver
ocupada, o experimento pode ficar à espera
por um longo tempo para ser realizado. Quando
falamos sobre o quadro, seria ótimo ver quais
estão prontos para serem executados e
quais ainda estão em fase de criação.

Ética na Experimentação

Você está experimentando com seus clientes ou neles?

Este livro é sobre ajudá-lo a determinar se sua ideia de negócios é conveniente, viável ou praticável. O que *não* é um motivo para arrancar dinheiro das pessoas. Vaporware é um termo que se tornou popular no final dos anos 1980 e parte dos 1990. Ele descrevia produtos que nunca eram lançados, mas também nunca eram cancelados. Produtos vaporware conseguiam deixar as pessoas entusiasmadas, muitas vezes, criando expectativas irreais. Em casos mais graves, as pessoas até usavam o atrativo do vaporware para realmente arrancar dinheiro das pessoas. Nossa meta não é recriar o ambiente do vaporware dos anos de 1990. Isso é especialmente importante em uma era de fake news, quando as técnicas podem ser transformadas em armas de propaganda para influenciar nações inteiras. O contexto é importante quando se usam experimentos para afastar o risco de seus negócios. Em resumo, não seja perverso.

Diretrizes dos Experimentos

Uma comunicação ineficiente pode destruir o ritmo de qualquer experimento que tente criar. Você pode resolver isso comunicando detalhes com clareza e o "porquê" por trás da experimentação. Equipes que fizeram isso repetidas vezes descobriram, com o tempo, que estavam se repetindo bastante. Para que as coisas ficassem um pouco mais eficientes, elas criaram diretrizes de experimentos para ajudar a se comunicar com as pessoas de fora da equipe. Isso é especialmente eficaz quando se trabalha com o departamento jurídico, o de segurança e o de compliance.

Amostra de Diretrizes de Experimentos

1. *Nosso segmento de clientes é _____.*
2. *A quantidade total de clientes envolvidos em nosso experimento é de cerca de _____.*
3. *Nosso experimento será realizado de _____ a _____.*
4. *A moeda de informação que estamos coletando é _____.*
5. *A marca que usaremos em nosso experimento é _____.*
6. *A exposição financeira do experimento é _____.*
7. *Podemos finalizar o experimento usando _____.*

Experi

mentos

"O problema ocorre quando você
não toca aquela primeira nota.
Comece já!"

———

Herbie Hancock
Músico de jazz, compositor e ator

SEÇÃO 3 — EXPERIMENTOS

3.1 — SELECIONE UM EXPERIMENTO

Seleção do Experimento

Escolha o experimento certo fazendo estas três perguntas:

1. **Tipo de hipótese: Que tipo de hipótese você está testando?**

   Escolha experimentos com base em seu objetivo de aprendizagem principal. Alguns experimentos geram evidências melhores para desejo, outros funcionam melhor para praticabilidade, e outros são mais adequados para viabilidade.

2. **Nível de incerteza: Quanta evidência você já tem (para uma hipótese específica)?**

   Quanto menos você souber, menos tempo, energia e dinheiro deve perder. Se sabe pouco, sua única meta é gerar evidências que lhe mostrem o caminho certo. Experimentos rápidos e baratos são melhores para essa meta, apesar da evidência, geralmente, fraca. Quanto mais souber, mais forte a evidência deve se tornar, o que geralmente é alcançado com experimentos mais caros e prolongados.

3. **Urgência: Quanto tempo você tem até o próximo ponto de decisão importante ou até ficar sem dinheiro?**

   A seleção do experimento certo pode depender do tempo e do dinheiro que você tem. Se uma reunião importante com tomadores de decisão ou investidores estiver marcada, talvez você precise usar experimentos fáceis e baratos para gerar evidência sobre vários aspectos de sua ideia rapidamente. Se tem pouco dinheiro, deve escolher os experimentos certos para convencer os tomadores de decisão e os investidores a aumentar os recursos.

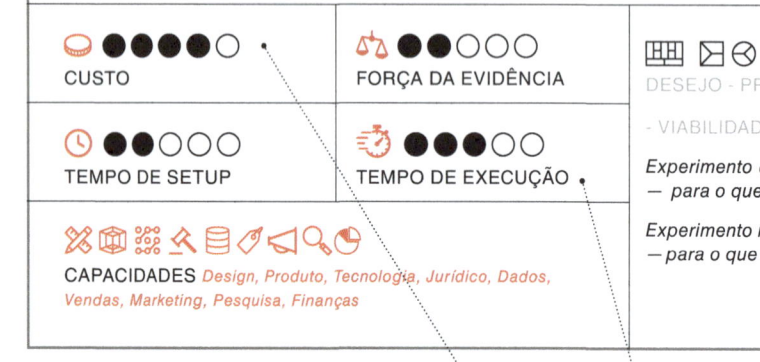

NOME DO EXPERIMENTO/VISÃO GERAL

Nome do Experimento

Descrição do Experimento

CUSTO ●●●●○

FORÇA DA EVIDÊNCIA ●●○○○

DESEJO - PRATICABILIDADE - VIABILIDADE

TEMPO DE SETUP ●●○○○

TEMPO DE EXECUÇÃO ●●●○○

Experimento é ideal para — para o que é ideal

Experimento não é ideal para — para o que não é ideal

CAPACIDADES *Design, Produto, Tecnologia, Jurídico, Dados, Vendas, Marketing, Pesquisa, Finanças*

TEMPO DE SETUP / EXECUÇÃO

●○○○○ 1–3 horas
●●○○○ 1–3 dias
●●●○○ 1–3 semanas
●●●●○ 1–3 meses
●●●●● 3+ meses

CUSTO

●○○○○ menos que US$500
●●○○○ US$500–US$1 mil
●●●○○ US$1 mil–US$10 mil
●●●●○ US$10 mil–US$20 mil
●●●●● US$20 mil+

Regras de Ouro

1. **Seja econômico e rápido no começo.**
   No início, você geralmente sabe pouco. Fique com experimentos baratos e rápidos para identificar a direção certa. Você pode se permitir começar com evidências mais fracas, porque realizará mais testes depois. Escolha um experimento que seja barato, rápido e ainda gere evidências fortes.

2. **Aumente a força da evidência com múltiplos experimentos para a mesma hipótese.**
   Realize vários experimentos para apoiar ou refutar uma hipótese. Tente aprender sobre ela o mais rápido possível, depois realize mais experimentos para gerar evidências de confirmação mais fortes. Não tome decisões importantes com base em um único experimento ou em uma evidência fraca.

3. **Sempre escolha o experimento que gerar a evidência mais forte, considerando suas limitações.**
   Sempre escolha e planeje o experimento mais forte possível, respeitando o contexto. Quando a incerteza for alta, aja depressa e gaste pouco, mas isso não significa necessariamente que você não possa gerar evidências fortes.

4. **Reduza a incerteza o quanto puder antes de criar qualquer coisa.**
   As pessoas costumam achar que precisam criar algo para começar a testar uma ideia. Muito pelo contrário. Quanto maior for o custo para construir algo, mais experimentos você precisará realizar para mostrar que os clientes realmente têm as tarefas, as dores e os ganhos que imagina.

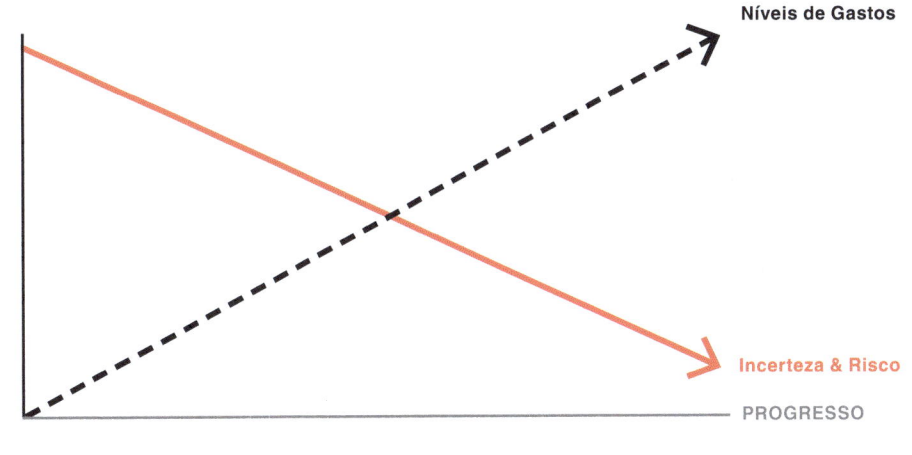

Níveis de Gastos

Incerteza & Risco

PROGRESSO

Procurar & Testar

Executar

Descoberta
Evidências fracas são suficientes para descobrir que está indo na direção certa. Você consegue insights para suas hipóteses mais importantes.

Validação
Evidências fortes são necessárias para validar a direção que tomou. Você visa confirmar os insights obtidos para a sua hipótese mais importante.

Experimentos de Descoberta

Faça estas três perguntas

1. **Que tipo de hipótese está testando?**
2. **Que evidências você já tem (para uma hipótese específica)?**
3. **Quanto tempo você tem até seu próximo ponto de decisão importante ou até ficar sem dinheiro?**

⏱ 🏁 TEMPO MED. 1.5 2 2.5

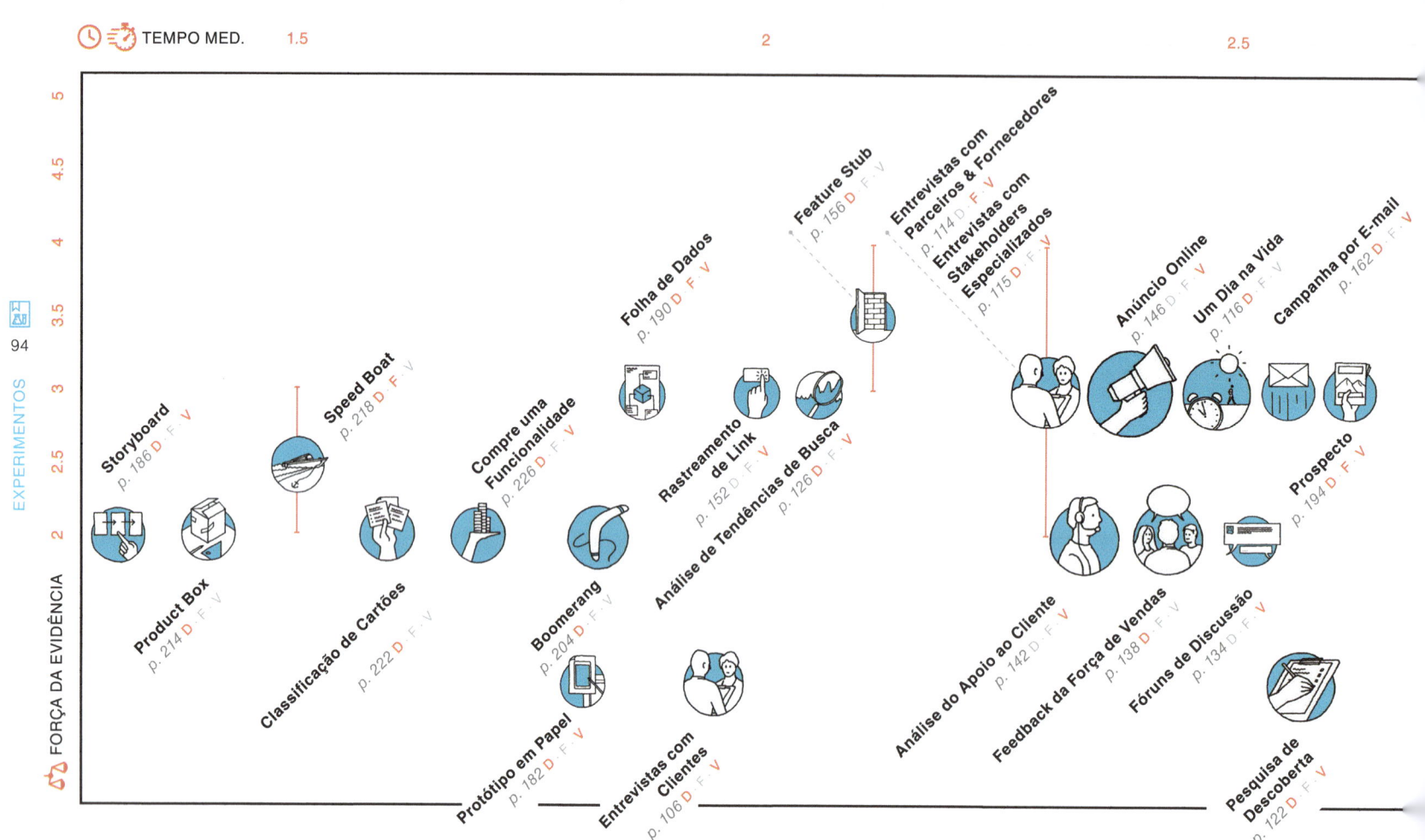

EXPERIMENTOS

94

FORÇA DA EVIDÊNCIA

Storyboard
p. 186 D F V

Product Box
p. 214 D F V

Speed Boat
p. 218 D F V

Classificação de Cartões
p. 222 D F V

Compre uma Funcionalidade
p. 226 D F V

Boomerang
p. 204 D F V

Protótipo em Papel
p. 182 D F V

Folha de Dados
p. 190 D F V

Rastreamento de Link
p. 152 D F V

Análise de Tendências de Busca
p. 126 D F V

Entrevistas com Clientes
p. 106 D F V

Feature Stub
p. 156 D F V

Entrevistas com Parceiros & Fornecedores
p. 114 D F V

Entrevistas com Stakeholders
p. 115 D F V

Entrevistas com Especializados

Anúncio Online
p. 146 D F V

Um Dia na Vida
p. 116 D F V

Campanha por E-mail
p. 162 D F V

Prospecto
p. 194 D F V

Análise do Apoio ao Cliente
p. 142 D F V

Feedback da Força de Vendas
p. 138 D F V

Fóruns de Discussão
p. 134 D F V

Pesquisa de Descoberta
p. 122 D F V

Regras de ouro

1. Gaste pouco dinheiro e tempo no início da jornada.
2. Aumente a força da evidência com vários experimentos para a mesma hipótese.
3. Escolha sempre o experimento que gerar a evidência mais forte, considerando suas limitações.
4. Reduza a incerteza o quanto puder antes de construir qualquer coisa.

3   3.5   4

CUSTO ●○○○○   ●●●●●

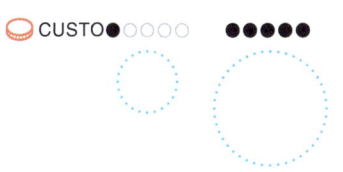

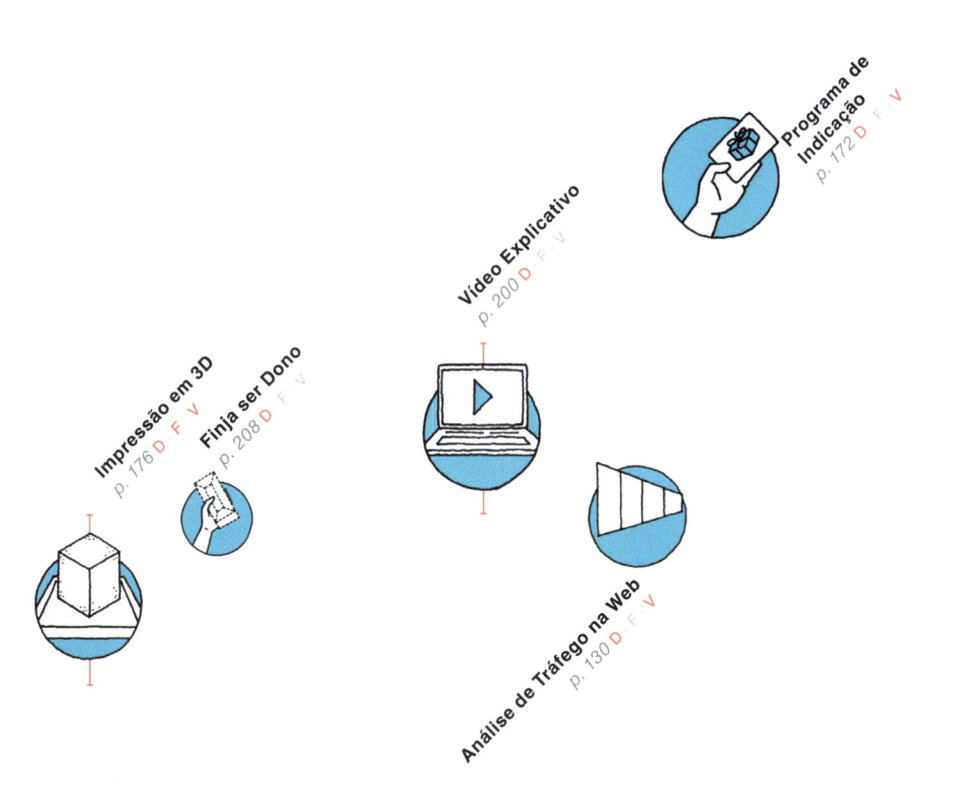

Impressão em 3D
P. 176 D F V

Finja ser Dono
P. 208 D F V

Vídeo Explicativo
P. 200 D F V

Análise de Tráfego na Web
P. 130 D F V

Programa de Indicação
P. 172 D F V

Campanha de Mídia Social
P. 168 D F V

Experimentos de Validação

Faça estas três perguntas

1. **Que tipo de hipótese está testando?**
2. **Que evidência você já tem (para uma hipótese específica)?**
3. **Quanto tempo você tem até o próximo ponto de decisão importante ou até ficar sem dinheiro?**

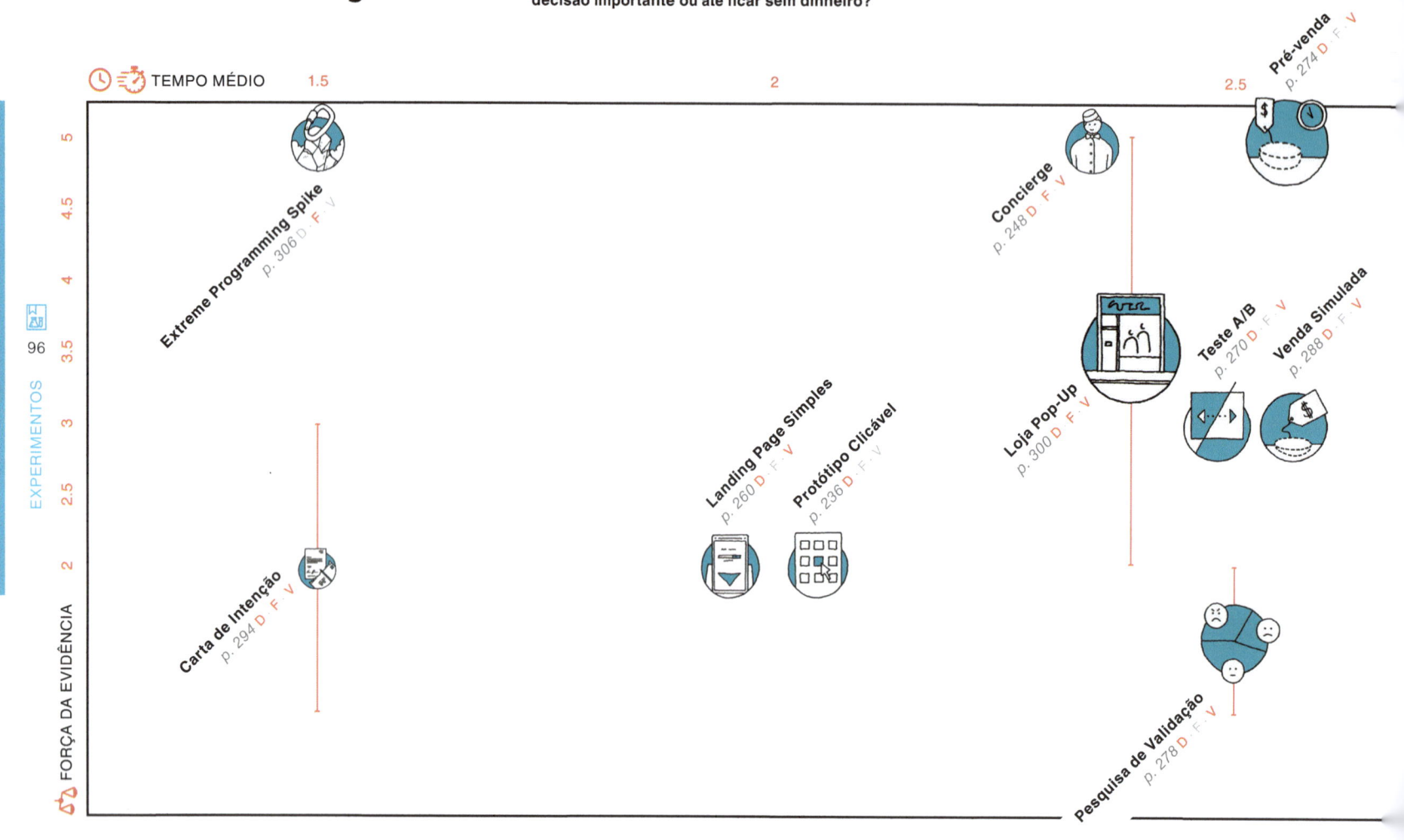

🕐 ⏱ TEMPO MÉDIO 1.5   2   2.5

EXPERIMENTOS 96

FORÇA DA EVIDÊNCIA

5   4.5   4   3.5   3   2.5   2

Extreme Programming Spike
p. 306 D · F · V

Carta de Intenção
p. 294 D · F · V

Landing Page Simples
p. 260 D · F · V

Protótipo Clicável
p. 236 D · F · V

Concierge
p. 248 D · F · V

Pré-venda
p. 274 D · F · V

Loja Pop-Up
p. 300 D · F · V

Teste A/B
p. 270 D · F · V

Venda Simulada
p. 288 D · F · V

Pesquisa de Validação
p. 278 D · F · V

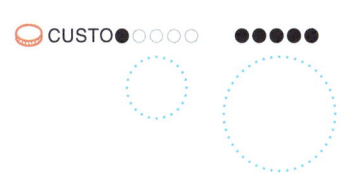
Regras de ouro

1. **Gaste pouco dinheiro e tempo no início da jornada.**
2. **Aumente a força da evidência com vários experimentos para a mesma hipótese.**
3. **Escolha sempre o experimento que gerar a evidência mais forte, considerando suas limitações.**
4. **Reduza a incerteza o quanto puder antes de construir qualquer coisa.**

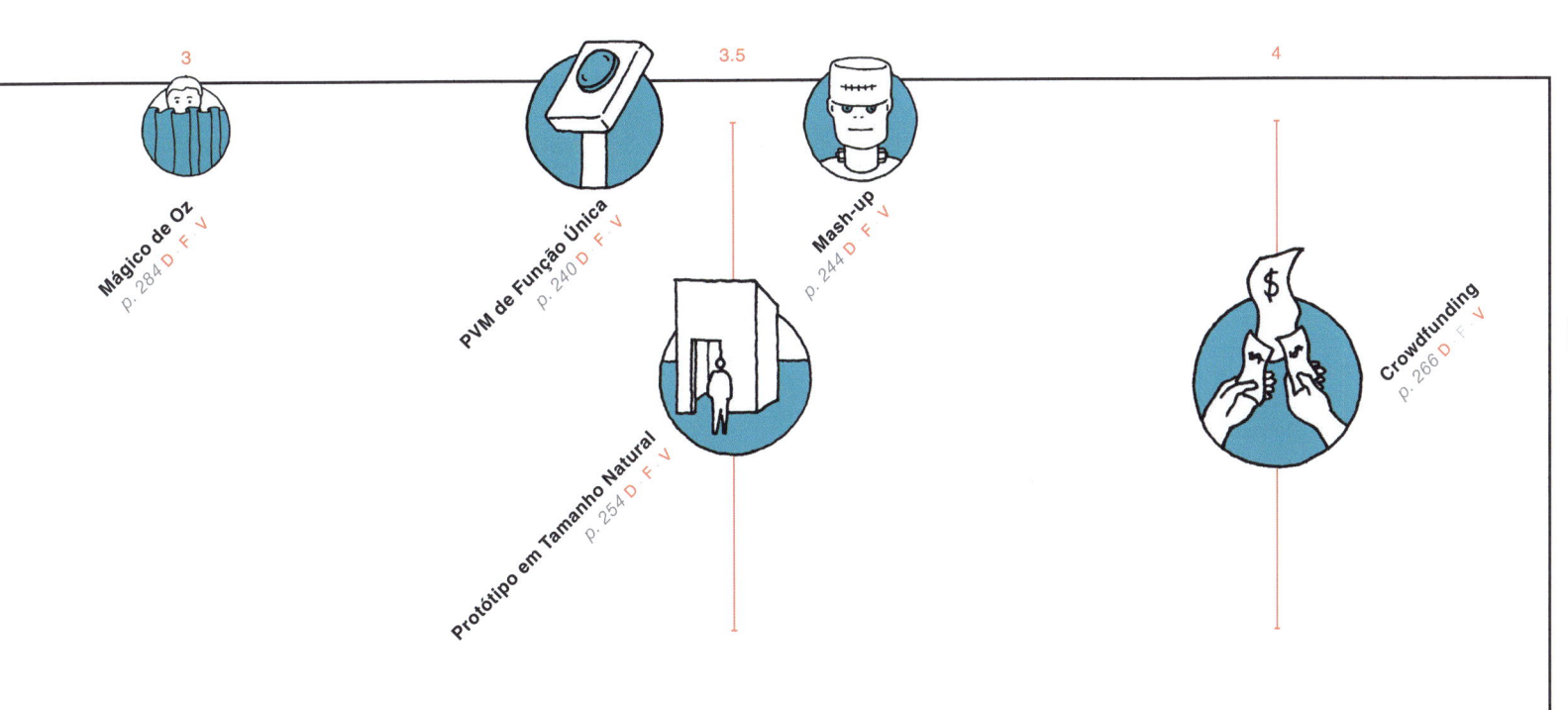

3

Mágico de Oz
p. 284 D F V

3.5

PVM de Função Única
p. 240 D F V

Mash-up
p. 244 D F V

Protótipo em Tamanho Natural
p. 254 D F V

4

Crowdfunding
p. 266 D F V

DEFINIÇÃO

Sequências de Experimentos

Vá além de formar pares com sequências de experimentos.

Assim que você transformar seus insights em ação, é hora de avançar e descartar o experimento, certo? Nem sempre. Como ilustrado nos pares para cada experimento, há alguns que podem ser realizados antes, durante e depois. Mas e quanto a uma sequência de experimentos? Boas equipes ganham impulso e criam evidências mais fortes ao longo do tempo com uma série de experimentos.

Sequência de Hardware B2B

Empresas de hardware B2B procuram evidências de clientes já reunindo as próprias soluções para o problema. Elas usam essas informações para elaborar o design e realizar um trabalho ainda melhor. Depois, elas o testam depressa pela integração de componentes padrão com clientes em potencial e partem para um crowdfunding se o sinal for forte.

○ **Entrevista com Clientes**
p. 106

○ **Protótipo em Papel**
p. 182

○ **Impressão em 3D**
p. 176

○ **Folha de Dados**
p. 190

○ **Mash-up PVM**
p. 244

○ **Carta de Intenções**
p. 294

○ **Crowdfunding**
p. 266

Sequência de Software B2B

Empresas de software B2B procuram oportunidades em que os empregados são obrigados a usar software inferior. Muitos alteraram o comportamento de clientes simplesmente pela observação de onde se encontram suas deficiências e, então, criaram uma experiência melhor, que proporciona uma tarefa do cliente de alto valor, usando tecnologia moderna.

○ **Entrevista com Clientes**
p. 106

○ **Fóruns de Discussão**
p. 134

○ **Boomerang**
p. 204

○ **Protótipo Clicável**
p. 236

○ **Pré-venda**
p. 274

○ **PVM de Função Única**
p. 240

Sequência de Serviços B2B

Empresas de serviços B2B muitas vezes entrevistam stakeholders para pesquisar o custo de processos e serviços mal projetados. Elas analisam os dados de apoio ao cliente para ver se estão refletido em outras áreas da empresa. Depois, criam um prospecto para comunicar a melhoria e, então, entregam o serviço manualmente para alguns clientes antes de uma produção em escala.

○ **Entrevistas com Stakeholders Especializados**
p. 115

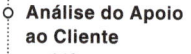

○ **Análise do Apoio ao Cliente**
p. 142

○ **Prospecto**
p. 194

○ **Pré-venda**
p. 274

○ **Concierge**
p. 248

Sequência de Hardware B2C

Empresas de hardware de consumo têm mais opções do que nunca. Elas podem criar Vídeos Explicativos de como seu novo produto solucionará um problema existente, então construindo rapidamente componentes de hardware padrão. Por fim, podem fazer um crowdfunding para construir e distribuir para o cliente no varejo ou diretamente.

○ **Entrevistas com Clientes**
p. 106

○ **Análise de Tendências de Busca**
p. 126
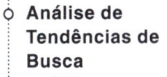

○ **Protótipo em Papel**
p. 182

○ **Impressão em 3D**
p. 176

○ **Vídeo Explicativo**
p. 200
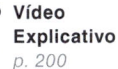

○ **Crowdfunding**
p. 266

○ **Loja Pop-Up**
p. 300

Sequência de Software B2C

O surgimento da internet, os softwares de código aberto e as ferramentas lançaram as novas empresas de software nos mercados globais. Empresas inteligentes B2C usam as palavras dos clientes em seu conteúdo para aumentar as conversões. Rapidamente, criam protótipos de experiências e entregam o valor manualmente, antes de construir o produto.

○ **Entrevistas com Clientes**
p. 106

○ **Anúncio Online**
p. 146

○ **Landing Page Simples**
p. 260

○ **Campanha por E-mail**
p. 162

○ **Protótipo Clicável**
p. 236

○ **Venda Simulada**
p. 288

○ **Mágico de Oz**
p. 284

Sequência de Serviços B2C

Empresas de serviços B2C começam em uma região específica, entrevistando clientes e procurando o volume de busca para determinar o interesse. Elas podem lançar anúncios rapidamente, que levarão clientes regionais à sua landing page, e então fazem o acompanhamento com uma campanha de e-mail. Depois de algumas pré-vendas, os serviços B2C podem entregar o valor manualmente, para aperfeiçoá-lo antes da produção em escala.

○ **Entrevistas com Clientes**
p. 106

○ **Análise de Tendências de Busca**
p. 126

○ **Anúncio Online**
p. 146
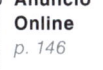

○ **Landing Page Simples**
p. 260

○ **Campanha por E-mail**
p. 162

○ **Pré-venda**
p. 274

○ **Concierge**
p. 248

Sequência de Experimentação B2B2C com B2C

Empresas B2B2C estão em posição única para usar a experimentação e informar a cadeia de suprimentos. Muitas empresas com que trabalhamos vão diretamente ao consumidor com seus experimentos, geram evidências e as usam nas negociações com seus parceiros B2B. A presença de evidências ajuda a gerar alavancagem, em vez de conversas intermináveis baseadas só em opiniões.

○ **Entrevistas com Clientes**
p. 106

○ **Anúncio Online**
p. 146

○ **Landing Page Simples**
p. 260

○ **Vídeo Explicativo**
p. 200

○ **Pré-venda**
p. 274

○ **Concierge**
p. 248

○ **Compre uma Funcionalidade**
p. 226

○ **Folha de Dados**
p. 190

○ **Entrevistas com Parceiros & Fornecedores**
p. 114

○ **Carta de Intenções**
p. 294

○ **Loja Pop-Up**
p. 300

Sequência Altamente Regulada

Ao contrário da crença popular, as empresas altamente reguladas também podem usar a experimentação. Elas precisam fazê-lo dentro dos limites do sistema e estar cientes de que nem todas as atividades de teste envolvem um grau catastrófico de risco. As empresas separam as áreas de risco muito alto que não estão dispostas a testar e então procuram áreas nas quais possam se arriscar.

○ **Um Dia na Vida**
p. 116

○ **Pesquisa de Validação**
p. 278

○ **Análise de Apoio ao Cliente**
p. 142

○ **Feedback da Força de Vendas**
p. 138
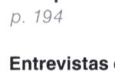

○ **Storyboard**
p. 186

○ **Vídeo Explicativo**
p. 200
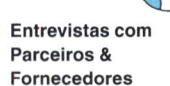

○ **Prospecto**
p. 194

○ **Entrevistas com Parceiros & Fornecedores**
p. 114
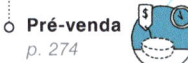

○ **Folha de Dados**
p. 190

○ **Pré-venda**
p. 274

SELECIONE UM EXPERIMENTO

"Conhecer seu cliente
de cabo a rabo é essencial para a sua
missão e leva tempo."

Sallie Krawcheck
Fundadora da Ellevest

SEÇÃO 3 — EXPERIMENTOS

3.2 — DESCOBERTA

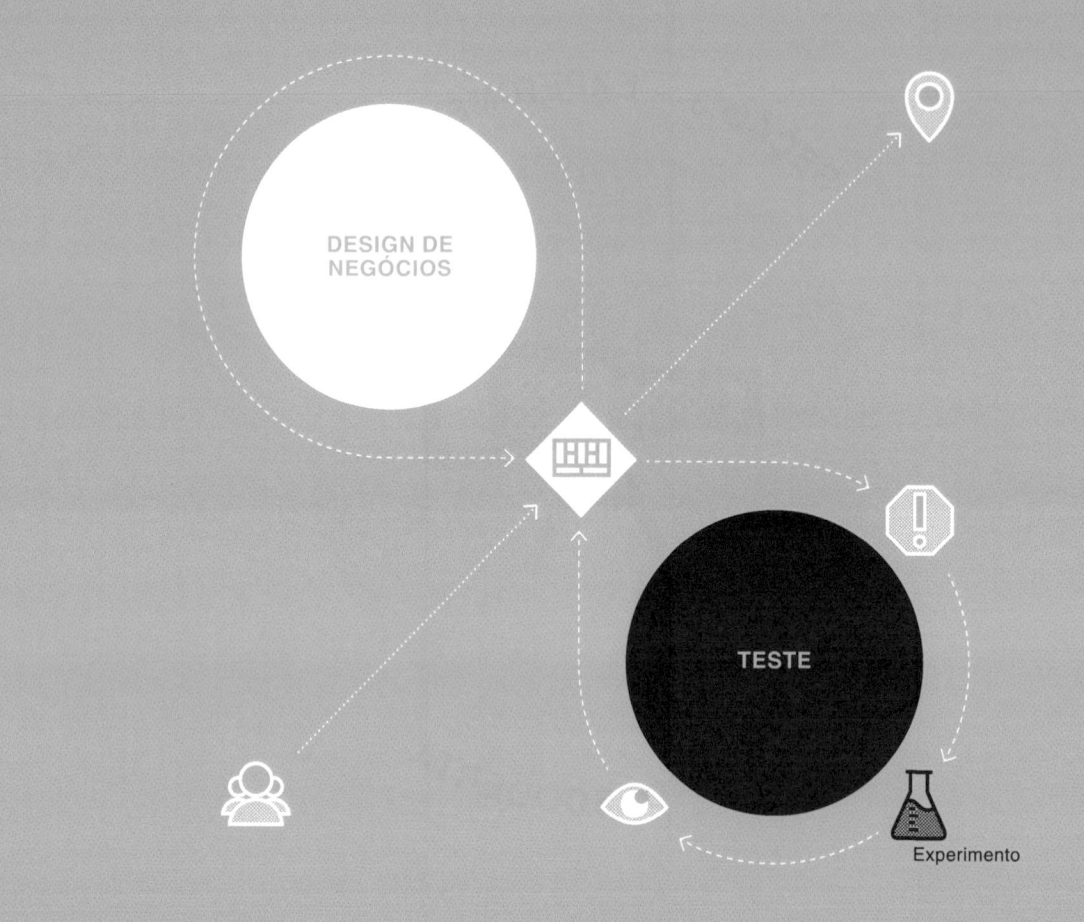

Ideia

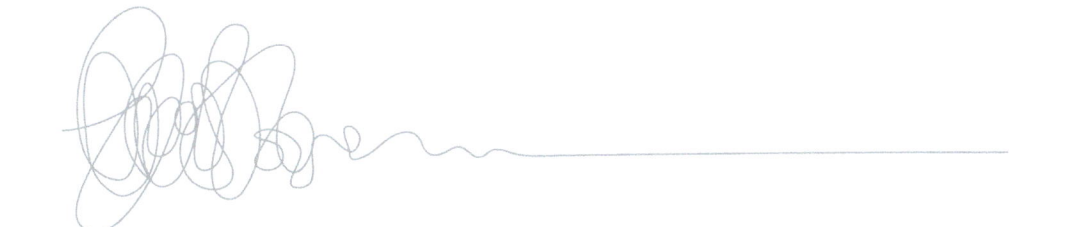

Negócio

Procurar & Testar | **Executar**

Descoberta
Descubra se está certo em sua direção. Teste hipóteses básicas. Use os primeiros insights para corrigir o rumo depressa.

Validação
Valide a direção tomada. Confirme com evidências fortes a probabilidade de sua ideia de negócios funcionar.

Experimentos de Descoberta

CUSTO	TEMPO DE SETUP	TEMPO DE EXECUÇÃO	FORÇA DA EVIDÊNCIA	TEMA
●●○○○	●●○○○	●●○○○	●○○○○	**DESEJO** · PRATICABILIDADE · **VIABILIDADE**
●●○○○	●●○○○	●●●○○	●●○○○	**DESEJO** · PRATICABILIDADE · **VIABILIDADE**
●●○○○	●●○○○	●●●○○	●●●●○	DESEJO · **PRATICABILIDADE** · **VIABILIDADE**
●●○○○	●●○○○	●●●○○	●●●○○	**DESEJO** · PRATICABILIDADE · VIABILIDADE
●●○○○	●●○○○	●●●○○	●○○○○	**DESEJO** · PRATICABILIDADE · **VIABILIDADE**
●○○○○	●●○○○	●●●○○	●●●○○	**DESEJO** · PRATICABILIDADE · **VIABILIDADE**
●●○○○	●●○○○	●●●○○	●●○○○	**DESEJO** · PRATICABILIDADE · **VIABILIDADE**
●○○○○	●●○○○	●●●○○	●●○○○	DESEJO · PRATICABILIDADE · **VIABILIDADE**
●●○○○	●●○○○	●●○○○	●●○○○	DESEJO · PRATICABILIDADE · **VIABILIDADE**
●●○○○	●●○○○	●●●○○	●●○○○	**DESEJO** · PRATICABILIDADE · VIABILIDADE
●●●○○	●●○○○	●●●○○	●●●○○	DESEJO · PRATICABILIDADE · **VIABILIDADE**
●○○○○	●○○○○	●●●○○	●●●○○	DESEJO · PRATICABILIDADE · **VIABILIDADE**
●○○○○	●○○○○	●○○○○	●●●○○	**DESEJO** · PRATICABILIDADE · VIABILIDADE
●○○○○	●●○○○	●●○○○	●●●●○	**DESEJO** · PRATICABILIDADE · VIABILIDADE
●○○○○	●●○○○	●●●○○	●●●○○	**DESEJO** · PRATICABILIDADE · **VIABILIDADE**
●●○○○	●●●○○	●●●●●	●●●○○	**DESEJO** · PRATICABILIDADE · **VIABILIDADE**
●●●○○	●●○○○	●●●●●	●●●●○	**DESEJO** · PRATICABILIDADE · **VIABILIDADE**
●●●○○	●●●○○	●●●○○	●●○○○	**DESEJO** · **PRATICABILIDADE** · VIABILIDADE
●○○○○	●●○○○	●●○○○	●○○○○	**DESEJO** · PRATICABILIDADE · **VIABILIDADE**
●●○○○	●●○○○	●○○○○	●●○○○	**DESEJO** · PRATICABILIDADE · **VIABILIDADE**
●○○○○	●●○○○	●●○○○	●●●○○	**DESEJO** · **PRATICABILIDADE** · VIABILIDADE
●○○○○	●●●○○	●●○○○	●●●○○	**DESEJO** · **PRATICABILIDADE** · VIABILIDADE
●●●○○	●●●○○	●●●●○	●●●○○	**DESEJO** · PRATICABILIDADE · **VIABILIDADE**
●●○○○	●●○○○	●●○○○	●●●○○	**DESEJO** · PRATICABILIDADE · VIABILIDADE
●○○○○	●●○○○	●●●●○	●●○○○	**DESEJO** · PRATICABILIDADE · VIABILIDADE
●●○○○	●●○○○	●○○○○	●●○○○	**DESEJO** · PRATICABILIDADE · VIABILIDADE
●●○○○	●●○○○	●○○○○	●●●○○	**DESEJO** · **PRATICABILIDADE** · VIABILIDADE
●●○○○	●●○○○	●○○○○	●●○○○	**DESEJO** · PRATICABILIDADE · VIABILIDADE
●●○○○	●●○○○	●○○○○	●●○○○	**DESEJO** · PRATICABILIDADE · **VIABILIDADE**

DESCOBERTA / EXPLORAÇÃO

Entrevistas com Clientes

Uma entrevista que foca a exploração das tarefas, as dores e os ganhos dos clientes, e sua disposição para pagar.

● ● ● ○ ○ ○	⚖ ● ○ ○ ○ ○ ○
CUSTO	FORÇA DA EVIDÊNCIA

🕐 ● ● ○ ○ ○	⏱ ● ● ○ ○ ○
TEMPO DE SETUP	TEMPO DE EXECUÇÃO

CAPACIDADES *Pesquisa*

DESEJO · PRATICABILIDADE · VIABILIDADE

Entrevistas com clientes são ideais para obter insights qualitativos e adaptar sua proposta de valor ao segmento de clientes. Também é um bom ponto de partida para testar preços. Entrevistas com clientes não são um substituto para o que as pessoas farão.

Prepare

☐ Crie um roteiro para descobrir:

- Tarefas, dores e ganhos dos clientes.
- Disposição de compra dos clientes.
- Necessidades não satisfeitas entre produto e solução.

☐ Encontre entrevistados.
☐ Selecione um tempo para a análise.

Execute

☐ Entrevistador faz perguntas do roteiro e se aprofunda, caso seja necessário.
☐ O escrevente anota as palavras exatas e observa a linguagem corporal.
☐ Repetir com 15–20 pessoas.

Analise

☐ Faça uma reunião de 15min. enquanto as impressões estão frescas na mente.
☐ Separe as notas por afinidade.
☐ Faça uma análise classificatória.
☐ Atualize seu Canvas de Proposta de Valor.

EXPLORAÇÃO

Custo

O custo é relativamente baixo, pois os clientes talvez nem precisem ser remunerados. Em geral, as entrevistas remotas por vídeo têm um custo menor do que as pessoais agendadas. Entrevistas B2B costumam ser mais caras do que B2C, porque o tamanho da amostra é menor e poder haver menos tempo livre.

Tempo de Setup

O tempo de setup para entrevistas com clientes pode ser pequeno ou levar algumas semanas, dependendo de sua localização e acessibilidade. Você precisará criar um roteiro, encontrar os clientes e agendar as entrevistas.

Tempo de Execução

O tempo de execução para as entrevistas com os clientes é relativamente curto: elas só levam 15-30 minutos cada. Você precisará de um intervalo de 15 minutos entre cada uma para recapitular suas constatações e editar o roteiro, se necessário.

Força da Evidência

Tarefas do Cliente
Dores do Cliente
Ganhos do Cliente

Classificação com média de precisão de 80% nas três principais tarefas, nas dores e nos ganhos dos clientes. É realmente necessário estar ligado ao segmento do cliente, então eleve o padrão.

Feedback do Cliente

Tarefas, dores e ganhos dos clientes que não estavam originalmente em seu Perfil do Cliente, mas foram oferecidos pelo entrevistado.

Indicações de Entrevistas

Indicações são um bônus adicional. É um bom sinal se ocorrerem e lhe pouparão custos de aquisição para mais entrevistas.

As entrevistas com os clientes geram evidências relativamente fracas: é apenas o que as pessoas dizem, e não necessariamente o que farão. Porém, são ótimas para obter insights qualitativos para a proposta de valor e para tarefas, dores e ganhos do cliente, para a realização de testes futuros.

Capacidades

Pesquisa

Embora possa parecer muito difícil realizar boas entrevistas, a boa notícia é que, com prática, quase todos podem realizá-las. É útil, mas não necessário, ter conhecimentos de pesquisa. Você precisará criar um roteiro, procurar candidatos, realizar a entrevista e sintetizar os resultados. Um parceiro facilita muito essa tarefa — do contrário, você terá que gravar as entrevistas e ouvi-las de novo.

Exigências

Cliente-alvo

Entrevistas com clientes funcionam melhor quando o foco é um público-alvo limitado. Sem um cliente em mente, você acabará obtendo resultados confusos, e um feedback conflitante. Leva muto tempo entrevistar todo mundo e depois voltar para um nicho de segmento de cliente. Em vez disso, sugerimos que foque um nicho específico antes de realizar quaisquer entrevistas.

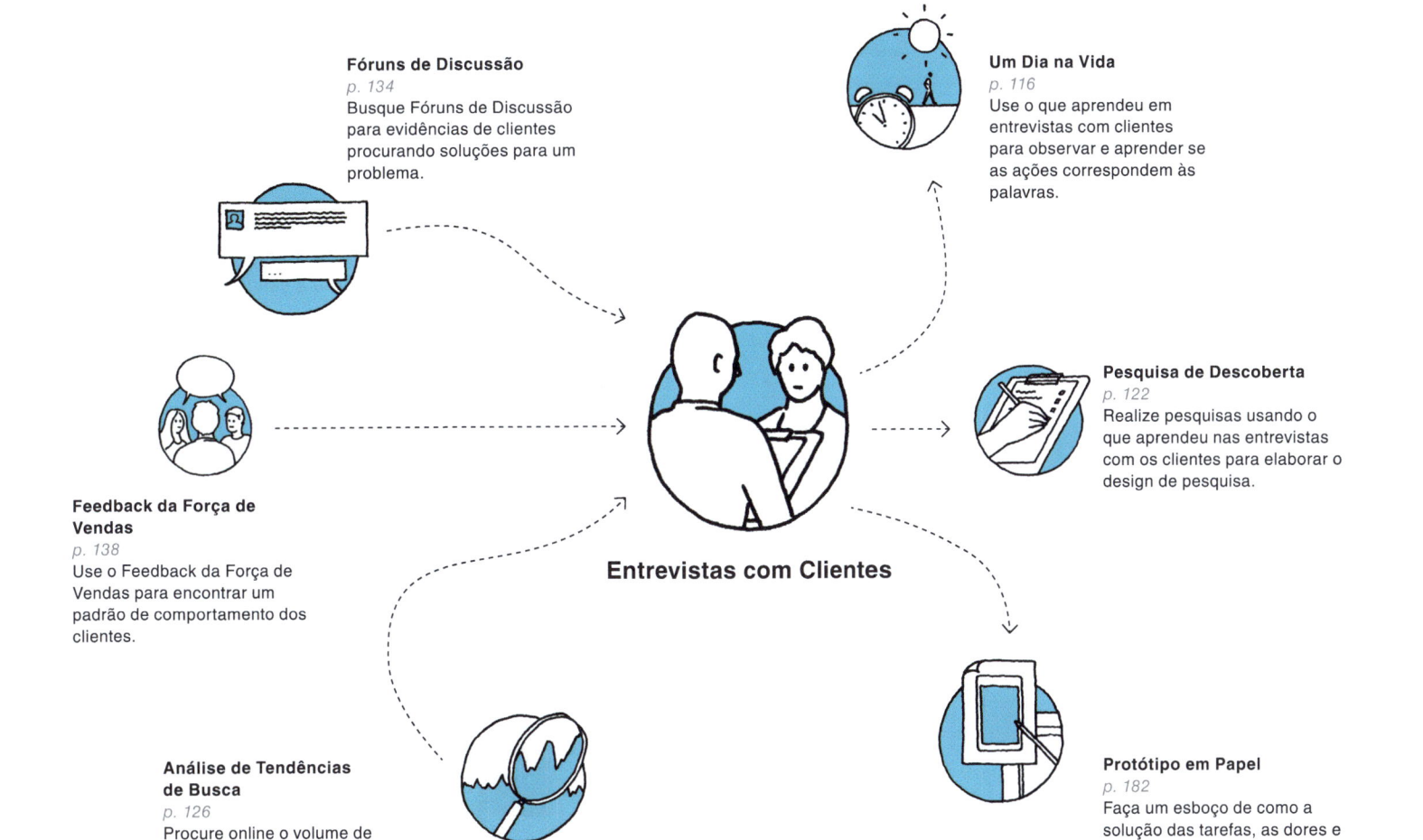

Fóruns de Discussão
p. 134
Busque Fóruns de Discussão para evidências de clientes procurando soluções para um problema.

Um Dia na Vida
p. 116
Use o que aprendeu em entrevistas com clientes para observar e aprender se as ações correspondem às palavras.

Feedback da Força de Vendas
p. 138
Use o Feedback da Força de Vendas para encontrar um padrão de comportamento dos clientes.

Entrevistas com Clientes

Pesquisa de Descoberta
p. 122
Realize pesquisas usando o que aprendeu nas entrevistas com os clientes para elaborar o design de pesquisa.

Análise de Tendências de Busca
p. 126
Procure online o volume de uma tarefa, a dor ou o ganho específico.

Protótipo em Papel
p. 182
Faça um esboço de como a solução das tarefas, as dores e os ganhos do cliente devem ser.

ENTREVISTAS COM CLIENTES

109

EXPLORAÇÃO

DESCOBERTA

EXPERIMENTOS

110

Criando um Roteiro

Os roteiros são uma parte essencial da realização de uma entrevista eficiente com os clientes, do contrário, ela pode se tornar uma conversa que foge ao ponto e da qual raramente se extrai algum aprendizado. Você precisa eliminar os riscos de sua ideia. Sugerimos que crie o roteiro antes de criar o Canvas da Proposta de Valor e classificar as três principais tarefas, dores e ganhos dos clientes.

Amostra de Roteiro

1. Introdução & Contexto

"Olá, eu sou (nome), estou fazendo uma pesquisa sobre (ideia)."
"Sem compromisso."
"Não vou lhe vender nada."

2. Faça-os Contar uma História

"Quando foi a última vez em que você teve alguma (dor ou tarefa)?"
"O que o motivou a (ação)?"
"Qual foi a solução?"
"Se não houve, por quê?"

3. Classificando Tarefas, Dores e Ganhos de Clientes

Enumere as três principais tarefas, dores e ganhos dos clientes.
Os entrevistados os classificam com base em experiências pessoais.
"Há outros que você esperava ver na lista?"

4. Agradecendo & Finalizando

"Que pergunta eu deveria ter feito?"
"Pode me indicar alguém?"
"Podemos contatá-lo no futuro?"
"Obrigado!"

Encontrando Entrevistados

Segmento B2C

Sugerimos que crie um Canvas da Proposta de Valor para o seu segmento B2C e então pense em como encontrá-lo online e offline. Faça a equipe votar na área em que quer focar a busca.

Segmento B2B

O mesmo se aplica a candidatos à entrevista B2B, embora seja mais difícil encontrá-los. Felizmente, há locais online e offline que, em geral, funcionam bem para encontrar entrevistados B2B.

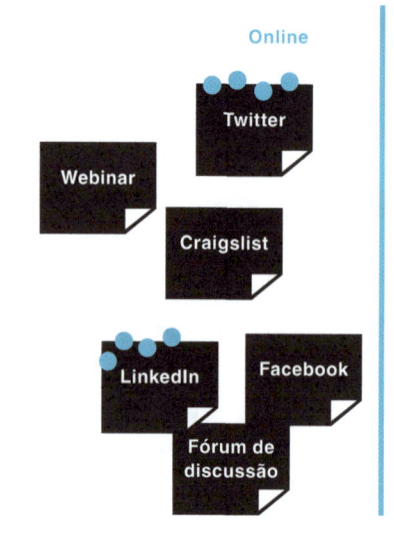

Vetando Entrevistados

Vetar candidatos à entrevista não evita falhas, mas, no geral, poupa o tempo de separar os que não se qualificam para o processo. Um ou dois candidatos não tão perfeitos sempre passarão, mas ainda é melhor do que não qualificar ninguém. Uma forma de fazê-lo é por um simples estudo de seleção para qualificar pessoas antes de agendar qualquer entrevista.

Selecionando no Craigslist

O Craigslist é um site popular para postar coisas para comprar e vender, mas também é uma mina de ouro para encontrar clientes para entrevistar. Vá para a seção Comunidade-> Voluntários do Craigslist e poste seu pedido de pesquisa. Na descrição, inclua o link de consulta para os que se interessarem em participar. A consulta deve incluir perguntas qualificadoras e desqualificadoras.

Por exemplo, se procura pessoas que tenham uma bicicleta, pergunte: *"Quantas bicicletas você tem — 0, 1, 2 ou 3+?"*

Se as pessoas responderem 0, você não precisa continuar a entrevista. Se responderem 3+, talvez não sejam candidatas ideais, por terem muitas bicicletas. Perguntas de seleção mais simples, como essas, poupam horas para você e seus entrevistados.

Seleção pessoal

A versão offline disso é muito parecida, embora você simplesmente faça essas perguntas pessoalmente antes de passar à entrevista completa. Se a pessoa não se qualificar, agradeça-lhe por seu tempo e passe para a outra.

Funções & Responsabilidades

Seja a entrevista online ou pessoalmente, sugerimos que não a faça sozinho. É muito difícil e toma tempo fazer as perguntas, ouvir com atenção, anotar a linguagem corporal e as respostas, e então fazer a pergunta seguinte. Se tiver permissão para gravar a entrevista, levará o dobro do tempo, pois você precisará assistir e ouvir tudo novamente. Em vez disso, sugerimos que faça as entrevistas em pares.

Escrevente

- Toma notas.
- Escreve citações exatas quando possível, sem parafrasear.
- Descreve a linguagem corporal.

Entrevistador

- Faz as perguntas do roteiro.
- Aprofunda-se, caso necessário, perguntando por quê.
- Agradece e se despede.

Entrevistado

- Responde às perguntas.

Reunião de 15 minutos

Logo após a conclusão de cada entrevista, dedique 15 minutos para conversar com seu parceiro e recapitular o que aprendeu, e ver se algo precisa ser revisto.

Temas da Reunião

- O que foi bem na entrevista?
- O que aprendemos com a linguagem corporal?
- Fomos parciais com o candidato de alguma forma?
- Há algo a ser revisto no roteiro?

Síntese do Feedback

Além da reunião de 15 minutos, a equipe deve resumir as notas e atualizar o Canvas da Proposta de Valor para ajudá-la a elaborar sua estratégia. Um jeito rápido de examinar um feedback qualitativo é a técnica chamada Classificação por Afinidade.

Classificação por Afinidade

Reserve 30-60 minutos e, em equipe, analise as notas.

- Tenha espaço suficiente na parede para reuniões presenciais.
- Escreva uma citação por nota adesiva.
- Escreva apenas um insight por nota adesiva.
- Coloque o nome ou as iniciais do entrevistado no fim da nota adesiva.
- Cole todas as notas adesivas na parede.
- Separe-as por temas semelhantes.

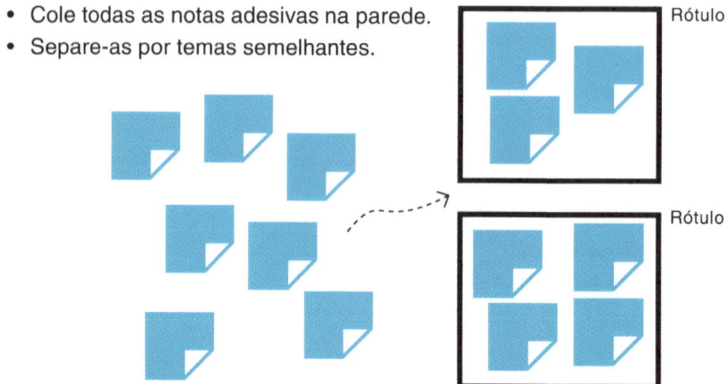

Rótulo

Rótulo

Análise de Classificação

Classificar não é uma ciência exata, mas lhe dará uma noção do quanto a classificação está correta no seu Perfil do Cliente. A desvantagem de classificar entrevistados é que, por si só, não mostra com exatidão como eles sentem as tarefas, as dores ou os ganhos, em relação aos outros. Por isso, é importante fazer perguntas de acompanhamento e analisar a linguagem corporal.

Se entrevistou dez clientes que correspondem ao seu Perfil do Cliente, o ideal é que a classificação das tarefas, dores e ganhos do Perfil de Clientes tenha uma taxa de precisão de 80% ou +. Isso significa que 8 entre 10 tarefas são classificadas como tarefa 1, tarefa 2, tarefa 3, e assim por diante.

Atualizando seu Canvas

Depois de sintetizar o feedback qualitativo e analisar as classificações do primeiro grupo de entrevistas, volte ao Canvas da Proposta de Valor e faça os ajustes necessários. É importante que seus testes informem sua estratégia.

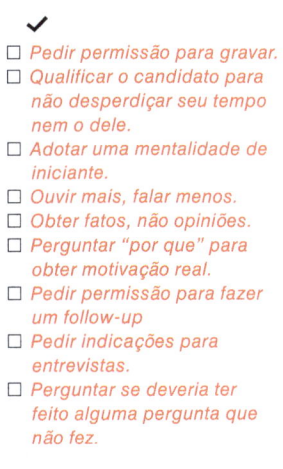

✓
- ☐ *Pedir permissão para gravar.*
- ☐ *Qualificar o candidato para não desperdiçar seu tempo nem o dele.*
- ☐ *Adotar uma mentalidade de iniciante.*
- ☐ *Ouvir mais, falar menos.*
- ☐ *Obter fatos, não opiniões.*
- ☐ *Perguntar "por que" para obter motivação real.*
- ☐ *Pedir permissão para fazer um follow-up*
- ☐ *Pedir indicações para entrevistas.*
- ☐ *Perguntar se deveria ter feito alguma pergunta que não fez.*

✗
- – *Falar mais, ouvir menos.*
- – *Tentar vender a solução.*
- – *Pensar na próxima pergunta em vez de ouvir a resposta com atenção.*
- – *Acenar positiva ou negativamente com a cabeça enquanto a pessoa falar.*
- – *Fazer só perguntas fechadas.*
- – *Agendar entrevistas seguidas, sem intervalos, para avaliar as informações.*
- – *Esquecer de atualizar o Canvas de Proposta de Valor com as descobertas.*

ENTREVISTAS COM CLIENTES

113

EXPLORAÇÃO

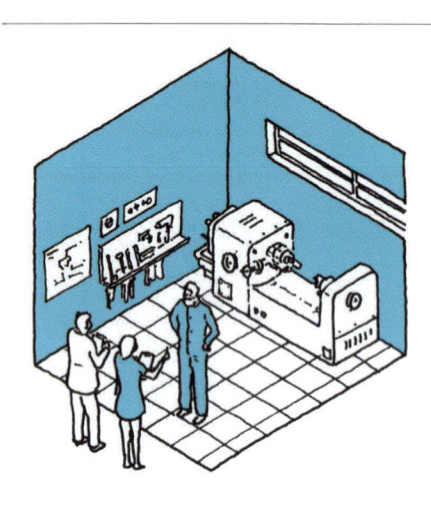

DESCOBERTA

EXPERIMENTOS

114

DESCOBERTA / EXPLORAÇÃO

Entrevistas com Parceiros & Fornecedores

Entrevistas com Parceiros & Fornecedores são parecidas com Entrevistas com Clientes, mas com foco na praticabilidade de gerir o negócio. É necessário procurar e entrevistar Parceiros Principais para suprir as Atividades-chave e os Recursos-chave que você não pode ou não quer realizar internamente.

DESEJO · PRATICABILIDADE · VIABILIDADE

 ● ● ○ ○ ○
CUSTO

 ● ● ○ ○ ○
TEMPO DE SETUP

 ● ● ● ○ ○
TEMPO DE EXECUÇÃO

 ● ● ● ○ ○
Força da Evidência

● ● ● ● ○

Nº de ofertas de parceiros principais

Taxa de resposta = número de entrevistas com parceiros divididos pelo número de ofertas de parceiros feitas a você.

Ofertas de Parceiros Principais são uma forte evidência de que eles estão interessados, embora muitos detalhes precisem ser acordados antes de um contrato vinculativo.

● ● ○ ○ ○

Feedback de parceiros principais

Citações e feedback de entrevistas com Parceiros Principais.

Quando os Parceiros Principais afirmam o que podem entregar, a evidência é relativamente forte, contanto que se confirme.

DESCOBERTA / EXPLORAÇÃO

Entrevistas com Stakeholders Especializados

Essas entrevistas são como as Entrevistas com Clientes, mas com foco em obter "aprovação" dos principais participantes da organização.

DESEJO · PRATICABILIDADE · VIABILIDADE

 ●●○○○

Força da Evidência

Feedback de Stakeholders especializados

Citações e feedback de Stakeholders Especializados nas entrevistas.

Afirmações de stakeholders sobre o que querem na iniciativa, em termos de estratégia, são uma evidência moderadamente forte. Para fortalecê-la, é preciso corroborar suas palavras com ações.

 ●●○○○
CUSTO

 ●●○○○
TEMPO DE SETUP

 ●●●○○
TEMPO DE EXECUÇÃO

DESCOBERTA / EXPLORAÇÃO

Um Dia na Vida

Um método de pesquisa qualitativa que usa a etnografia do cliente para entender melhor tarefas, dores e ganhos do cliente.

CUSTO	FORÇA DA EVIDÊNCIA	
●●○○○	●●●○○	
CUSTO	**FORÇA DA EVIDÊNCIA**	**DESEJO** · PRATICABILIDADE · VIABILIDADE

○ ●●○○○

TEMPO DE SETUP

●●●○○

TEMPO DE EXECUÇÃO

DESEJO · PRATICABILIDADE · VIABILIDADE

Um Dia na Vida é bastante barato. Se você decidir trabalhar com as pessoas ou observá-las, talvez tenha que remunerá--las por seu tempo.

CAPACIDADES *Pesquisa*

1. Preparação

☐ Em equipes de 2–3, defina onde e como pretende observar. Libere a agenda para dedicar várias horas à tarefa. Identifique como tomar notas e crie regras básicas para não influenciar os participantes.

2. Permissão

☐ Obtenha consentimento de quem gostaria de observar. Explique o "porquê" do pedido.

3. Observação

☐ Usando a planilha de Um Dia na Vida, anote o tempo, a atividade, as tarefas, as dores e os ganhos do cliente e as suas observações. Não entreviste nem interaja com os participantes enquanto observa.

4. Análise

☐ Terminada a sessão, reúna-se com a equipe para separar as notas. Atualize o Canvas da Proposta de Valor de modo a refletir as constatações recentes para ajudar a informar experimentos futuros.

Custo

Um Dia na Vida é relativamente barato. Talvez você precise remunerar as pessoas por seu tempo, caso decida trabalhar com elas ou observá-las o dia inteiro.

Tempo de Setup

O tempo de setup para Um Dia na Vida é relativamente curto. Defina e obtenha permissão dos participantes que observar no dia.

Tempo de Execução

O tempo de execução de Um Dia Na Vida é um pouco mais longo do que em outros métodos, pois você precisa passar várias horas por dia observando o comportamento do cliente. Ele pode se estender por vários dias ou semanas, dependendo do número de participantes.

Força da Evidência

Tarefas dos clientes
Dores dos clientes
Ganhos dos clientes

Notas e atividades sobre tarefas, dores e ganhos do cliente durante o dia.

Agrupar e classificar os resultados de Um Dia na Vida é uma evidência fraca, contudo, mais forte do que analisar pessoas convidadas para um ambiente de laboratório, porque é um comportamento observado no mundo real.

Citações de clientes

Anote citações adicionais de clientes não limitadas a tarefas, dores e ganhos.

Citações de clientes são relativamente fracas, mas úteis para contexto e insights qualitativos para experimentos futuros.

Capacidades
Pesquisa

Quase todos podem usar Um Dia na Vida. Ele será útil se você tiver habilidades de pesquisa para coletar e documentar os dados de modo adequado. Recomenda-se que tenha um parceiro para poder comparar as notas.

Exigências
Consentimento

É ideal que Um Dia na Vida tenha o consentimento de quem será observado. Ele também requer que você se coordene com a gerência e a segurança dos locais a serem observados. Por exemplo, se for a uma loja para observar padrões, fale primeiro com o gerente, para obter permissão. Se desejar observar alguém que fez uma compra, peça-lhe permissão antes de fazê-lo. Do contrário, isso poderá ser assustador, e você poderá ser levado para fora pela segurança.

DESCOBERTA

EXPERIMENTOS

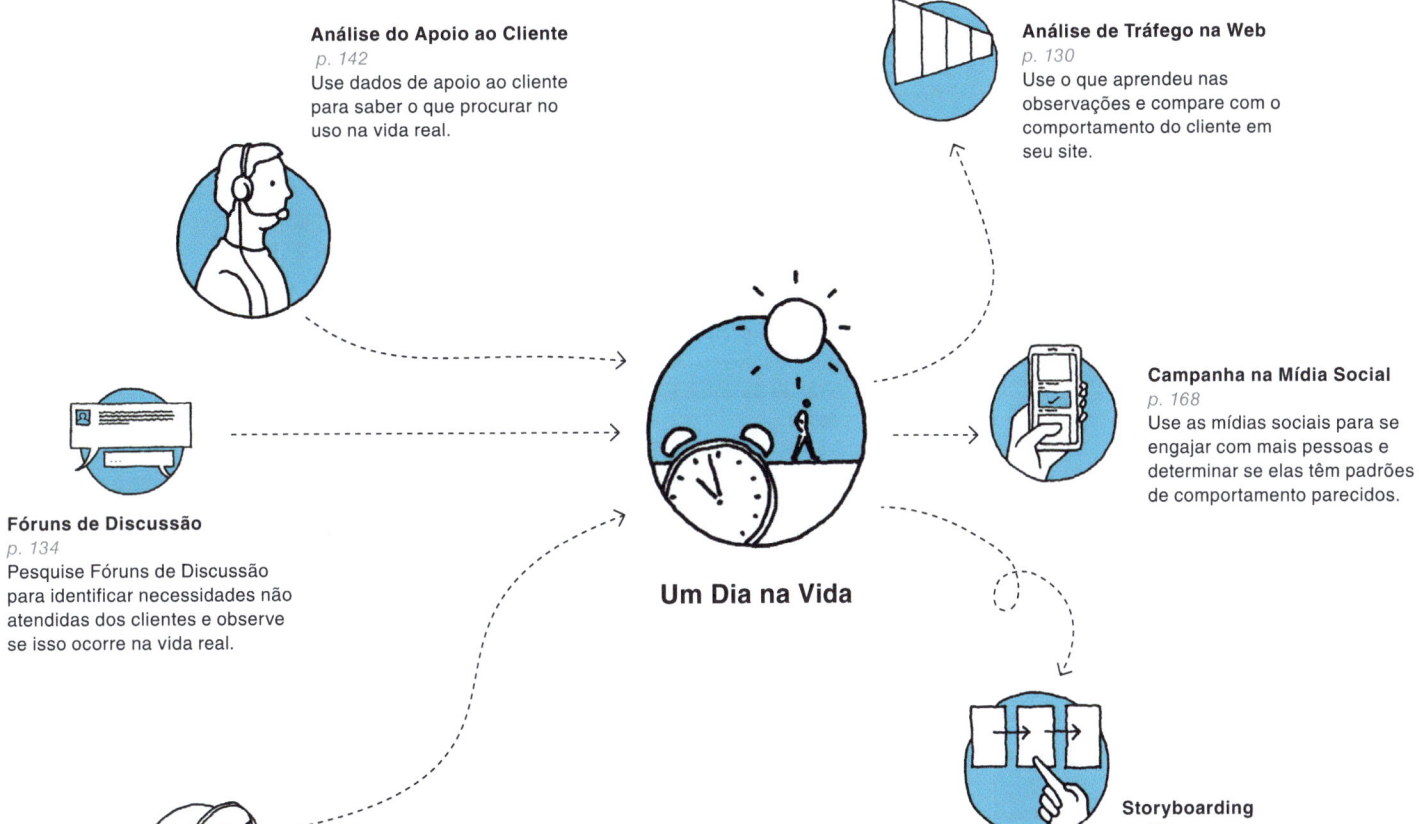

Análise do Apoio ao Cliente
p. 142
Use dados de apoio ao cliente para saber o que procurar no uso na vida real.

Análise de Tráfego na Web
p. 130
Use o que aprendeu nas observações e compare com o comportamento do cliente em seu site.

Fóruns de Discussão
p. 134
Pesquise Fóruns de Discussão para identificar necessidades não atendidas dos clientes e observe se isso ocorre na vida real.

Campanha na Mídia Social
p. 168
Use as mídias sociais para se engajar com mais pessoas e determinar se elas têm padrões de comportamento parecidos.

Um Dia na Vida

Storyboarding
p. 186
Use as observações para testar sequências de soluções usando ilustrações.

Análise de Tendências de Busca
p. 126
Use o que descobriu que as pessoas procuram online e observe se isso se confirma no dia a dia.

UM DIA NA VIDA

119

EXPLORAÇÃO

UM DIA NA VIDA

Fechando a Lacuna do Dizer/Fazer

*O Programa Follow-Me-Home
[Siga-me até em Casa], da Intuit*

DESCOBERTA

120

EXPERIMENTOS

A Intuit cria soluções financeiras, contábeis e de preparação de impostos para pequenas empresas, contadores e pessoas físicas, como TurboTax, QuickBooks e Mint.com. Está localizada no coração do Vale do Silício (Mountain View, Califórnia) e é muito conhecida por ultrapassar os limites da solução de problemas centrada no cliente.

Você pode nos dar uma breve explicação sobre o Programa Follow-Me-Home, da Intuit?

O Follow-Me-Home é uma técnica do programa "Design for Delight", da Intuit, que ensina aos nossos empregados as técnicas necessárias para criar produtos incríveis para nossos clientes. O Design for Delight inclui três princípios básicos: Profunda Empatia com o Cliente, Vá do Geral ao Particular e Experimentação Rápida com os Clientes. O Follow-Me-Home é a técnica mais poderosa do princípio Design for Delight, Profunda Empatia com o Cliente. Não há nada mais eficiente do que observar o cliente quando ele está realmente sofrendo as dores e os problemas que tentamos resolver.

Nós ensinamos a técnica Follow-Me-Home para todos os empregados da empresa, e cada novo contratado que entra para a Intuit aprende a técnica como parte de seu processo de integração. Na verdade, cada novo funcionário realiza pelo menos dois Follow-Me-Home nas primeiras semanas no início da carreira na Intuit, independentemente de sua função ou senioridade. De novos engenheiros a pessoal experiente de RH, a gerentes de produto, aos nossos líderes mais antigos, espera-se que todos aprendam como fazer um Follow-Me-Home.

Como ele começou?

O fundador da Intuit, Scott Cook, inspirou-se em uma técnica semelhante, usada pela Toyota. Nos primeiros dias da Intuit, Scott imaginou que poderia usá-la para melhorar os produtos da Intuit e, assim, começou a testar a abordagem

Follow-Me-Home enquanto construía nossos primeiros produtos, como o Quicken e o QuickBooks. Naquela época, o software era instalado em um computador físico, por meio de disquetes (parece loucura), então Scott e nossas equipes de produtos perguntavam a clientes reais se poderiam assistir à instalação do software depois da compra.

Por meio da observação, as equipes de produtos conseguiam novos insights e grandes surpresas sobre como os clientes realmente usavam nosso software no mundo real. Muitas vezes, esses insights geravam melhoria nos produtos, então os princípios do Follow-Me-Home foram codificados e depois partilhados com nossos funcionários. A técnica Follow-Me-Home continua a ser desenvolvida, mas o espírito permanece o mesmo — observar os clientes onde estão experimentando a dor ou problema sobre o qual precisamos aprender.

Qual é sua função no programa?

Minha equipe se reporta a Diego Rodriguez, Diretor de Design e de Produto da Intuit. Nossa missão é cultivar a cultura de inovação da empresa por meio de programas como Design for Delight, nossa rede de Coaches Catalisadores de Inovação especialistas e treinamento de alto impacto. Nossa função é garantir que todos os empregados tenham a oportunidade de aprender e aplicar as técnicas inovadoras mais eficientes ao seu trabalho diário, como Follow-Me-Home, e continuamente melhorarmos essas técnicas à medida que o mundo muda.

Fizemos parcerias com outras empresas, como HR, Learning and Development, e comunidades funcionais para atingir essa meta, mas a especialidade de nossa equipe é garantir que o impulso inovador da Intuit seja sempre intenso. Trabalho com uma equipe incrível dedicada a essa meta, então minha função é simplesmente fazer a equipe aprender e se aprimorar. Sempre há meios para melhorar.

O que é mais desafiador em treinar os funcionários nessa técnica?

Técnicas como a Follow-Me-Home podem ser aprendidas por qualquer pessoa. Mas, como qualquer nova habilidade, para dominá-la, é preciso praticar continuamente. Muitas vezes, nos primeiros estágios de aprendizado, as pessoas não compreendem os detalhes de como executar o Follow-Me-Home, e é preciso tempo para que as melhores práticas se tornem familiares.

Por exemplo, um aspecto MUITO importante de um ótimo Follow-Me-Home é focar a observação, ao contrário das entrevistas tradicionais — isto é, falando. Ensinamos as pessoas a focar primeiro o que observam o cliente realmente fazendo em uma situação real, usando suas ferramentas reais, em vez de anotar uma simulação exagerada ou fazer perguntas. Somente quando a observação estiver concluída, você deve fazer perguntas do tipo entrevista; e, quando o fizer, foque o motivo, que baseia os comportamentos observados, e não a especulação ou opiniões. Quando as pessoas

aprendem a realizar um Follow-Me-Home, costumam fazer perguntas em excesso e não se concentram na simples observação dos comportamentos em questão. Esse é apenas um exemplo.

Também sabemos que nem todos se sentem à vontade em "sair do escritório" para falar com pessoas totalmente estranhas. É necessário coragem para tentar um Follow-Me-Home nas primeiras vezes, então nosso foco é as pessoas superarem a relutância inicial, e as encorajamos a praticar com frequência. A boa notícia é que a grande maioria das pessoas diz que Follow-Me-Homes são transformadores e muitas vezes começam a empregar a técnica sozinhas. E acabam adorando.

Como você vê a evolução de programas como esse no futuro?

Já melhoramos a abordagem do Follow-Me-Home ao longo dos anos e continuaremos a fazê-lo à medida que o mundo a nossa volta evolui. Por exemplo, a Intuit tem um número crescente de clientes no mundo. Adaptamos o Follow-Me-Home de modo a poder executá-lo remotamente, usando câmeras de vídeo e tecnologia de compartilhamento de tela. Também alteramos o método para garantir que as culturas e tradições dos locais que visitamos sejam respeitadas. À medida que o mundo continuar a ficar mais uniforme, e a tecnologia mudar, continuaremos a adaptar nossa abordagem. Porém, o espírito continua o mesmo. Observe por si mesmo.

O que você diria aos leitores que gostariam de tentar esse método em sua empresa?

A resposta é: apenas vá em frente. Comece pequeno, tentando você mesmo em alguns projetos, para que possa aprender o que funciona ou não no contexto de sua empresa. Depois, você se baseia no que aprendeu e passa a um programa formal, ou só continua a usar a técnica você mesmo. Talvez se torne a pessoa mais eficiente da empresa.

As pessoas que leem este livro conhecem as melhores práticas de inovação, então simplesmente sugiro que você as aplique ao seu futuro programa Follow-Me-Home como se fosse um "novo produto". Lembre de que o Follow-Me-Home é apenas uma das técnicas exigidas para ser um inovador eficiente, então ele não vai fazer de você um sucesso. É provável que tenha que criar programas de apoio e uma cultura que adote esses tipos de técnicas. A boa notícia é que Follow-Me-Homes e habilidades relacionadas têm execução rápida, flexível e muito mais barata que lançar um produto fracassado. Vá e experimente.

— *Bennett Blank*
Líder de Inovação da Intuit Inc.

DESCOBERTA / EXPLORAÇÃO

Pesquisa de Descoberta

Um questionário de perguntas abertas usado na coleta de informações de uma amostra de clientes.

CUSTO ● ●● ○ ○ ○

FORÇA DA EVIDÊNCIA ● ○ ○ ○ ○ ○

TEMPO DE SETUP ● ● ○ ○ ○

TEMPO DE EXECUÇÃO ● ● ○ ○ ○

CAPACIDADES *Produto / Marketing / Pesquisa*

DESEJO · PRATICABILIDADE · VIABILIDADE

A Pesquisa de Descoberta é ideal para revelar sua proposta de valor e as tarefas, as dores e os ganhos dos clientes.

A Pesquisa de Descoberta não é ideal para determinar o que as pessoas farão, só o que dizem que farão.

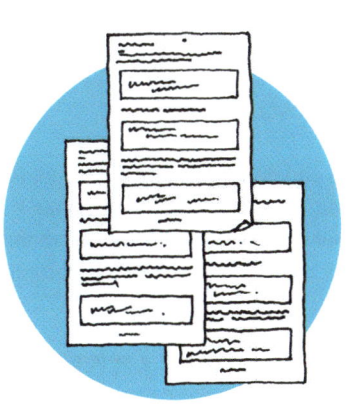

PESQUISA DE DESCOBERTA

123

EXPLORAÇÃO

Amostra de Perguntas para a Pesquisa

- *Quando foi a última vez que você (inserir cenário)?*
- *Você pode explicar o que aconteceu e como isso o afetou?*
- *Que outras opções você explorou? Por quê?*
- *Se tivesse uma varinha mágica, o que gostaria que tivesse acontecido?*
- *Que pergunta gostaria que tivéssemos feito para você?*

Prepare

- ☐ Defina sua meta para a pesquisa e o que está tentando aprender.
- ☐ Identifique seu público-alvo para a pesquisa.
- ☐ Espere uma taxa de resposta de 10%-20% e calcule quantas pessoas devem receber a pesquisa.
- ☐ Defina um dia de início e de fim para a pesquisa.
- ☐ Crie sua pesquisa.

Execute

- ☐ Envie a pesquisa aos clientes.

Analise

- ☐ Use a Classificação por Afinidade para reunir respostas por temas. Não crie rótulos antes da classificação; deixe que os rótulos surjam a partir da classificação.
- ☐ Use nuvens de palavras ou um analisador de texto para ver que palavras e frases os clientes usam com frequência.
- ☐ Reveja os temas e citações com sua equipe e vote 1–3 temas para explorar melhor em experimentos futuros.
- ☐ Atualize o Canvas da Proposta de Valor com base em suas descobertas.

DESCOBERTA

EXPERIMENTOS

124

Custo

Pesquisas de descoberta não são caras, e há vários serviços gratuitos e baratos que podem ser usados para enviá-las a seus clientes. Grande parte do custo vem de atingir o público-alvo. Ele aumenta se você estiver visando especialistas ou no espaço B2B. O tamanho da amostra fica menor; assim, você pode acabar gastando tempo e dinheiro para atingir seu público.

Tempo de Setup

Pesquisas de descoberta não requerem muito tempo para serem criadas e configuradas. Muitas das perguntas são abertas e devem levar poucas horas ou um dia, no máximo.

Tempo de Execução

Grande parte do tempo de execução de uma pesquisa de descoberta depende do tamanho do seu grupo de clientes e da facilidade em contatá-los. Não deverá levar mais que alguns dias, mas poderá ser mais se você não conseguir resultados suficientes.

Força da Evidência

●○○○○

nº de respostas de texto livre
Insights

Procure padrões repetidos nas respostas da pesquisa. Na quinta resposta com um cliente-alvo semelhante, você deverá ver a mesma coisa escrita de formas diferentes.

●○○○○

nº de pessoas dispostas a serem contatadas após a pesquisa
E-mails Válidos

O ideal é que você tenha uma pequena porcentagem, cerca de 10%, que queira ser contatada no futuro.

Capacidades
Produto / Marketing / Pesquisa

Pesquisas de descoberta exigem habilidade para criar perguntas abertas sem um tom negativo. Você também precisará identificar o público e interpretar os resultados pela Classificação por Afinidade ou usando nuvens de palavras para achar padrões no feedback.

Exigências
Material de Origem Qualitativo

Pesquisas geralmente são mais impactantes quando já se tem insights qualitativos a partir de outros métodos sem escala. Use esse material para criar o design de sua pesquisa.

Acesso a um Público

Atingir o público certo é tão importante quanto o design de sua pesquisa. Se você tem um site com muito tráfego, então poderá alavancá-lo para acessar seu público. Se não pode se dar a esse luxo ou está buscando um mercado novo, procure canais para usar antes de elaborar sua pesquisa.

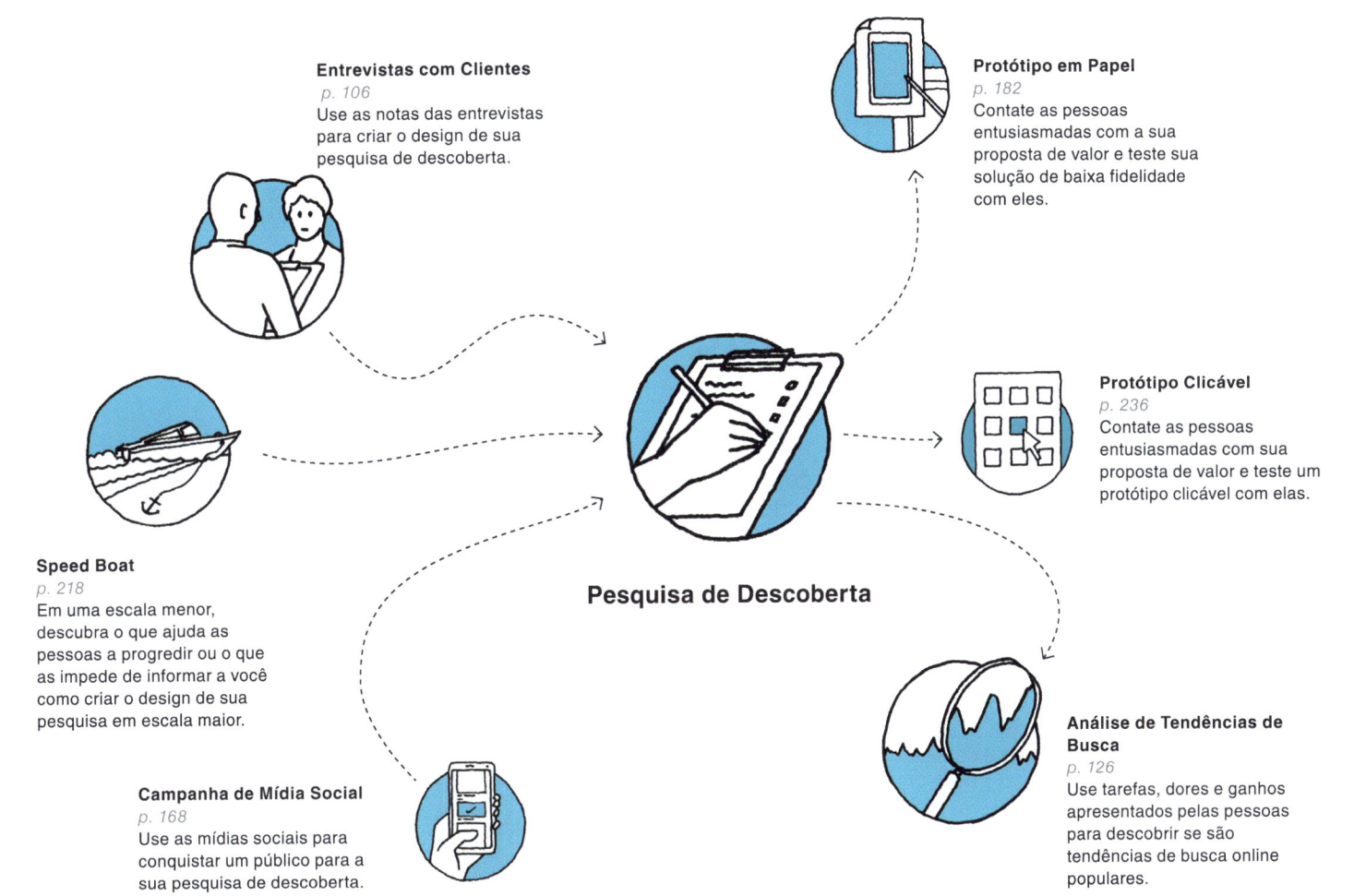

Entrevistas com Clientes
p. 106
Use as notas das entrevistas para criar o design de sua pesquisa de descoberta.

Protótipo em Papel
p. 182
Contate as pessoas entusiasmadas com a sua proposta de valor e teste sua solução de baixa fidelidade com eles.

Protótipo Clicável
p. 236
Contate as pessoas entusiasmadas com sua proposta de valor e teste um protótipo clicável com elas.

Speed Boat
p. 218
Em uma escala menor, descubra o que ajuda as pessoas a progredir ou o que as impede de informar a você como criar o design de sua pesquisa em escala maior.

Pesquisa de Descoberta

Campanha de Mídia Social
p. 168
Use as mídias sociais para conquistar um público para a sua pesquisa de descoberta.

Análise de Tendências de Busca
p. 126
Use tarefas, dores e ganhos apresentados pelas pessoas para descobrir se são tendências de busca online populares.

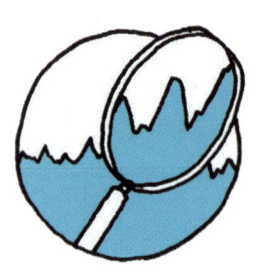

DESCOBERTA / ANÁLISE DE DADOS

Análise de Tendências de Busca

O uso de dados de pesquisa para investigar interações particulares entre buscadores online, ferramentas de busca ou o conteúdo durante episódios de busca.

CUSTO ● ● ○ ○ ○ ○

⚖ FORÇA DA EVIDÊNCIA ● ● ● ○ ○

🕐 TEMPO DE SETUP ● ● ○ ○ ○ ○

⏱ TEMPO DE EXECUÇÃO ● ● ○ ○ ○ ○

CAPACIDADES *Marketing / Pesquisa / Dados*

DESEJO · PRATICABILIDADE · **VIABILIDADE**

A Análise de Tendências de Busca é ideal para realizar a sua própria pesquisa de mercado, principalmente sobre tendências recentes, em vez de contar com dados de pesquisa de mercado de terceiros.

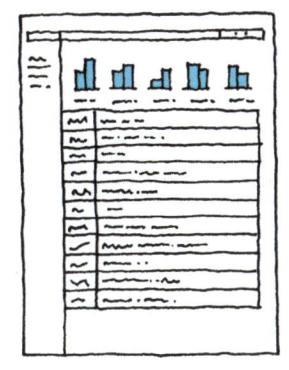 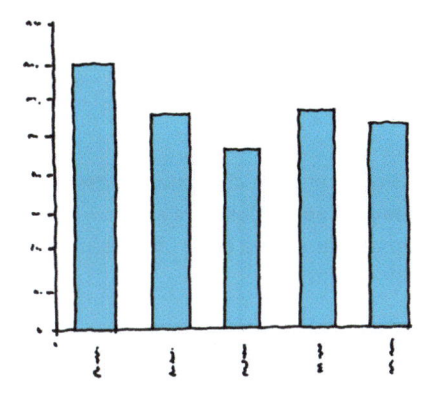 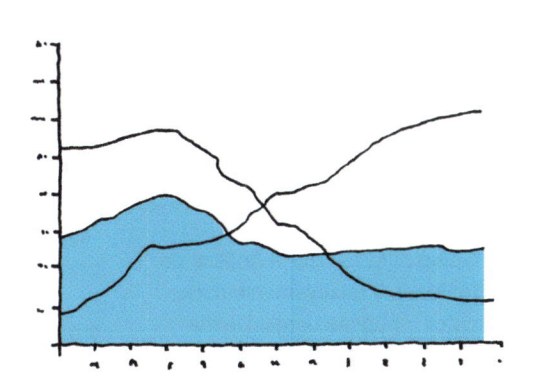

Prepare

☐ Identifique quais ferramentas usar (Google Trends, Google Keyword Planner etc.).

☐ Defina a área geográfica de sua pesquisa.

☐ Liste os tópicos que quer explorar, como:

- Pessoas tentando resolver tarefas para clientes.
- Indivíduos que precisam tratar de dores do cliente.
- Pessoas querendo criar um ganho para o cliente.
- Clientes insatisfeitos com uma solução existente.

Execute

☐ Procure frases relacionadas a seus tópicos.

☐ Faça capturas de tela e exporte os resultados.

☐ Tome notas com suas pesquisas sobre o que o surpreendeu.

Analise

☐ Reúna suas descobertas.

☐ Pense em focar o tamanho do problema, e não o do mercado. O que tem o maior volume de pesquisa em um problema comum? Seria essa uma oportunidade de negócio significativa para você?

☐ Selecione 1–3 pesquisas de maior volume que você quer explorar em detalhes em experimentos futuros.

Custo

O custo de realizar a própria Análise de Tendências de Busca é relativamente baixo, visto que há ferramentas baratas e gratuitas. Atualmente, o Google Trends e o Google Keyword Planner são gratuitos.

Tempo de Setup

O Tempo de Setup para realizar a Análise de Tendências de Busca é relativamente curto, de alguns minutos a poucas horas. Defina o critério para sua busca e escolha uma ferramenta.

Tempo de Execução

O Tempo de Execução para realizar a Análise de Tendências de Busca é relativamente curto, de algumas horas a poucos dias. Dependerá muito da quantidade de tópicos e das localizações geográficas que explorar. Quanto mais houver, mais tempo levará para realizá-las bem.

Força da Evidência

●●●●○○

Volume de Pesquisa

Nº de pesquisas para palavras-chave em um certo período de tempo

O Volume de Busca varia em diferentes áreas geográficas, tempo e setor. Compare seus resultados com os outros para obter uma visão geral do nível de interesse.

●●●○○

Consultas Relacionadas

Consultas também feitas pelos usuários, além da feita por você

Se conduzida adequadamente, a força da evidência sobre o volume de buscas e consultas relacionadas pode ser mais forte do que outros métodos de pesquisa qualitativa menores.

Capacidades

Marketing / Pesquisa / Dados

A Análise de Tendências de Busca pode ser realizada por quase qualquer pessoa disposta a aprender a usar ferramentas de análise de tendências. A maioria delas, como o Google Trends e o Google Keyword Planner, tem ajuda conceitual para lhe ensinar o processo. Você também precisará interpretar os resultados, de modo que é vantajoso ter conhecimentos de marketing, pesquisa e dados.

Exigências

Clientes Online

A Análise de Tendências de Busca pode ser uma forma poderosa de revelar tarefas, dores e ganhos dos clientes, e até sua disposição de pagar por uma solução. Porém, eles devem ter feito pesquisa online para gerar essa evidência. Se você visa um nicho, B2B ou principalmente clientes offline, suas pesquisas não gerarão retornos significativos.

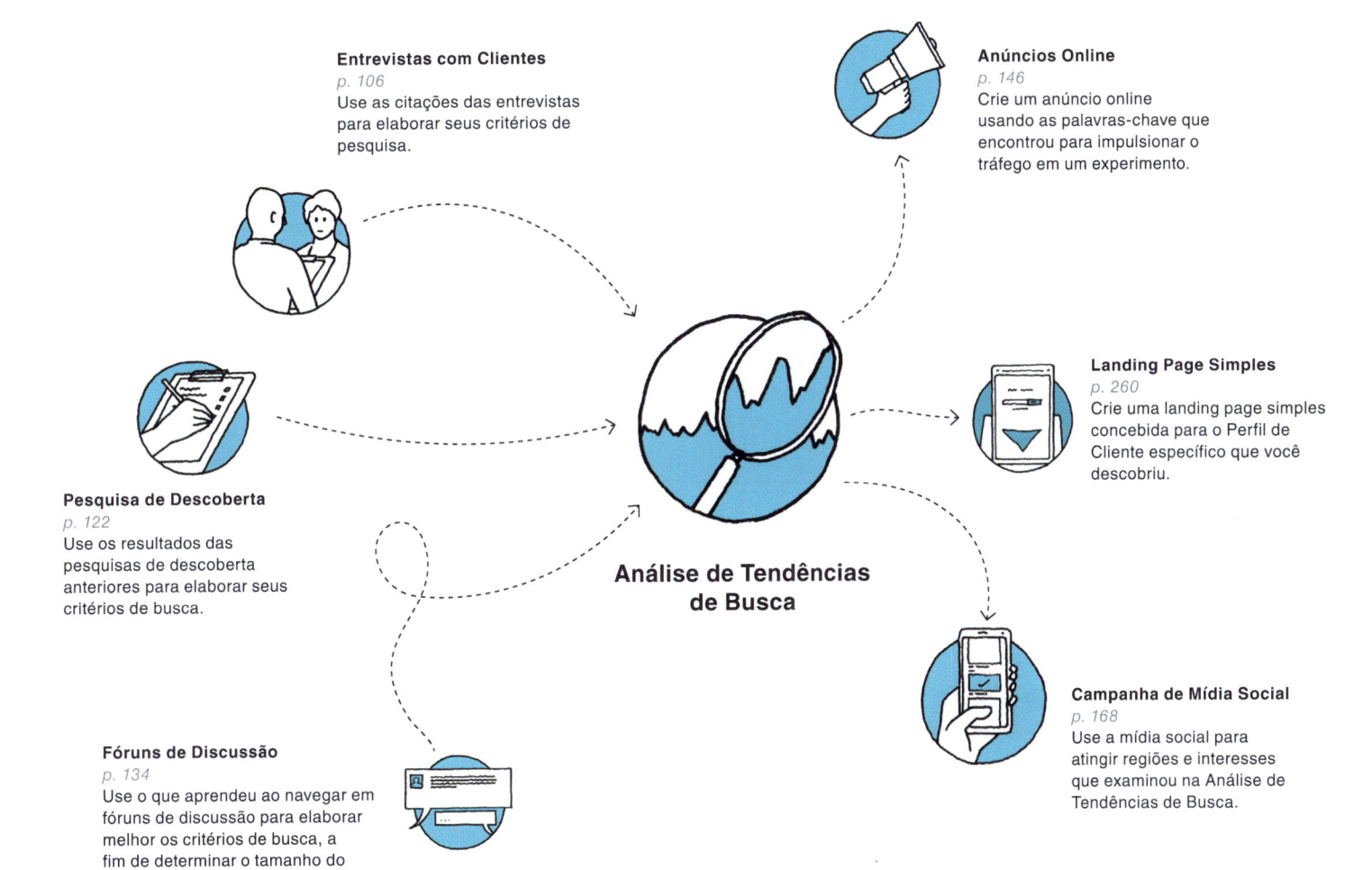

Entrevistas com Clientes
p. 106
Use as citações das entrevistas para elaborar seus critérios de pesquisa.

Anúncios Online
p. 146
Crie um anúncio online usando as palavras-chave que encontrou para impulsionar o tráfego em um experimento.

Pesquisa de Descoberta
p. 122
Use os resultados das pesquisas de descoberta anteriores para elaborar seus critérios de busca.

Landing Page Simples
p. 260
Crie uma landing page simples concebida para o Perfil de Cliente específico que você descobriu.

Análise de Tendências de Busca

Fóruns de Discussão
p. 134
Use o que aprendeu ao navegar em fóruns de discussão para elaborar melhor os critérios de busca, a fim de determinar o tamanho do problema.

Campanha de Mídia Social
p. 168
Use a mídia social para atingir regiões e interesses que examinou na Análise de Tendências de Busca.

ANÁLISE DE TENDÊNCIAS DE BUSCA

129

ANÁLISE DE DADOS

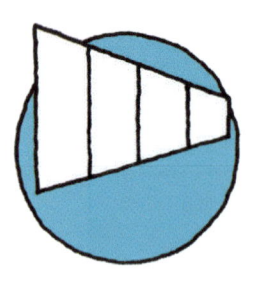

Análise de Tráfego na Web

O uso da coleta, divulgação e análise de dados da web para procurar padrões de comportamento do cliente.

CUSTO ● ● ○ ○ ○

FORÇA DA EVIDÊNCIA ● ● ● ● ○

TEMPO DE SETUP ● ● ○ ○ ○

TEMPO DE EXECUÇÃO ● ● ● ○ ○

CAPACIDADES *Tecnologia / Dados*

DESEJO · PRATICABILIDADE · **VIABILIDADE**

O uso da coleta, divulgação e análise de dados da web para procurar padrões de comportamento do cliente.

Prepare

☐ Crie sua área de foco e a que evento do cliente ela se aplica:

- Aumento de inscrições.
- Aumento de downloads.
- Aumento de compras.

☐ Identifique os passos que levam a esse evento.

☐ Selecione um espaço de tempo para sua análise.

Execute

☐ Usando seu software de web analytics, faça a análise no caminho definido.

☐ Note os pontos de abandono e porcentagens de cada um.

Analise

☐ Quais são os maiores abandonos no seu fluxo?

☐ Que experimentos pode realizar para melhorar esse número?

Custo

O custo de realizar a análise de tráfego na web é bem baixo, especialmente se você usar uma ferramenta gratuita, como o Google Analytics. Se precisar de um rastreamento mais profundo, voltado a um evento, e quiser pagar por uma ferramenta, seu custo pode variar muito. Alguns começam com um preço baixo, mas, à medida que o tráfego do cliente aumenta, pode aumentar também. Também há muitas opções baratas para procurar análises de mapa de calor de como as pessoas usam as páginas.

Tempo de Setup

O tempo de setup para realizar uma análise de tráfego na web é bem curto, de algumas horas a uns poucos dias. Integre a ferramenta ao seu site e faça o login no dashboard a fim de ver os dados. Dependendo da ferramenta, pode levar um dia ou mais para os dados aparecerem.

Tempo de Execução

Infelizmente, o tempo de execução da análise de tráfego na web é um pouco longo; em geral, de semanas a meses. Ele depende principalmente da quantidade de tráfego existente, mas com certeza você não deve tomar grandes decisões arriscadas com base em dados de alguns dias.

Força da Evidência

Nº de sessões

Quantas interações com o site em um certo espaço de tempo, para um usuário específico. Em geral, um período de trinta minutos.

Nº de drop-offs

Drop-offs ocorrem quando um usuário sai do fluxo que você definiu. Você deve analisar a porcentagem de drop-offs em cada etapa e se eles deixaram o site, não só a página.

Quantos clientes você tem no site e por onde eles estão saindo é uma evidência relativamente forte, como é a mensuração do que fazem. Só é possível saber o porquê de estarem fazendo isso se perguntar

Nível de atenção

A atenção é mensurada pelas várias ações dos usuários, geralmente, incluindo o tempo gasto na página e onde clicaram. Eles nem sempre clicam em botões ou links, então ter dados de um mapa de calor dá ótimos insights para saber se você está ganhando ou perdendo atenção em seu site.

A atenção é uma evidência bastante forte, mas, mesmo assim, como as sessões e drop-offs, ela somente diz "o quê", e não o "por quê".

Capacidades
Tecnologia / Dados

A curva de aprendizado na análise de tráfego na web pode se acentuar com rapidez, principalmente se você for além dos aspectos básicos do comportamento do usuário. Sugerimos que tenha a capacidade técnica para integrar o software analítico e a consciência de dados de ser capaz de analisar os resultados. Por exemplo, os dados do mapa de calor mostrarão onde as pessoas clicaram, mas você deve dividir os dados por origem para ver se as pessoas advindas de anúncios online clicam de modo diferente das que advêm de campanhas por e-mail.

Exigências
Tráfego

A análise do tráfego na web requer um site existente com usuários ativos, do contrário, você não poderá reunir quaisquer evidências. De modo semelhante a uma landing page simples, recomendamos atrair tráfego para seu site usando:

- Anúncios online.
- Campanhas de mídia social.
- Campanhas por e-mail.
- Boca a boca.
- Fóruns de discussão.

DESCOBERTA

EXPERIMENTOS

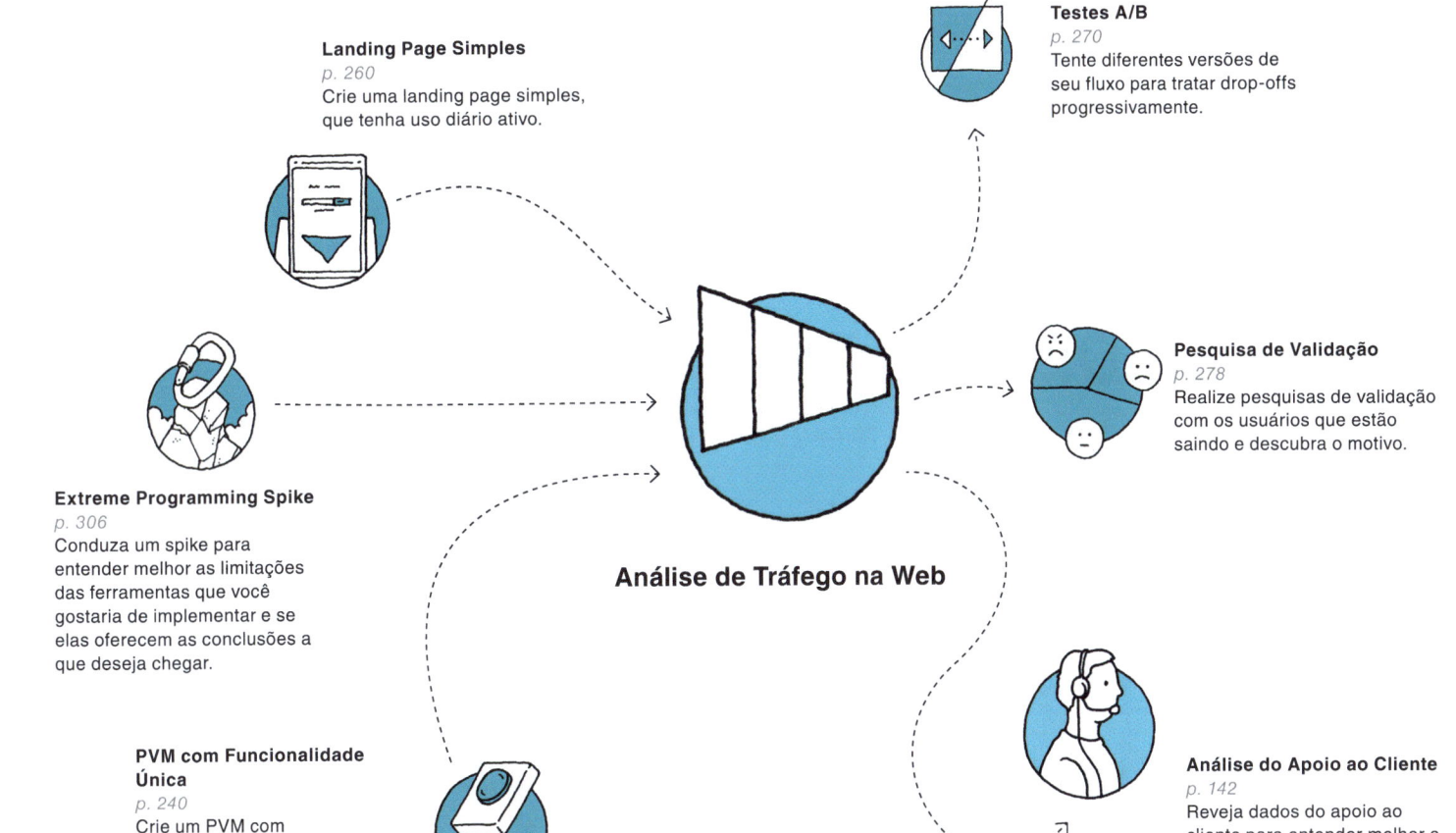

Landing Page Simples
p. 260
Crie uma landing page simples,
que tenha uso diário ativo.

Testes A/B
p. 270
Tente diferentes versões de
seu fluxo para tratar drop-offs
progressivamente.

Extreme Programming Spike
p. 306
Conduza um spike para
entender melhor as limitações
das ferramentas que você
gostaria de implementar e se
elas oferecem as conclusões a
que deseja chegar.

Análise de Tráfego na Web

Pesquisa de Validação
p. 278
Realize pesquisas de validação
com os usuários que estão
saindo e descubra o motivo.

**PVM com Funcionalidade
Única**
p. 240
Crie um PVM com
funcionalidade única em seu
site para compreender melhor
o fluxo de ativação e conseguir
que os clientes o usem.

Análise do Apoio ao Cliente
p. 142
Reveja dados do apoio ao
cliente para entender melhor o
comportamento dos clientes em
seu site.

ANÁLISE DE TRÁFEGO NA WEB

133

ANÁLISE DE DADOS

DESCOBERTA / ANÁLISE DE DADOS

Fóruns de Discussão

O uso de fóruns de discussão para revelar tarefas, dores e ganhos de clientes em um produto ou serviço.

CUSTO

FORÇA DA EVIDÊNCIA

TEMPO DE SETUP

TEMPO DE EXECUÇÃO

CAPACIDADES *Pesquisa / Dados*

DESEJO · PRATICABILIDADE · VIABILIDADE

Fóruns de discussão são ideais para encontrar necessidades não atendidas em seu produto ou no do seu concorrente.

Prepare

☐ Identifique quais fóruns de discussão quer usar para sua análise (interna vs. externa).

☐ Defina as questões que quer responder, como: há evidência de que:

- Você não está resolvendo tarefas importantes dos clientes?
- Você não está tratando de dores essenciais dos clientes?
- Você não está criando ganhos para os clientes?
- Os clientes estão improvisando soluções para cuidar de suas deficiências de produto?

Execute

☐ Busque frases relacionadas com suas perguntas nos fóruns de discussão.

☐ Faça capturas de tela e exporte os resultados.

☐ Faça notas sobre o senso de urgência e tom nos tópicos dos fóruns.

Analise

☐ Atualize o Canvas da Proposta de Valor com base em suas descobertas.

☐ Contate quem escreve nos fóruns com mensagens diretas para saber se conversaria melhor com você.

☐ Em caso positivo, realize experimentos para ajudar a fechar a lacuna.

Custo

O custo é baixo, pois você estará basicamente analisando fóruns de discussão online para encontrar necessidades não atendidas. Se for seu fórum de discussão, o custo-benefício deverá ser bom e a análise até já poderá estar integrada ao seu software. Se estiver analisando o fórum de discussão de concorrentes ou de outra comunidade, é provável que os esteja extraindo na web com ferramentas de baixo custo ou fazendo-o manualmente sozinho. Neste caso, você economizará, mas poderá demorar muito mais.

Tempo de Setup

O tempo de setup para analisar fóruns de discussão é bastante curto. Você deverá definir as perguntas que quer responder e identificar que fóruns de discussão analisar.

Tempo de Execução

O tempo de execução para analisar fóruns de discussão é bem curto. Ele será mais longo se você não usar uma ferramenta de extração de dados da web, então recomendamos automatizá-la para reduzir o tempo de execução. Procure padrões de tarefas, dores e ganhos não atendidos dos clientes.

Força da Evidência

Tipos de soluções alternativas

Procure padrões de soluções alternativas ou meios de hackear o produto para conseguir que ele faça o que as pessoas precisam. Isso pode oferecer insights para melhorias.

De jeito semelhante ao "construa uma solução para resolver o problema", de Steve Bank, uma evidência é forte se as pessoas estiverem hackeando os próprios métodos para resolver problemas que o produto não abordou devidamente.

Tipos de pedidos de funcionalidades

Procure um padrão nas três funcionalidades mais pedidas nos fóruns de discussão e descubra quais dores e tarefas subjacentes elas podem resolver.

Pedidos de funcionalidades são uma evidência relativamente fraca, de modo que você precisará realizar mais experimentos em torno da tarefa ou dor subjacente que a funcionalidade se propõe a resolver.

Capacidades
Pesquisa / Dados

Você precisa identificar fóruns de discussão, reunir dados e analisá-los. Isso o ajudará a compreender como extrair dados em sites online e que perguntas deve responder com a análise deles. Será útil se você tiver dados e capacidades de pesquisa ao fazê-lo.

Exigências
Dados de Fóruns de Discussão

A exigência mais importante para analisar dados de fóruns de discussão é que haja fóruns para analisar as perguntas a que deseja responder. Se você sentir que há necessidades não atendidas no produto de um concorrente, vá à comunidade e aos fóruns de apoio nos quais os clientes deles publicam seus posts. Se tiver os próprios fóruns de discussão, eles também serão uma ótima fonte de dados.

DESCOBERTA

EXPERIMENTOS

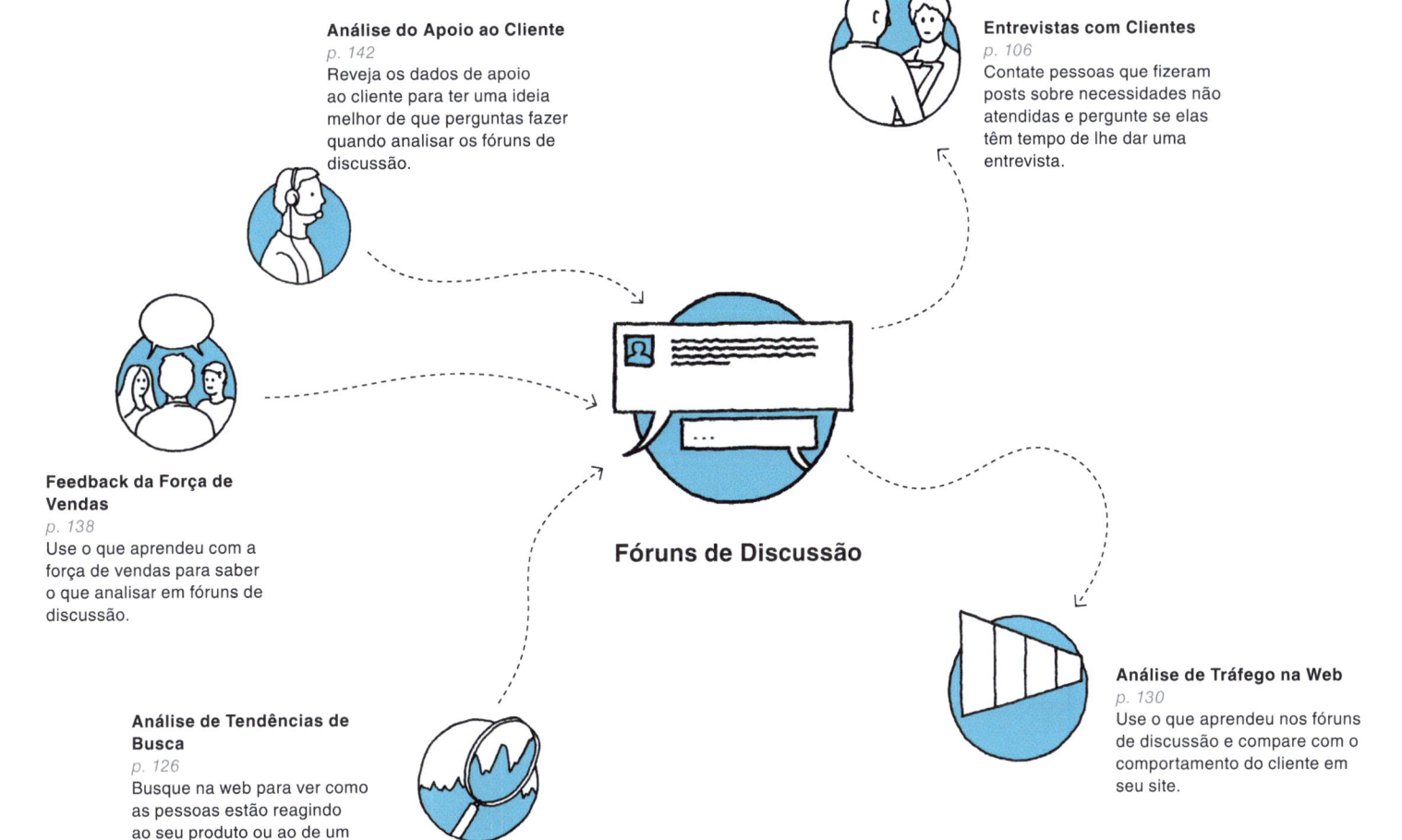

Análise do Apoio ao Cliente
p. 142
Reveja os dados de apoio
ao cliente para ter uma ideia
melhor de que perguntas fazer
quando analisar os fóruns de
discussão.

Entrevistas com Clientes
p. 106
Contate pessoas que fizeram
posts sobre necessidades não
atendidas e pergunte se elas
têm tempo de lhe dar uma
entrevista.

**Feedback da Força de
Vendas**
p. 138
Use o que aprendeu com a
força de vendas para saber
o que analisar em fóruns de
discussão.

Fóruns de Discussão

**Análise de Tendências de
Busca**
p. 126
Busque na web para ver como
as pessoas estão reagindo
ao seu produto ou ao de um
concorrente.

Análise de Tráfego na Web
p. 130
Use o que aprendeu nos fóruns
de discussão e compare com o
comportamento do cliente em
seu site.

FÓRUNS DE DISCUSSÃO

137

ANÁLISE DE DADOS

DESCOBERTA/ ANÁLISE DE DADOS

Feedback da Força de Vendas

O uso do feedback da força de vendas para revelar tarefas, dores e ganhos não atendidos por seu produto ou serviço.

⬤⬤○○○○	⬤⬤⬤◉○○	
CUSTO	**FORÇA DA EVIDÊNCIA**	
⬤⬤○○○○	⬤⬤⬤○○	
TEMPO DE SETUP	**TEMPO DE EXECUÇÃO**	

CAPACIDADES *Vendas / Pesquisa / Dados*

DESEJO · PRATICABILIDADE · VIABILIDADE

O feedback da força de vendas é ideal para empresas que usam grupos de pessoas para realizar as vendas.

Prepare

☐ Identifique as perguntas que gostaria de ter respondidas pela força de vendas:

- Vocês estão resolvendo as tarefas principais do cliente?
- Vocês estão abordando dores importantes dos clientes?
- Vocês estão criando ganhos para os clientes?

☐ Se o seu negócio é B2B, e complexo, segmente as perguntas para as funções adicionais de:

- Tomadores de decisão.
- Compradores econômicos.
- Recomendadores.
- Influenciadores.

☐ Agende sessões com a força de vendas para respondê-las.

Execute

☐ Discuta as ideias da força de vendas sobre essas questões.

☐ Peça que mostrem qualquer evidência que apoie suas respostas a partir das ligações de vendas, dashboards, e-mails etc.

☐ Agradeça-lhes por seu tempo para ajudar a melhorar a experiência.

Analise

☐ Atualize seu Canvas de Proposta de Valor com base em suas descobertas.

☐ Use o que aprendeu para identificar experimentos para melhores ajustes.

Custo

O custo é relativamente baixo, com grande parte voltada para a coleta de dados por sua força de vendas. A análise do feedback dos dados da força de vendas pode ser feita sem software ou consultores dispendiosos.

Tempo de Setup

O tempo de setup para classificar o feedback da força de vendas é relativamente curto. Defina o período de tempo analisado e os dados específicos que deve procurar.

Tempo de Execução

O tempo de execução para analisar o feedback da força de vendas também é relativamente curto depois de definido. Você deve procurar padrões de tarefas, dores e ganhos não atendidos.

Força da Evidência

Nº de quase perdas
Feedback de quase perdas

Quando o grupo de vendas fechou uma venda, o que quase impediu que fosse concluída? Você deve registrar quantas vendas quase foram perdidas e o que os clientes têm a dizer sobre o que "quase os impediu de comprar" e fazer os ajustes necessários.

O feedback do cliente sobre o motivo de quase não ter comprado, mas que acabou comprando, é uma mina de ouro de evidência relativamente forte. Ele é mais forte do que a maioria dos feedbacks, porque o cliente acabou de converter.

Tipos de pedidos de funcionalidades

Procure um padrão nos três pedidos mais importantes feitos no processo de vendas e que dores e tarefas subjacentes eles poderiam resolver.

Pedidos de funcionalidades são evidências relativamente fracas, sendo que você precisa de mais experimentos em torno da tarefa ou dor subjacente que a funcionalidade proposta deve resolver.

Capacidades

Pesquisa / Dados

Você precisará coletar, classificar e analisar o feedback da força de vendas. Assim, ele o ajudará a compreender como o grupo de vendas atua e que perguntas deve responder.

Exigências

Dados da Força de Vendas

A exigência mais importante para analisar o feedback da força de vendas é ter uma força de vendas engajada, que lhe forneça feedback de forma verbal ou por meio de um software de gestão de relacionamento do cliente (CRM).

DESCOBERTA

140

EXPERIMENTOS

Entrevistas com Clientes
p. 106
Use as notas das entrevistas para elaborar a busca de tarefas, dores e ganhos não atendidos no feedback da força de vendas.

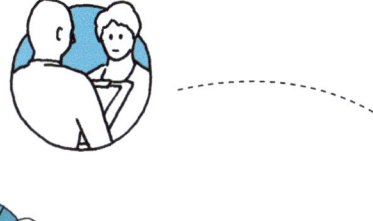

Compre uma Funcionalidade
p. 226
Convide essas pessoas que não converteram a participar de um exercício para melhor compreender as funcionalidades de que precisam.

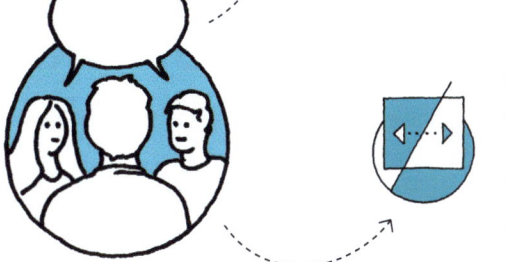

Teste A/B
p. 270
Realize um teste A/B em seu processo de vendas para checar diferentes versões de sua proposta de valor para os clientes.

Pesquisa de Validação
p. 278
Use as descobertas da pesquisa para realizar a busca de tarefas, dores e ganhos não atendidos no feedback da força de vendas.

Feedback da Força de Vendas

Entrevistas com Stakeholders Especialistas
p. 115
Use as notas dos stakeholders para entender melhor se suas necessidades se traduzem em vendas.

FEEDBACK DA FORÇA DE VENDAS

141

ANÁLISE DE DADOS

DESCOBERTA / ANÁLISE DE DADOS

Análise do Apoio ao Cliente

O uso de dados de apoio ao cliente para revelar tarefas, dores e ganhos não atendidos de seu produto ou serviço.

⬤⬤⬤◯◯◯ **CUSTO**	⚖ ⬤⬤◯◯◯ **FORÇA DA EVIDÊNCIA**
🕐 ⬤⬤◯◯◯ **TEMPO DE SETUP**	⏱ ⬤⬤⬤◯◯ **TEMPO DE EXECUÇÃO**

DESEJO · PRATICABILIDADE · VIABILIDADE

Análise do apoio ao cliente é ideal para empresas que já têm uma quantidade considerável de clientes.

CAPACIDADES *Vendas / Marketing / Pesquisa / Dados*

Prepare

☐ Identifique as questões que quer ver respondidas pelos dados de apoio ao cliente:

- Você está resolvendo as principais tarefas dos clientes?
- Você está abordando dores importantes dos clientes?
- Você está criando ganhos para os clientes?

☐ Agende sessões com sua equipe de apoio ao cliente para responder a essas perguntas.

Execute

☐ Discuta com a equipe de apoio ao cliente suas ideias sobre essas questões.

☐ Peça-lhe que mostre evidências que apoiem as respostas das chamadas de apoio ao cliente, dashboards, e-mails etc.

☐ Agradeça por seu tempo para ajudar a melhorar a experiência.

Analise

☐ Atualize seu Canvas da Proposta de Valor do Cliente com base em suas descobertas.

☐ Use o que aprendeu para identificar experimentos e conseguir um melhor ajuste.

Custo

O custo é relativamente baixo, sendo que a maioria é gerada pela coleta de dados ao longo do tempo. A análise dos dados pode ser feita sem softwares ou consultores dispendiosos.

Tempo de Setup

O tempo de setup para a análise do apoio ao cliente é relativamente curto quando você tem os dados. É necessário definir o período de tempo de análise e o que está procurando especificamente nos dados.

Tempo de Execução

O tempo de execução da análise de apoio ao cliente também é relativamente curto depois que tiver os dados e definir o que está procurando neles. Você tentará ver padrões de tarefas, dores e ganhos não atendidos.

Força da Evidência

Feedback do cliente

Citações do cliente durante chamadas de apoio ao cliente que se referem a tarefas que eles estão tentando realizar, dores que sentem que não são atendidas e ganhos não conseguidos.

O feedback do cliente nos dados de apoio ao cliente é uma evidência relativamente fraca por si só, mas pode ser usada para elaborar experimentos futuros.

Tipos de pedidos de funcionalidades

Procure um padrão nas três funcionalidades mais pedidas e que dores e tarefas subjacentes elas poderiam resolver.

Pedidos de funcionalidades são evidências relativamente fracas, sendo que você precisará realizar mais experimentos em relação à tarefa ou dor subjacente que a funcionalidade proposta deve resolver.

Capacidades

Pesquisa / Marketing / Vendas/ Dados

Você precisará coletar, classificar e analisar dados de apoio ao cliente. Assim, eles o ajudarão a compreender como a operação de vendas funciona, como seu produto é comercializado e que perguntas você quer responder ao checá-los.

Exigências

Dados de Apoio ao Cliente

A exigência mais importante para a análise de apoio ao cliente é já ter dados para analisar. Isso pode ser feito de várias formas, seja em registros de chamadas de sua equipe de apoio a e-mails ou pedidos de bugs/funcionalidade apresentados. Os dados analisados devem consistir em mais do que algumas conversas informais com alguns clientes.

Entrevistas com Clientes
p. 106
Use as notas das entrevistas para elaborar a busca por tarefas, dores e ganhos não atendidos nos dados de apoio.

Análise de Tráfego na Web
p. 130
Use o que aprendeu com os dados de apoio para compará-los com o comportamento do cliente em seu site.

Pesquisa de Validação
p. 278
Use as descobertas da pesquisa para ajudar a atender tarefas, dores e ganhos não atendidos nos dados de apoio.

Feedbadk da Força de Vendas
p. 138
Cruze as referências encontradas com os dados de apoio ao cliente e compare-os ao feedback de sua força de vendas.

Análise de Apoio ao Cliente

Speed Boat
p. 218
Em vez de ter clientes que só indicam o que falta no produto, convide-os para um exercício de Speed Boat para melhor entender o que no produto os ajuda a acelerar e o que os retarda.

Entrevistas de Stakeholders Especializados
p. 115
Use as notas dos stakeholders para entender melhor se suas necessidades se traduzem no que você ouve dos clientes.

ANÁLISE DO APOIO AO CLIENTE

145

ANÁLISE DE DADOS

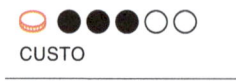

146

Anúncio Online

Um anúncio online que articule claramente a proposta de valor para um segmento de cliente específico com uma simples chamada para ação.

⬤ ●●●○○ **CUSTO**	⚖ ●●●○○ **FORÇA DA EVIDÊNCIA**
🕐 ●●○○○ **TEMPO DE SETUP**	●●●○○ **TEMPO DE EXECUÇÃO**

DESEJO · PRATICABILIDADE · VIABILIDADE

Anúncios online são ideais para testar rapidamente sua proposta de valor em escala com clientes online.

🗡⬟ ⛛ ⚒ 🗄 🏷 📢 🔍 📊
CAPACIDADES *Design / Produto / Marketing*

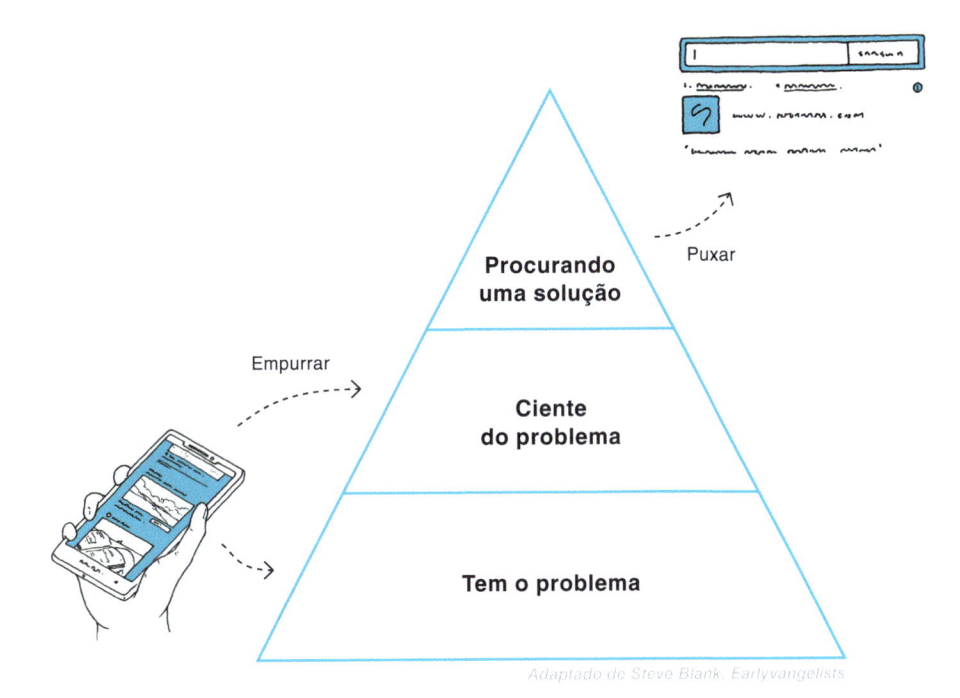

Puxar

Empurrar

Procurando uma solução

Ciente do problema

Tem o problema

Adaptado de Steve Blank, Earlyvangelists

Encontrando Clientes-alvo

Encontrar clientes-alvo online pode ser desafiador, mas é possível com criatividade e resiliência. Comece a pensar no assunto mesmo antes de iniciar o design do experimento.

Por exemplo, ao criar seu Canvas da Proposta de Valor, procure seus clientes-alvo online em diferentes locais, com calma. Depois, como equipe, vote nos que gostaria de testar primeiro.

Em que Estágio Estão Seus Clientes?

Depois de priorizar locais para encontrar seus clientes-alvo, customize sua abordagem com base na situação do cliente. Você pode usar o modelo de Steve Blank para ajudar a formar a sua estratégia para se engajar com os clientes.

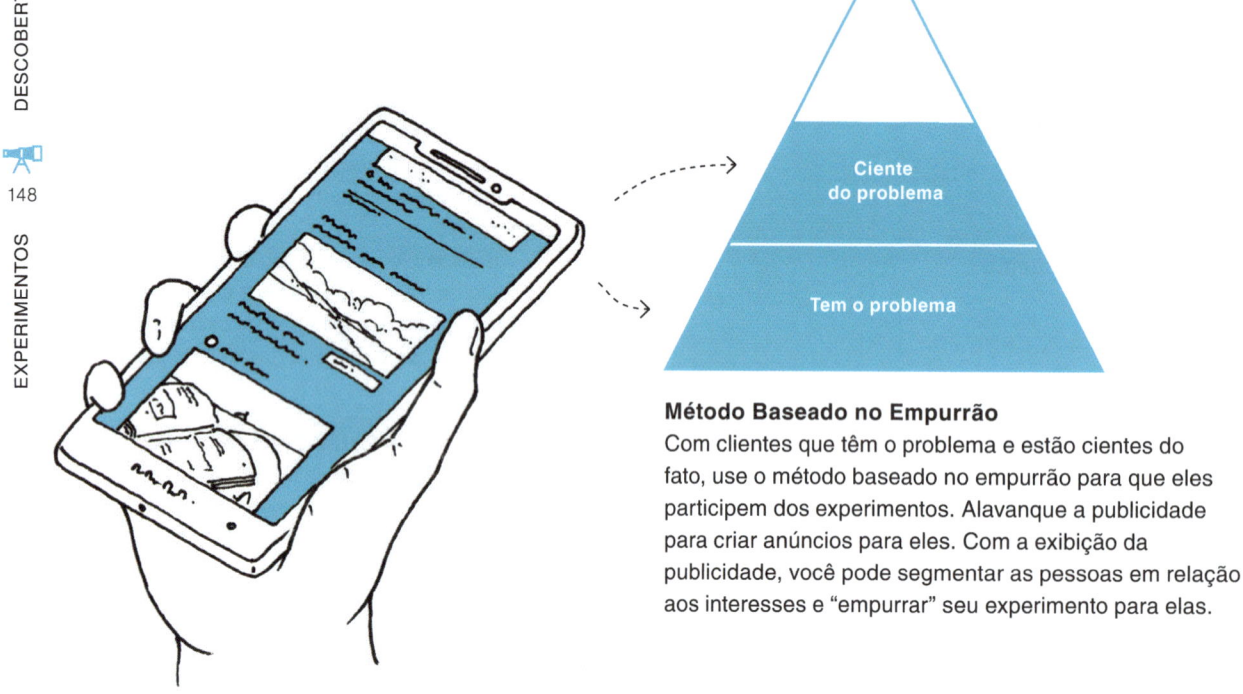

Ciente do problema

Tem o problema

Método Baseado no Empurrão

Com clientes que têm o problema e estão cientes do fato, use o método baseado no empurrão para que eles participem dos experimentos. Alavanque a publicidade para criar anúncios para eles. Com a exibição da publicidade, você pode segmentar as pessoas em relação aos interesses e "empurrar" seu experimento para elas.

ANÚNCIO NA MÍDIA SOCIAL
Prepare

☐ Defina em que plataformas de mídia social vai anunciar.

☐ Crie a duração e o orçamento da campanha para seu público-alvo.

☐ Escolha a opção de CPC (custo por clique).

☐ Inclua o nome e o logo da empresa.

☐ Elabore uma declaração de valor para o seu Canvas da Proposta de Valor para comunicar adequadamente a sua oferta.

☐ Crie uma imagem atraente para reforçar a declaração de valor.

☐ Inclua o URL de destino que leve à landing page.

Execute

☐ Depois de aprovado, publique o anúncio na mídia social.

☐ Monitore seu desempenho diário com:

• Gasto com anúncio.
• Impressões.
• Taxa de cliques.
• Comentários e compartilhamentos.

Analise

☐ Analise o desempenho diário.

☐ Se você estiver gastando muito para uma taxa de cliques baixa, pare a campanha, ajuste o texto e as imagens e publique-a de novo.

ANÚNCIO SÓ DE BUSCA

Prepare

☐ Defina em que plataformas de mídia social vai anunciar.

☐ Crie a duração e o orçamento da campanha para seu público-alvo.

☐ Escolha a opção de CPC (custo por clique).

☐ Elabore uma declaração de valor para o seu Canvas da Proposta de Valor para comunicar adequadamente a sua oferta.

☐ Inclua a URL de destino que leve à landing page.

☐ Crie uma versão mais curta da declaração de valor como título de valor.

☐ Submeta o anúncio à aprovação.

Execute

☐ Depois de aprovado, publique um anúncio só de busca.

☐ Monitore o seu desempenho diário com:

   • Gasto com anúncio.
   • Impressões.
   • Taxa de cliques.

Analise

☐ Analise seu desempenho diariamente.

☐ Se você estiver gastando muito para uma taxa de cliques baixa, pare a campanha, ajuste o texto e as imagens e publique-a de novo.

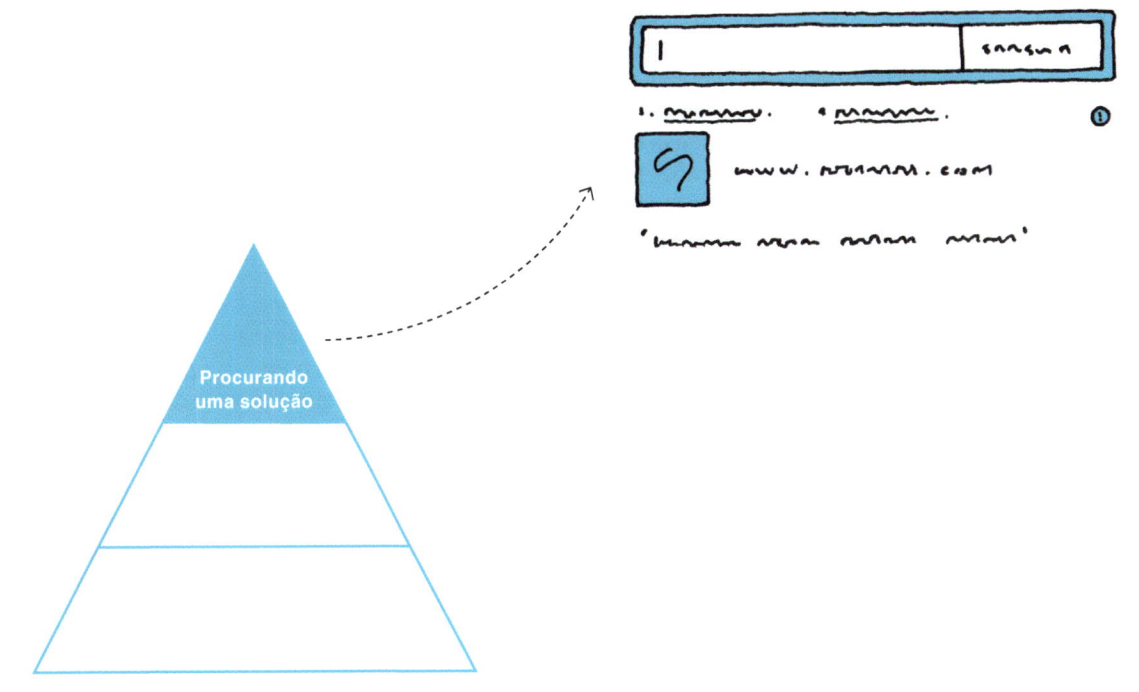

Método Baseado no Puxão

No método de aquisição baseado no empurrão, você pode agir de modo diferente com quem já busca uma solução ao problema. Você terá que ficar à frente deles quando estiverem procurando.

Adquirir com base no puxão significa garantir que seu experimento seja exibido quando as pessoas buscam online uma solução ao seu problema. Com a publicidade de busca online, você pode limitar os termos-chave de busca e "puxá-los" para a sua proposta de valor à medida que eles buscarem ativamente uma solução.

Custo

Anúncios online podem ter um custo variável, que depende de serem de exibição ou de busca, das palavras-chave e do custo médio por clique para seu setor. No geral, ignore anúncios muito caros no início de sua jornada. Você não quer ficar dependente da aquisição paga e ter problemas em escalar o negócio mais tarde.

Tempo de Setup

Se o anúncio contiver apenas texto, poderá ser criado em poucos minutos. Se contiver imagens, levará mais tempo para encontrar e criar a imagem certa.

Tempo de Execução

Dependendo da plataforma, pode levar 1–3 dias para que o anúncio seja aprovado. Depois da aprovação, geralmente você o publicará por pelo menos uma semana para avaliar seu desempenho no dia a dia.

Força da Evidência

Nº de visualizações únicas
Nº de cliques

Taxa de cliques (CTR) = cliques que seu anúncio recebe divididos pelo número de vezes que ele é mostrado. A CTR varia por setor, então pesquise online para ver que CTR corresponde ao seu produto.

Cliques de usuários em anúncios é uma evidência relativamente fraca, mas necessária para testar os canais de aquisição. Ela pode ser combinada às conversões em uma única landing page para fortalecer a evidência em geral.

Capacidades

Design / Produto / Marketing

Publicar anúncios online é muito mais fácil do que antes, principalmente porque plataformas de propaganda online oferecem uma experiência gradual para gerenciá-las. Você precisa poder desenhar um anúncio que transmita bem sua proposta de valor com a chamada para ação e o público-alvo certos. Isso significa que precisará de habilidades de produto, marketing e design — do contrário, seus anúncios não converterão.

Exigências

Destino

Você precisará de um destino que seu público-alvo visite depois que clicar no anúncio. Na maioria das vezes, isso é um tipo de landing page. As plataformas se tornaram mais restritivas ao longo dos anos, então a página precisará corresponder à proposta de valor geral do anúncio e atender às exigências do site de destino do anúncio. Certifique-se de rever isso antes de publicar os anúncios, pois poderá ser rejeitado no processo de aprovação.

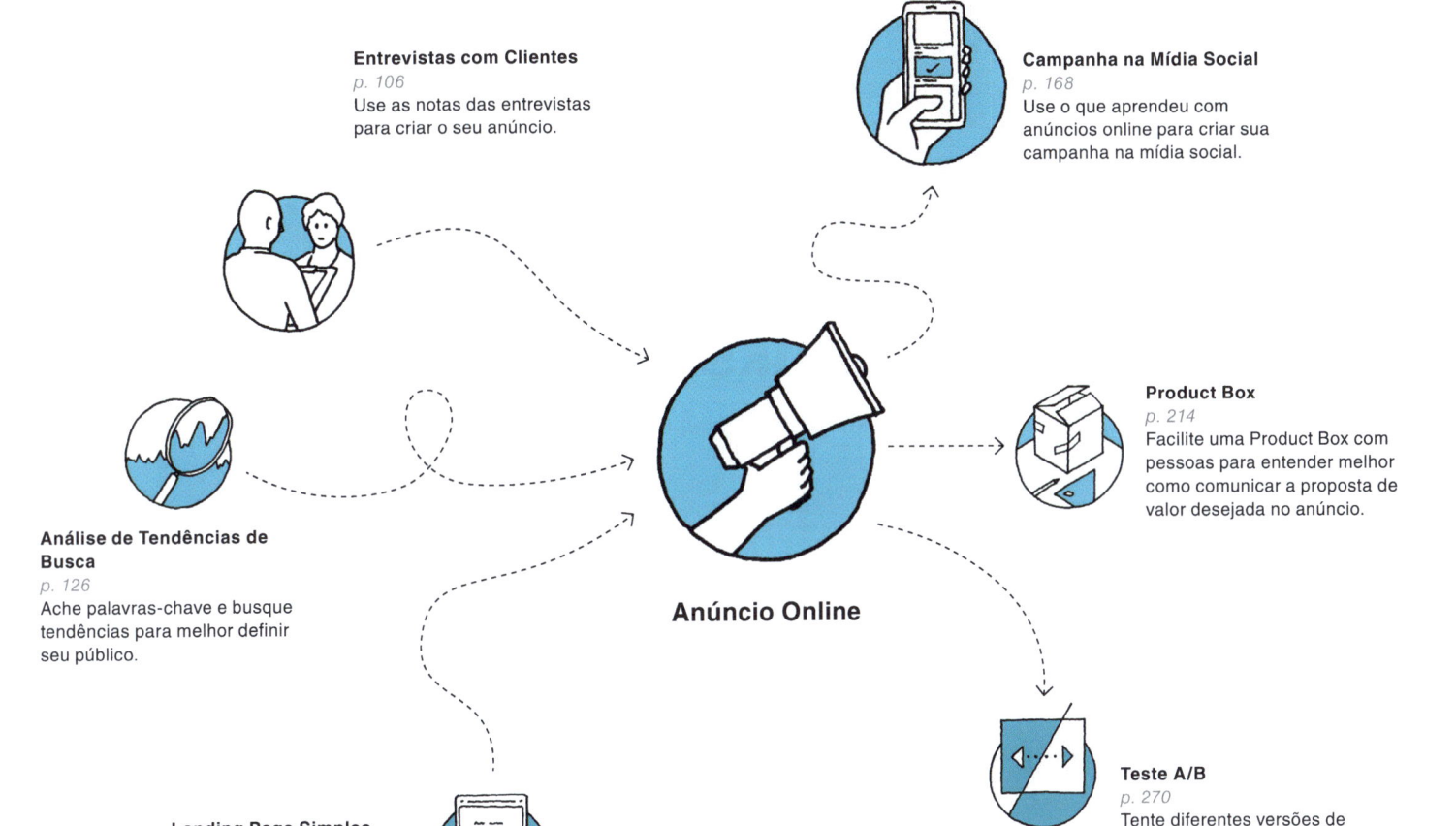

Entrevistas com Clientes
p. 106
Use as notas das entrevistas para criar o seu anúncio.

Campanha na Mídia Social
p. 168
Use o que aprendeu com anúncios online para criar sua campanha na mídia social.

Análise de Tendências de Busca
p. 126
Ache palavras-chave e busque tendências para melhor definir seu público.

Anúncio Online

Product Box
p. 214
Facilite uma Product Box com pessoas para entender melhor como comunicar a proposta de valor desejada no anúncio.

Teste A/B
p. 270
Tente diferentes versões de seus anúncios para ver com qual deles seus clientes se identificam melhor.

Landing Page Simples
p. 260
Crie uma landing page simples para servir de destino para os seus anúncios.

ANÚNCIO ONLINE

151

DESCOBERTA DE INTERESSE

DESCOBERTA / DESCOBERTA DE INTERESSE

Rastreamento de Links

Um hiperlink único e rastreável para obter mais informações detalhadas sobre sua proposta de valor.

○●○○○○
CUSTO

⚖ ●●●○○
FORÇA DA EVIDÊNCIA

🕐 ●○○○○
TEMPO DE SETUP

 ●●●○○
TEMPO DE EXECUÇÃO

CAPACIDADES *Tecnologia / Dados*

DESEJO · PRATICABILIDADE · VIABILIDADE

O rastreamento de links é ideal para testar ações dos clientes para reunir dados quantitativos.

Prepare

☐ Defina onde incluirá o link.
☐ Crie uma chamada para ação clara para o link.
☐ Integre aspectos analíticos para rastrear as visualizações e os cliques do link.
☐ Crie o destino que será carregado quando o cliente clicar no link.

Execute

☐ Dê vida ao link e ofereça-o aos clientes.
☐ Execute-o durante vários dias ou semanas para dar tempo às pessoas para clicar.

Analise

☐ Calcule a conversão na taxa de cliques do link.
☐ Compare-a ao comportamento no seu destino.
☐ Use o que aprendeu para melhorar e fazer o teste A/B no texto de seu link.

Custo

O rastreamento de links é relativamente barato. A maioria das análises da web, anúncios online e software de e-mails oferecem a capacidade de rastrear links de URL únicos.

Tempo de Setup

O tempo de setup para rastrear links é relativamente curto se você usar softwares existentes. Crie os links para seus diferentes formatos de mídia digital.

Tempo de Execução

O tempo de execução para rastrear links geralmente leva algumas semanas. Leva tempo para que as pessoas o vejam e decidam clicar nele ou não.

Força da Evidência
Nº de visualizações únicas

Taxa de cliques = porcentagem de pessoas que clicaram no seu link dividida pelo número de pessoas que o viram.

As taxas de cliques variam por setor. Use as diretrizes do setor para determinar qual é a média para o seu experimento.

Cliques em links são uma evidência de força média. Você verá o que as pessoas fazem, mas não saberá o motivo, a menos que fale com elas.

Capacidades
Tecnologia / Dados

O rastreamento de links não requer muito conhecimento, já que a maioria dos softwares o tem incluído. Você deve criar links com rastreamento e interpretar os resultados.

Exigências
Chamada para Ação

O rastreamento de links não será muito bem-sucedido sem uma chamada para ação e uma proposta de valor claras. Você deve comunicá-las com clareza no texto e nas imagens, enquanto oferece um link que leve o cliente a uma página da web.

Entrevistas com Clientes
p. 106
Reúna os endereços de e-mail
obtidos nas entrevistas com
clientes para enviar uma
mensagem de follow-up com
rastreamento de link.

Rastreamento de Links

Teste A/B
p. 270
Use a análise de rastreamento
de links para criar uma versão
diferente do teste A/B.

Anúncio Online
p. 146
Crie um anúncio online com
links clicáveis para rastrear a
taxa de cliques (CTR).

Landing Page Simples
p. 260
Inclua o rastreamento de links
em sua landing page para
entender como os clientes que
clicaram nos anúncios online
converteram em sua página.

Campanha por E-mail
p. 162
Inclua rastreamento de links
para entender quantas pessoas
clicaram nos links em sua
campanha de e-mail.

RASTREAMENTO DE LINKS

155

DESCOBERTA DE INTERESSE

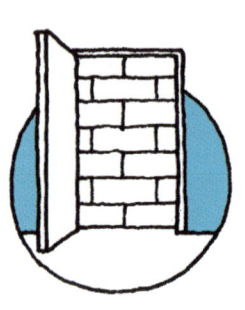

Feature Stub

Um pequeno teste de uma funcionalidade futura que inclui o início da experiência, geralmente na forma de um botão.

⬭ ●○○○○ **CUSTO**	⚖ ●●●●○ **FORÇA DA EVIDÊNCIA**	
🕐 ●●○○○ **TEMPO DE SETUP**	⏱ ●●○○○ **TEMPO DE EXECUÇÃO**	

 **DESEJO** · PRATICABILIDADE · VIABILIDADE

O Feature Stub é ideal para testar rapidamente o desejo de uma nova funcionalidade de uma oferta já existente, mas não o é para testar funcionalidades críticas para o seu produto.

CAPACIDADES *Design / Produto / Tecnologia*

Prepare

- [ ] Decida onde pretende incluir o Feature Stub: de preferência, na parte de seu produto em que os clientes mais precisem dele no fluxo de trabalho.
- [ ] Defina a duração e a programação para o Feature Stub.
- [ ] Crie o Feature Stub usando o mesmo estilo visual do resto do produto.

- [ ] Quando clicado, lance um pop-up que diga que a funcionalidade ainda não está terminada.
- [ ] Inclua um link "saiba mais" para verificar se as pessoas estão interessadas o bastante para clicar outra vez. Ele pode mostrar uma pesquisa que pergunte o quanto ela está interessada e ter uma inscrição por e-mail.
- [ ] Integre análises para rastrear visualizações e cliques.
- [ ] Implemente um recurso na funcionalidade para poder ligá-la ou desligá-la rapidamente. Esse é um passo muito importante!

Execute

- [ ] Ligue o recurso de seu Feature Stub.
- [ ] Monitore o uso da atividade do link de perto, a cada hora.
- [ ] Desligue o recurso do Feature Stub quando chegar ao fim da programação.

Analise

- [ ] Calcule as taxas de conversão em seu botão, "saiba mais" e pesquisas. Eles atingiram seus critérios de sucesso?
- [ ] Reveja as descobertas com sua equipe a fim de definir se ainda vale a pena perseguir a funcionalidade.

Custo

Feature Stubs geralmente são muito baratos, visto que você não está criando toda uma funcionalidade, apenas um ponto de entrada para ela.

Tempo de Setup

O tempo de setup de um Feature Stub deve ser de apenas algumas horas em seu produto ou serviço existente. Se levar mais tempo, talvez você precise repensar sua estrutura em termos de implementação de experimentos.

Tempo de Execução

Feature Stubs nunca devem ser executados por mais que 1–3 dias. Eles são criados como experimentos curtos para reunir evidências depressa.

Algo mais longo frustrará seus clientes, pois eles continuam a esperar que ele funcione.

Força da Evidência

Nº de visualizações únicas
Nº de cliques no botão
% das Taxas de Conversão do Botão

Calcule a taxa de conversão tomando a quantidade de visualizações únicas divididas por cliques no botão = taxa de conversão. Vise uma taxa de conversão de 15% no clique do botão.

Visualizações e cliques no botão são evidências relativamente fracas, embora indiquem interesse na funcionalidade.

Nº de cliques "saiba mais"

% de Taxas de Conversão de "Saiba Mais"

Calcule a taxa de conversão tomando o número de cliques no link "saiba mais" dividido pelas visualizações únicas = taxa de conversão. Vise uma conversão de 5% de cliques de "saiba mais".

Clicar em "saiba mais" é um pouco mais forte do que apenas fechar o pop-up.

Nº de pesquisas completadas

Feedback da Pesquisa

Calcule a taxa de conversão tomando a quantidade de finalizações dividida pelos cliques únicos em "saiba mais" = taxa de conversão. Vise uma conversão de 3% no fim da pesquisa.

Preencher a pesquisa no link "saiba mais" é um pouco mais forte do que fechar o pop-up. Você pode extrair insights valiosos com pessoas que clicam voluntariamente e preenchem pesquisas sobre uma funcionalidade que adorariam ver no produto.

Capacidades

Design / Produto / Tecnologia

Você precisará da capacidade de projetar um botão que se adapte ao produto existente. Também precisará que o botão abra uma janela que afirme que a funcionalidade ainda não está pronta, e, como opção, pedir ao cliente que preencha uma pesquisa. Aspectos analíticos serão importantes — você precisará medir seu desempenho.

Exigências

Produto Existente

Feature Stubs exigem um produto que já tenha usuários diários ativos. Se você ainda não tem um fluxo regular de usuários, será difícil avaliar o interesse do cliente. Eles precisam vê-lo no contexto do produto para que a evidência seja crível.

Integração e Análises

Feature Stubs precisam ser ligados ou desligados a qualquer momento. Certifique-se de que você tenha essa capacidade e de que ela funciona antes de lançá-la. Além disso, você precisará de análises para medir o interesse na funcionalidade.

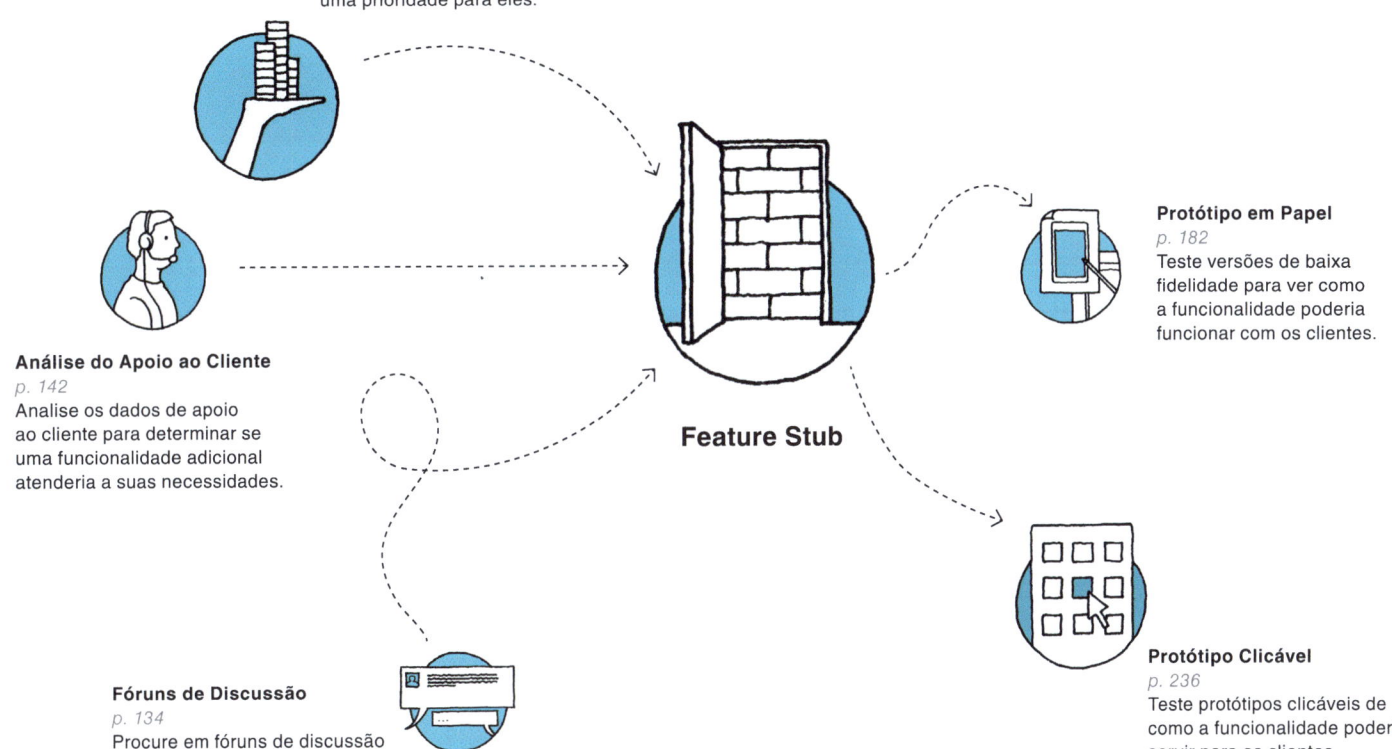

Compre uma Funcionalidade
p. 226
Facilite um exercício com os clientes para decidir se a funcionalidade seria mesmo uma prioridade para eles.

Análise do Apoio ao Cliente
p. 142
Analise os dados de apoio ao cliente para determinar se uma funcionalidade adicional atenderia a suas necessidades.

Feature Stub

Fóruns de Discussão
p. 134
Procure em fóruns de discussão para ver se os clientes estão usando alternativas criativas para suprir as deficiências do seu produto.

Protótipo em Papel
p. 182
Teste versões de baixa fidelidade para ver como a funcionalidade poderia funcionar com os clientes.

Protótipo Clicável
p. 236
Teste protótipos clicáveis de como a funcionalidade poderia servir para os clientes.

DESCOBERTA / DESCOBERTA DE INTERESSE

Teste 404

Outra variação mais rápida e, de certa forma, mais arriscada, de um Feature Stub, é o teste 404. Ele é muito parecido, exceto pelo fato de que você não coloca nada atrás de qualquer botão ou link. Daí, o nome 404 do teste, pois ele gera 404 erros a cada vez que é clicado. Para saber se uma funcionalidade é desejável, você simplesmente conta a quantidade de 404 erros gerados.

Nessa variante ocorre uma troca, pois, por um lado, você pode testar algo com a maior rapidez possível, em escala com os clientes. Por outro, ela dá a impressão de que o produto está com defeito.

Ao realizar um teste 404, não o faça por mais de algumas horas.

CUSTO

TEMPO DE SETUP

TEMPO DE EXECUÇÃO

FORÇA DA EVIDÊNCIA

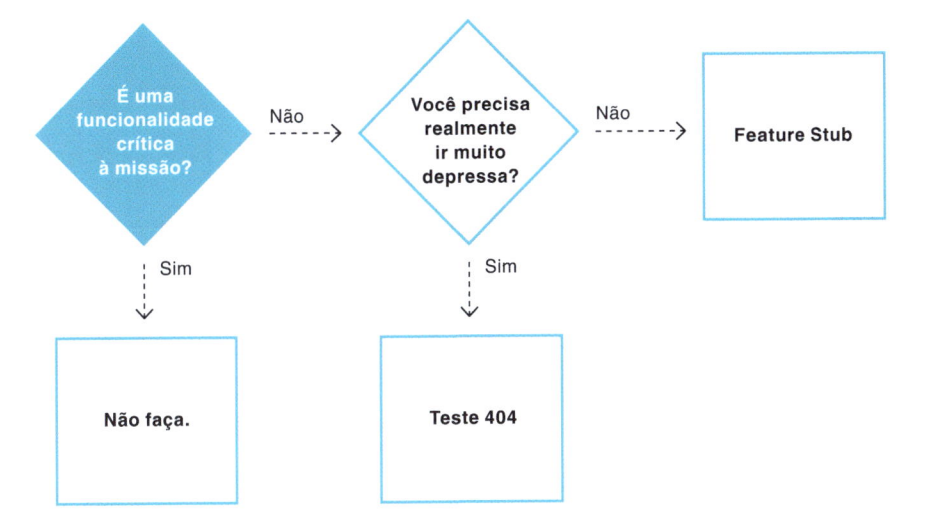

O teste rápido elimina a necessidade de inúmeras reuniões com discussões intensas e argumentos lógicos.

— Stephen Kaufer, CEO da TripAdvisor

Reuniões Intermináveis

Você já participou de uma reunião em que os membros da equipe discutiam se seria uma boa ideia construir uma funcionalidade para seus clientes?

Sem evidências, a conversa gira em círculos, usando apenas opiniões para a tomada de decisão.

Um Feature Stub gera dados para ajudá-lo a avaliar a demanda.

E se o teste for um sucesso incrível, e os clientes o procurarem para saber quando poderão usar a funcionalidade? Ajudará a quebrar os círculos viciosos de opiniões sobre ele.

E se o teste for um fracasso e ninguém nem ao menos clicar nele? Então também será útil fazer a conversa seguir adiante.

Não se trata de estar certo e mostrar satisfação pelo fato de sua previsão estar correta na reunião com seus pares, mas sim de usar os dados para ajudar a fazer a conversa seguir adiante. Progredir é muito mais importante do que estar certo nesses cenários, e um Feature Stub é um ótimo meio de fazer progresso.

162

DESCOBERTA / DESCOBERTA DE INTERESSE

Campanha de E-mail

Mensagens de e-mail enviadas durante um período de tempo aos clientes.

CUSTO ◓ ● ○ ○ ○ ○

FORÇA DA EVIDÊNCIA ⚖ ● ● ● ○ ○

TEMPO DE SETUP ◷ ● ● ○ ○ ○

TEMPO DE EXECUÇÃO ⏱ ● ● ● ○ ○

DESEJO · PRATICABILIDADE · VIABILIDADE

Campanhas de e-mail são ideais para testar rapidamente sua proposta de valor com um segmento de clientes.
Mas não substituem interações pessoais com o cliente.

CAPACIDADES *Design / Produto / Marketing*

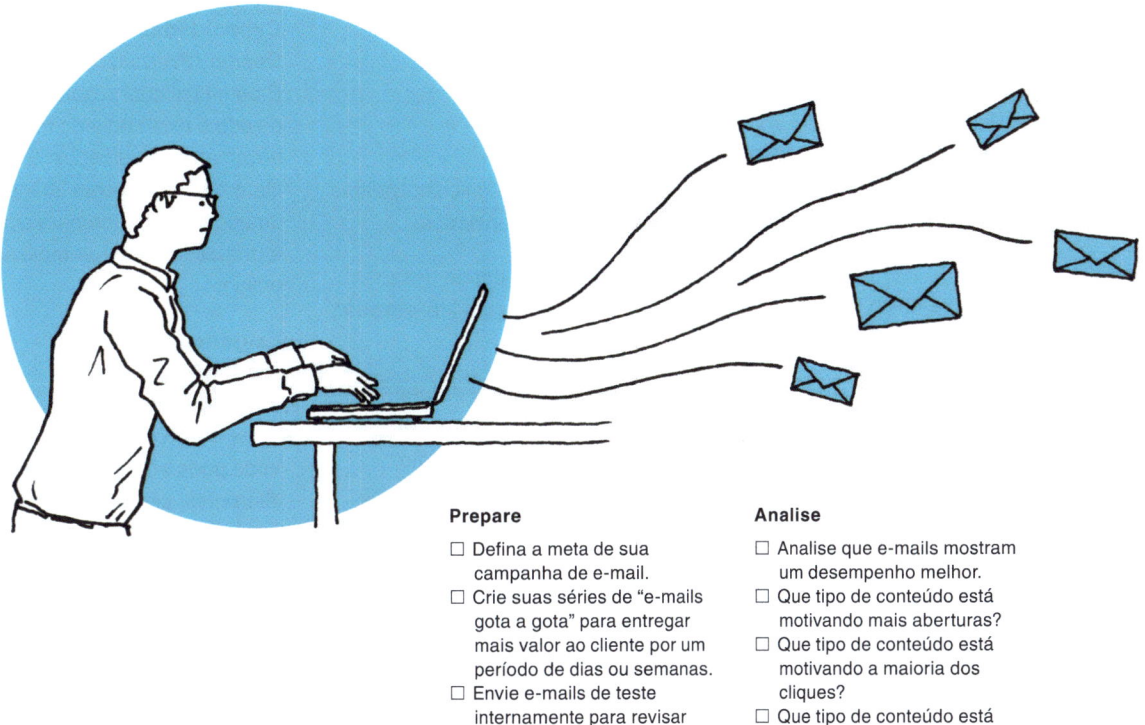

Prepare

- ☐ Defina a meta de sua campanha de e-mail.
- ☐ Crie suas séries de "e-mails gota a gota" para entregar mais valor ao cliente por um período de dias ou semanas.
- ☐ Envie e-mails de teste internamente para revisar texto e imagens.

Execute

- ☐ Realize a campanha de e-mail com os clientes.
- ☐ Seja receptivo aos clientes que responderem.

Analise

- ☐ Analise que e-mails mostram um desempenho melhor.
- ☐ Que tipo de conteúdo está motivando mais aberturas?
- ☐ Que tipo de conteúdo está motivando a maioria dos cliques?
- ☐ Que tipo de conteúdo está motivando a maioria das respostas?
- ☐ Recapitule com a equipe e decida que revisões você gostaria de fazer na próxima campanha.

Custo

Campanhas de e-mail são relativamente baratas: há muitos serviços com boa relação custo-benefício para gerir a criação, a distribuição e a análise de e-mails para um grande número de receptores.

Tempo de Setup

Com as ferramentas modernas para envio de e-mails, leva apenas algumas horas para criar uma campanha. Você pode criar e-mails gota a gota automáticos, para serem enviados ao longo do tempo, sem interferência manual.

Tempo de Execução

Dependendo da natureza da campanha, pode levar 1–2 dias ou 3–4 semanas.

Força da Evidência

Abre

Clica

Volta

Cancela

Taxa de abertura = aberturas únicas divididas pela quantidade de e-mails enviados.

Taxa de cliques = porcentagem de pessoas que clicaram em pelo menos um link em sua mensagem de e-mail.

As taxas de abertura e os cliques variam por setor. Use as diretrizes do setor para definir qual é a média para o seu experimento. Elas podem ser encontradas na maioria de ferramentas de serviço de e-mail como parte do pacote de relatórios.

Aberturas e cliques em e-mails são uma evidência de força média.

Capacidades

Design / Produto / Marketing

É bem fácil criar e gerir campanhas de e-mail devido à existência de muitos serviços e ferramentas dedicados. Escreva um texto claro e coerente com imagens convincentes e uma forte chamada para ação. Boa parte da formatação pode ser realizada por templates online.

Exigências

Lista de Assinantes

As campanhas de e-mail exigem assinantes antes que você possa usá-las efetivamente. Você pode adquirir assinantes em várias fontes diferentes, como:

- Campanhas da mídia social.
- Inscrições no site.
- Post em blogs com assinatura de e-mail.
- Boca a boca.
- Fóruns de discussão.

Meta da Campanha

Campanhas de e-mail precisam de uma meta para você saber se ela o ajudou a fazer progresso. As metas podem impulsionar o tráfego para uma página para conversões, integrar novos clientes, construir confiança e descobrir as necessidades dos clientes para reengajar clientes existentes ou perdidos. Crie a meta antes de elaborar a campanha de e-mail.

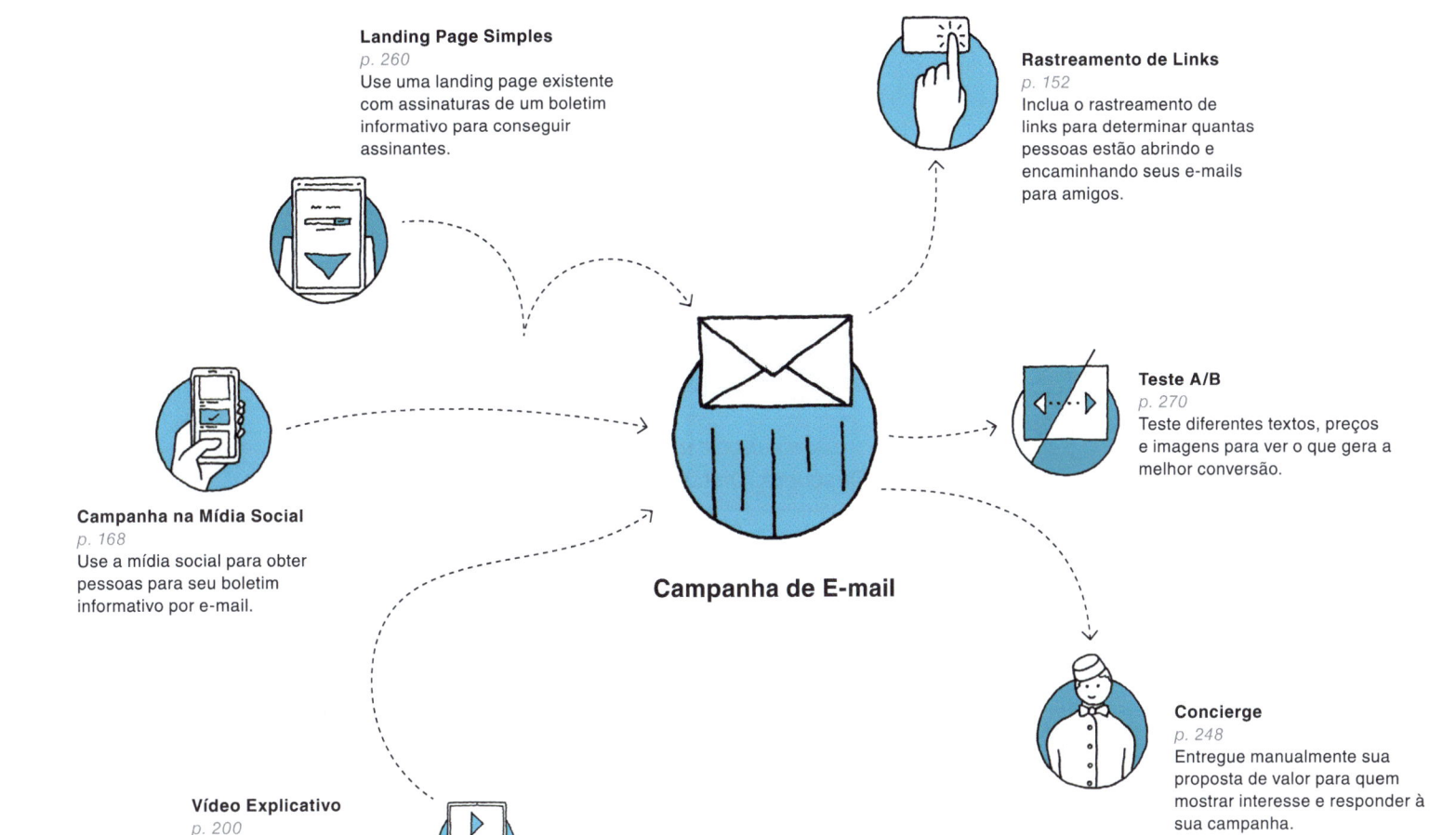

Landing Page Simples
p. 260
Use uma landing page existente com assinaturas de um boletim informativo para conseguir assinantes.

Rastreamento de Links
p. 152
Inclua o rastreamento de links para determinar quantas pessoas estão abrindo e encaminhando seus e-mails para amigos.

Campanha na Mídia Social
p. 168
Use a mídia social para obter pessoas para seu boletim informativo por e-mail.

Teste A/B
p. 270
Teste diferentes textos, preços e imagens para ver o que gera a melhor conversão.

Campanha de E-mail

Concierge
p. 248
Entregue manualmente sua proposta de valor para quem mostrar interesse e responder à sua campanha.

Vídeo Explicativo
p. 200
Ofereça assinaturas de e-mail no início de seu vídeo como moeda para assistir a ele.

Compartilhe, Descubra, Discuta Novos Produtos
Product Hunt [Caça a Produtos]

Product Hunt é um site que deixa os usuários compartilharem e descobrirem novos produtos. O site cresceu muito ao longo dos anos, desde sua criação, em 2013. O Product Hunt se tornou um lugar para lançar seu novo produto, mas é curioso notar que tudo começou em um Philz Coffee, como um experimento de vinte minutos com Ryan Hoover, majoritariamente via e-mail.

Hipótese

Ryan achou que o pessoal de produtos se uniria a uma comunidade a fim de compartilhar, descobrir e discutir produtos novos e interessantes.

Experimento

Criar a primeira versão do Product Hunt como campanha de e-mail.

Em apenas vinte minutos, Ryan criou um grupo no Linkydink, uma ferramenta de compartilhamento de links criada pelo pessoal da Makeshift. Na época, ele deixava as pessoas compartilharem links com um grupo e os distribuía por um e-mail diário. Depois, convidou alguns de seus amigos de startups para contribuir com o grupo. Para promovê-lo, Ryan anunciou o experimento no Quibb (uma comunidade online, com foco em tecnologia) e no Twitter.

Evidência

Aberturas, cliques e compartilhamentos.

Em duas semanas, mais de duzentas pessoas assinaram descobertas de produtos de trinta contribuidores escolhidos manualmente, consistindo em fundadores de startups, capitalistas de risco e blogueiros famosos.

Ryan também recebeu vários e-mails não solicitados e conversas pessoais expressando sua admiração e apoio ao projeto.

Insights

Tem algo ali.

A reação foi notavelmente positiva e, ao contrário da maioria dos e-mails abertos e clicados (ou não), Ryan tinha um público que contribuía e compartilhava abertamente links via e-mail. Ao longo dos anos, ele tinha criado uma rede de empresários e pessoal da área de produtos famintos. Ficou claro que havia uma necessidade não atendida na comunidade por entusiastas de produtos, baseada no puro volume de atividade de sua lista de e-mail.

Ações

Transformando o comportamento do usuário de e-mail em plataforma.

Ryan usou o que aprendeu com o experimento para o design e a tecnologia da Product Hunt como uma plataforma da comunidade.

Desde então, a Product Hunt passou pela Y Combinator (YC S14) e foi adquirida pela AngelList pelo valor anunciado de US$20 milhões, em 2016. É o lugar onde criadores e startups lançam seu novo produto para uma comunidade global de fundadores, jornalistas, investidores e entusiastas da tecnologia.

DESCOBERTA / DESCOBERTA DE INTERESSE

Campanha na Mídia Social

Mensagens na mídia social distribuídas aos clientes durante um período específico de tempo.

 ● ● ○ ○ ○ ○
CUSTO

⚖ ● ● ● ● ○
FORÇA DA EVIDÊNCIA

 ● ● ● ○ ○
TEMPO DE SETUP

⏱ ● ● ● ● ● ●
TEMPO DE EXECUÇÃO

CAPACIDADES *Design / Marketing*

DESEJO · PRATICABILIDADE · **VIABILIDADE**

Campanhas na mídia social são ideais para adquirir novos clientes, aumentando a fidelidade à marca e impulsionando vendas.

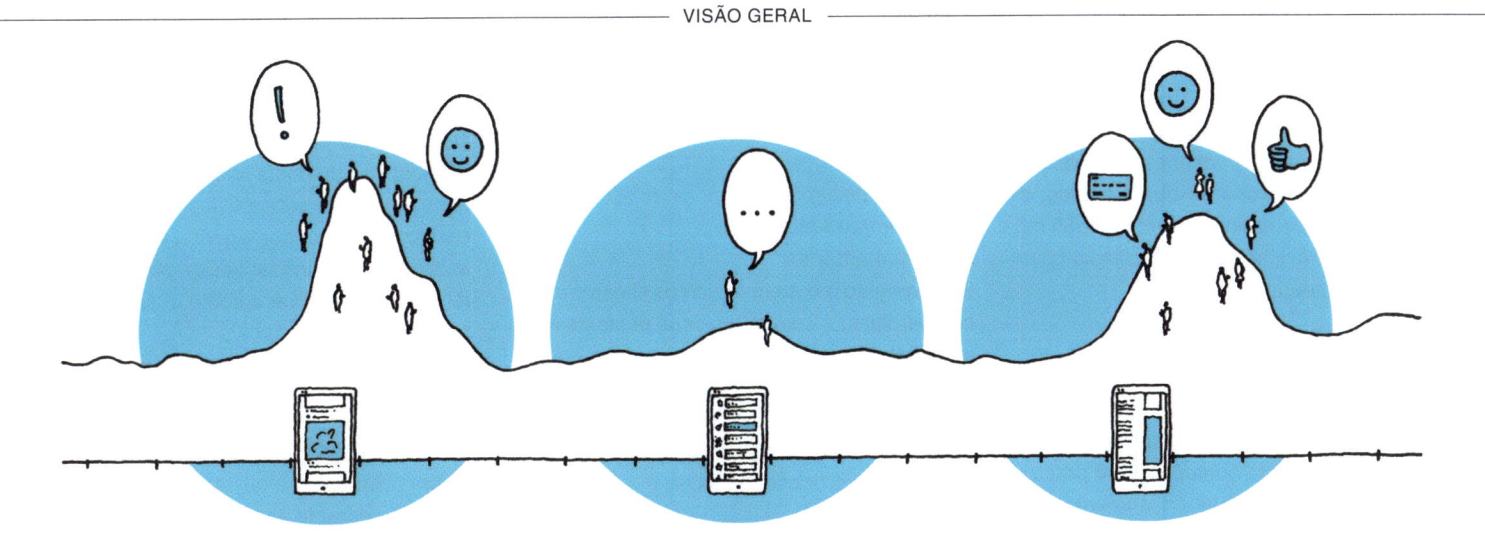

Prepare

☐ Defina a meta de sua campanha na mídia social.
☐ Identifique as plataformas que usará na campanha.
☐ Crie o calendário e programação de seu conteúdo.
☐ Crie seu conteúdo de mídia social.

Execute

☐ Poste seu conteúdo nas plataformas segundo a programação.
☐ Monitore, responda e dê atenção aos que comentarem.

Analise

☐ Que posts e plataformas têm melhor desempenho?
☐ Que tipo de conteúdo está gerando mais compartilhamentos?
☐ Que tipo de conteúdo está gerando mais cliques?
☐ Que tipo de conteúdo está gerando mais comentários?
☐ Que tipo de conteúdo está gerando mais conversões?
☐ Recapitule com a equipe e decida que revisões fazer para a próxima campanha.

Custo

A produção de campanhas de mídia social têm um preço moderado se você mesmo realizar o trabalho, sem pagar por anúncios. Contudo, os custos podem subir rapidamente (de US$5 mil a US$20 mil por mês), se pagar um pessoal para gerir e criar conteúdo.

Tempo de Setup

O tempo de setup para uma campanha de mídia social pode levar dias ou semanas, dependendo de quanto conteúdo você precise criar. O tempo de setup também aumenta se você o fizer em múltiplas plataformas.

Tempo de Execução

O tempo de execução para uma campanha de mídia social é longo; geralmente, várias semanas ou meses. Você precisará de tempo para postar, ler e responder nas mídias sociais. Também precisará medir a eficiência dela em relação às suas metas de negócios.

Força da Evidência

Nº de visualizações
Nº de compartilhamentos
Nº de comentários

Engajamento é o modo como os clientes veem, compartilham e comentam seus posts na mídia social.

O engajamento na mídia social é uma evidência bastante fraca. Você pode obter insights qualitativos com os comentários para elaborar sua proposta de valor.

Nº de cliques

Taxa de cliques é a quantidade de pessoas que clicaram nos posts nas mídias sociais dividida pelas visualizações obtidas.

Nº de conversões

A taxa de conversão é o número de pessoas que assinaram ou realizaram um compra dividido pelos cliques no link da mídia social.

Conversões são evidências fortes e podem ajudar a determinar que plataforma de mídia social funciona melhor para impulsionar seus negócios.

Capacidades
Design / Marketing

Campanhas de mídia social exigem grandes esforços de marketing e design: marketing para criar, responder e gerir a mídia social em múltiplas plataformas; design para ajudar a formar e a visualizar o conteúdo antes de ser postado.

Exigências
Conteúdo

Campanhas de mídia social não consistem só em postar aqui e ali, mas em programar conteúdo durante semanas e meses. Sem conteúdo, sua campanha não terá êxito. Certifique-se de ter um plano e os recursos para criar o conteúdo antes de iniciar sua campanha.

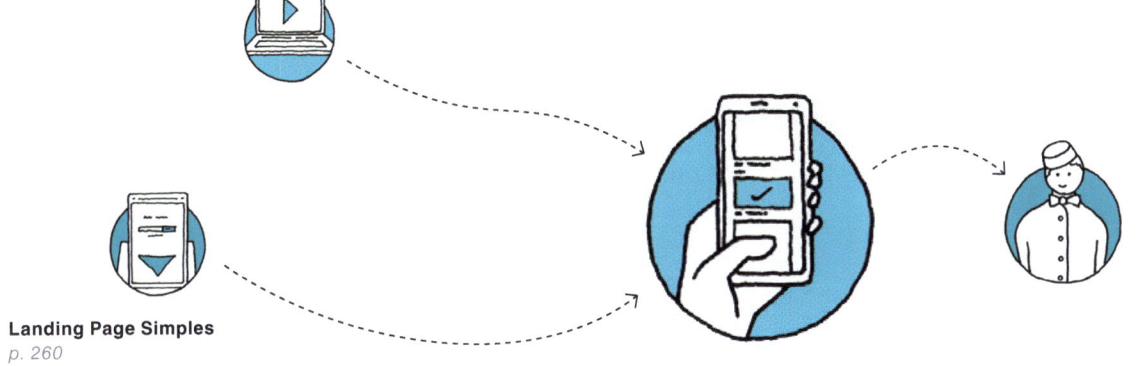

Vídeo Explicativo
p. 200
Use a campanha de mídia
social para impulsionar tráfego
para seu vídeo.

Landing Page Simples
p. 260
Use uma landing page como
destino para seus links na mídia
social.

Campanha na Mídia Social

Concierge
p. 248
Entregue valor manualmente
para os que se converterem
pela campanha na mídia social.

CAMPANHA NA MÍDIA SOCIAL

171

DESCOBERTA DE INTERESSE

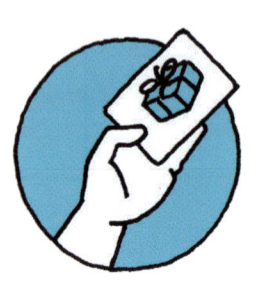

EXPERIMENTOS

Programa de Indicação

Um método de promover produtos ou serviços a novos clientes por meio de referências, boca a boca ou códigos digitais.

● ● ● ○ ○
CUSTO

⚖ ● ● ● ● ○
FORÇA DA EVIDÊNCIA

🕐 ● ● ○ ○ ○
TEMPO DE SETUP

⏱ ● ● ● ● ●
TEMPO DE EXECUÇÃO

CAPACIDADES *Design / Produto / Marketing*

DESEJO · PRATICABILIDADE · **VIABILIDADE**

Programas de indicação são ideais para testar com os clientes como escalar organicamente o seu negócio.

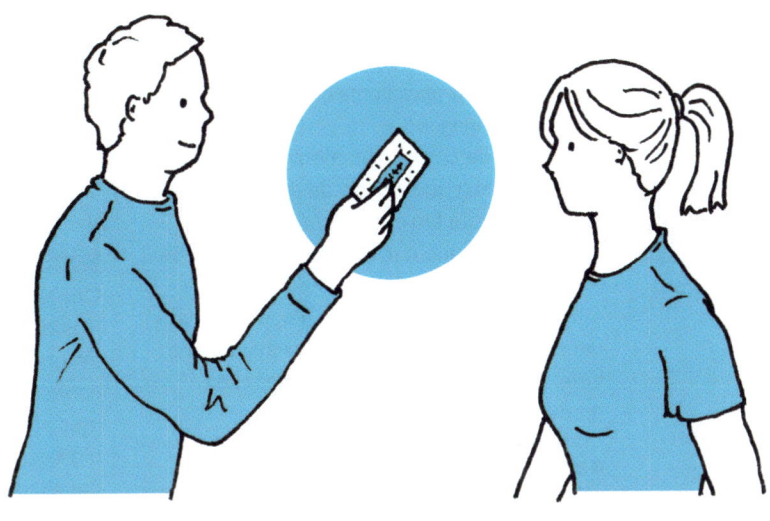

Prepare

☐ Defina a meta de conversão de seu programa de indicação.

☐ Identifique os apoiadores que receberão os códigos de referência.

☐ Crie códigos e análises integrados únicos.

Execute

☐ Forneça os códigos de referência aos seus apoiadores.

☐ Execute-os durante várias semanas para dar tempo aos amigos de pensar e clicar.

Analise

☐ Calcule a taxa de compartilhamento dos apoiadores.

☐ Calcule a taxa de cliques de amigos.

☐ Calcule a taxa de conversão de amigos.

☐ Compare sua taxa de conversão à meta predefinida.

☐ Use o que aprendeu para melhorar e fazer um teste A/B no programa de indicação.

Custo

Programas de indicação são moderadamente baratos. Você deve incentivar os clientes (apoiadores) a fazer indicações, o que incorrerá em custos na forma de descontos para o apoiador e o cliente (amigo) indicado. Um software de baixo custo pode ajudá-lo a gerir as referências para que você tenha dados analíticos sobre o desempenho do programa.

Tempo de Setup

O tempo de setup para um programa de indicação é curto. Você precisará configurar seus códigos de referência e escolher a que apoiadores mandá-los.

Tempo de Execução

O tempo de execução para um programa de indicação é longo, geralmente, várias semanas ou meses. Você precisará de tempo para os apoiadores fazerem as indicações e seus amigos decidirem se vão agir ou não em relação à referência.

Força da Evidência

●●●●○

Nº de apoiadores
Nº de compartilhamentos de apoiadores

Apoiadores são os clientes a quem você fornece códigos de referência para serem compartilhados. O número de compartilhamentos diz respeito a quantos clientes ativamente compartilharam o código com amigos.

A taxa de compartilhamento e apoiadores é a quantidade de apoiadores que compartilharam um código com um amigo dividida pelos que o receberam. A meta é de 15%–20%.

Apoiadores que aceitam e compartilham um código são uma evidência relativamente forte. Eles estão agindo para indicar seu produto aos amigos.

Nº de amigos
Nº de cliques de amigos
Nº de conversões de amigos

Amigos são as pessoas que receberam o código do apoiador.

A taxa de cliques de amigos é o número de amigos que clicaram no código dividido pelo número que o receberam. A porcentagem varia de acordo com o canal. A meta é de 50%–80%.

A taxa de conversão de amigos é o número que usou o código para assinar ou fazer uma compra dividido pelo número que clicaram nele. A meta é de 5%–15%.

Amigos que aceitam o código e o convertem são uma evidência forte. Eles reagem a uma referência por um incentivo, então deve-se analisar se continuarão a fazê-lo ao longo do tempo.

Capacidades
Design / Produto / Marketing

Programas de indicação geralmente exigem capacidades de produtos e marketing. Você precisará comunicar com clareza por que está oferecendo o desconto e como seus amigos se beneficiarão dele. É necessário ter habilidades de design se tiver e-mails customizados ou landing pages dedicadas ao programa.

Exigências
Clientes Entusiasmados

Geralmente, seus clientes não se mostrarão entusiasmados por seu produto no início. Leva tempo para que se tornem clientes satisfeitos e entusiasmados. Assim, recomendamos que avalie esse aspecto antes de enviar códigos de referência aleatoriamente. Você deve dar códigos a quem acredita que realmente indicará seu produto aos amigos e falará sobre ele de modo positivo.

Rastreamento de Links
p. 152
Prepare um rastreamento de links para determinar quais clientes são mais ativos.

Teste A/B
p. 270
Use a análise para realizar um teste A/B com diferentes códigos de descontos e defina qual mídia proporciona uma melhor conversão.

Landing Page Simples
p. 260
Use uma landing page para testar a demanda de seu programa de indicação.

Programa de Indicação

Campanha de E-mail
p. 162
Use e-mails para distribuir seu programa de indicação aos apoiadores.

Campanha de Mídia Social
p. 168
Use a mídia social para distribuir seu programa de indicação.

PROGRAMA DE INDICAÇÃO

175

DESCOBERTA DE INTERESSE

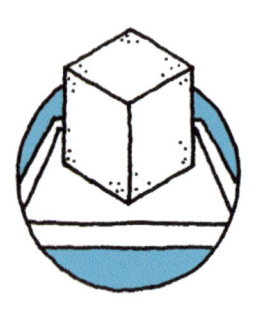

176

DESCOBERTA / PROTÓTIPOS DE DISCUSSÃO

Impressão em 3D

Criar rapidamente o protótipo de um objeto físico de um modelo
tridimensional digital usando uma impressora 3D.

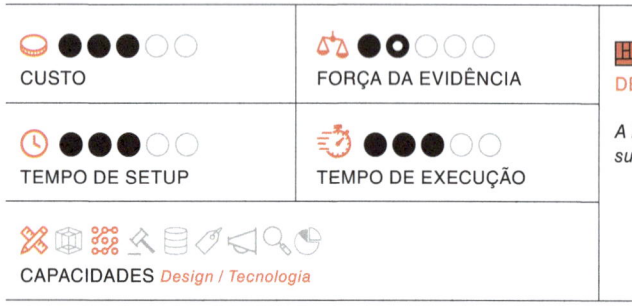

⬤ ●●●○○	⚖ ●●○○○○
CUSTO	**FORÇA DA EVIDÊNCIA**
🕐 ●●●○○	⏱ ●●●○○
TEMPO DE SETUP	**TEMPO DE EXECUÇÃO**

CAPACIDADES *Design / Tecnologia*

DESEJO · PRATICABILIDADE · VIABILIDADE

*A impressão em 3D é ideal para testar rapidamente iterações de
sua solução física com os clientes.*

Prepare

- ☐ Reúna sua evidência anterior de baixa fidelidade para apoiar a impressão em 3D.
- ☐ Crie a impressão em um software de modelagem 3D.
- ☐ Crie uma impressão em 3D usando uma impressora.
- ☐ Encontre clientes e agende uma sessão interativa.

Execute

- ☐ Mostre a impressão em 3D aos clientes.
- ☐ Uma pessoa da equipe realiza a entrevista.
- ☐ Outra pessoa da equipe anota citações, tarefas, dores, ganhos e linguagem corporal do cliente.
- ☐ Conclua a entrevista perguntando se pode contatar o cliente no futuro com soluções de alta fidelidade.

Analise

- ☐ Revise as notas com a equipe.
- ☐ Atualize o Canvas da Proposta de Valor com base no que aprendeu.
- ☐ Use o que aprendeu para melhorar e iterar em sua impressão em 3D para a próxima rodada de testes.

IMPRESSÃO EM 3D

177

PROTÓTIPOS DE DISCUSSÃO

Custo

O preço de impressões em 3D é relativamente baixo. Se você imprimir pequenos protótipos básicos para testar com os clientes, eles sairão mais baratos. Quanto mais complexa e maior for a impressão, mais cara ela será.

Tempo de Setup

O tempo de setup para uma impressão em 3D pode ser de dias ou semanas, dependendo de sua habilidade de modelá-la e de seu acesso a uma impressora.

Tempo de Execução

O tempo de execução para uma impressão em 3D é bastante curto. Seus melhores clientes devem interagir com o protótipo para que você entenda melhor a relação entre sua proposta de valor e as tarefas, dores e ganhos do cliente.

Força da Evidência

●●○○○

Tarefas do cliente
Dores do cliente
Ganhos do cliente

Tarefas, dores e ganhos dos clientes e como o protótipo pode resolvê-los.

A evidência é relativamente fraca — eles precisam deixar suas opiniões e imaginação de lado e usá-la em situações reais.

Feedback do cliente
Citações dos Clientes

Anote citações adicionais dos clientes que não se limitem às suas tarefas, dores e ganhos.

As citações dos clientes são relativamente fracas, mas colaboram com o contexto e os insights qualitativos para experimentos futuros.

Capacidades
Design / Tecnologia

Você precisará modelar a impressão em 3D no software, depois, criá-lo usando uma impressora 3D. É mais fácil aprender a usar certos softwares que outros, mas a curva de aprendizado pode ser bastante acentuada se você não tiver conhecimentos de design. Sugerimos obter ajuda de um especialista em modelagem 3D. Quanto às impressoras, não se apresse em comprar uma. Makerspaces e workshops costumam alugá-las para que seus membros façam impressões em 3D.

Exigências
Esboços para Modelar

Antes de planejar a criação de uma impressão em 3D, faça testes com experimentos mais rápidos de baixa fidelidade. Por exemplo, pelo menos mostre protótipos em papel aos clientes para ouvir seu feedback. Esse feedback deve ajudar a criar o design e a solução. Isso não significa necessariamente fazer todas as mudanças pedidas pelo cliente.

DESCOBERTA

178

EXPERIMENTOS

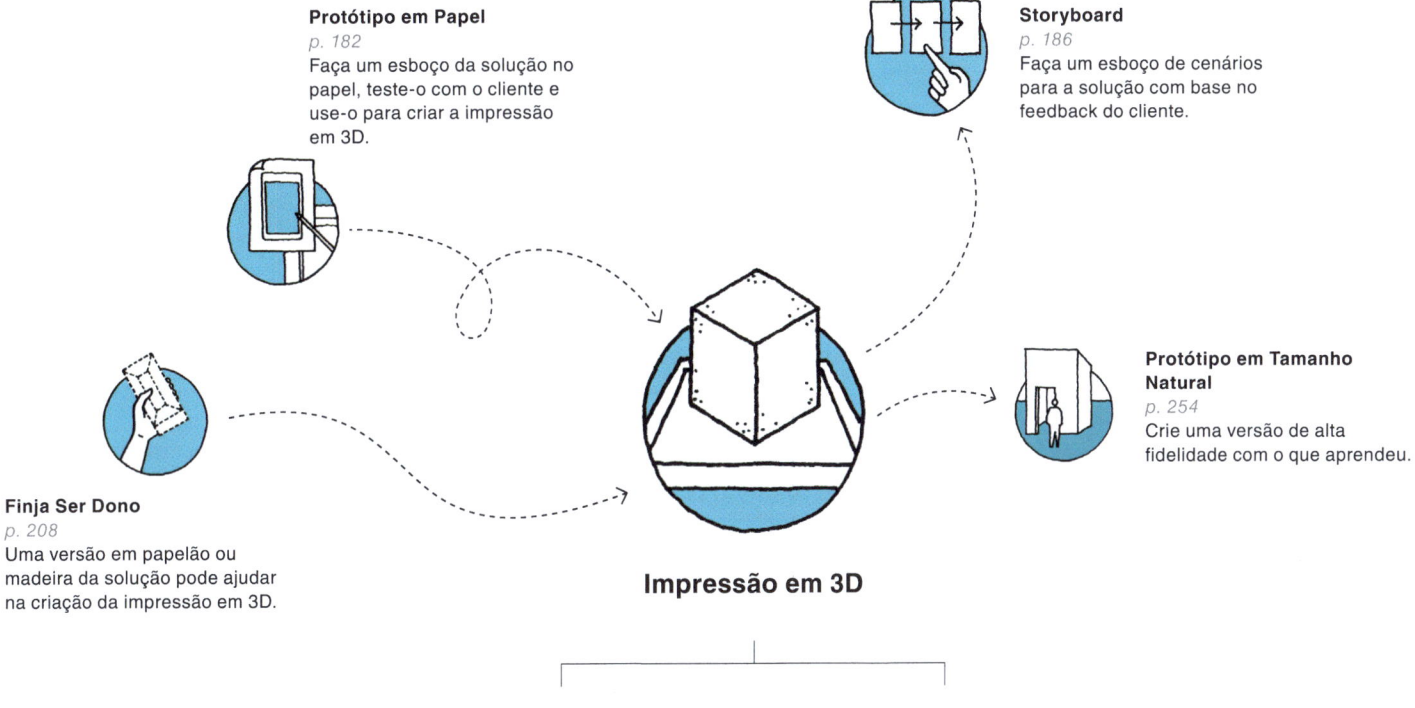

Protótipo em Papel
p. 182
Faça um esboço da solução no papel, teste-o com o cliente e use-o para criar a impressão em 3D.

Storyboard
p. 186
Faça um esboço de cenários para a solução com base no feedback do cliente.

Finja Ser Dono
p. 208
Uma versão em papelão ou madeira da solução pode ajudar na criação da impressão em 3D.

Protótipo em Tamanho Natural
p. 254
Crie uma versão de alta fidelidade com o que aprendeu.

Impressão em 3D

Entrevista com Clientes
p. 106
Entreviste seus clientes enquanto interagem com a impressão em 3D para descobrir sobre suas tarefas, dores e ganhos.

Entrevistas com Parceiros & Fornecedores
p. 114
Entreviste seus parceiros e fornecedores para obter feedback sobre a praticabilidade da solução.

IMPRESSÃO EM 3D

179

PROTÓTIPOS DE DISCUSSÃO

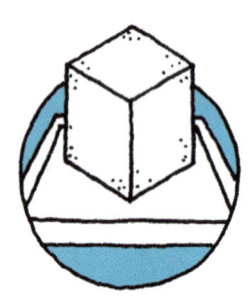

IMPRESSÃO EM 3D

Impressões em 3D com CubeSats
Agência de Segurança Nacional

A Agência de Segurança Nacional (NSA) é líder mundial em criptologia (a arte e a ciência de criar e quebrar códigos), o que ajuda a proteger informações sigilosas de segurança nacional, mesmo no espaço! Se você for como a maioria das pessoas, a palavra "satélite" lhe evoca imagens de um objeto do tamanho de um ônibus pesando várias toneladas e custando centenas de milhões de dólares orbitando a Terra por vários anos.

CubeSats, por outro lado, são um tipo mais novo de satélite, que mede apenas 10cm×10cm×11,35cm, pesa menos que 2kg e usa componentes comerciais prontos para uso. Uma equipe da Innovation Corps (I-Corps), do Grupo de Soluções de Cibersegurança da NSA, teve a ideia de criar um novo tipo de dispositivo criptográfico para proteger suas comunicações uplink e downlink com CubeSats. Sua solução tinha tamanho, peso, potência e características de preço extraordinariamente menores quando comparada aos produtos existentes projetados e certificados para uso com esses imensos satélites caros.

Hipótese

A equipe da NSA acreditava que...

Ao resistir ao impulso de começar a construir uma primeira versão de seu dispositivo de criptografia, esses intraempreendedores saíram para campo para validar o desejo de seu produto. Encontrando grande demanda para a criptografia CubeSat por parte de clientes externos, procuraram determinar se deveriam obter a concordância de alguns stakeholders internos importantes que infelizmente não viram a necessidade de uma nova solução. Se pudermos ajudá-los a ver essa necessidade, pensaram, então eles autorizarão e financiarão nosso projeto.

Experimento

A equipe se pôs a estudar um meio de ajudar esses stakeholders a verem rápida e claramente a necessidade de uma nova solução. Depois de algumas tentativas fracassadas, a equipe e o coach perguntaram se usar uma impressora 3D para criar uma maquete em tamanho natural do CubeSat poderia ajudá-los a vê-la. Ela estava pronta no dia seguinte!

Evidência

Os stakeholders logo viram a necessidade de uma nova solução, após notar que o produto de criptografia então certificado não caberia na maquete impressa em 3D!

Ações

A equipe obteve recursos e começou a construir sua solução, que será testada em órbita em 2019.

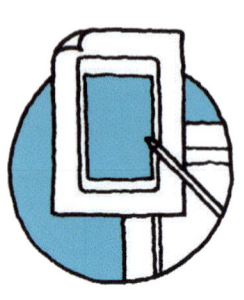

DESCOBERTA / PROTÓTIPOS DE DISCUSSÃO

Protótipo em Papel

Esboço de interface em papel, manipulada por outra pessoa para representar as reações do software à interação com o cliente.

 CUSTO

 FORÇA DA EVIDÊNCIA

DESEJO · PRATICABILIDADE · VIABILIDADE

 TEMPO DE SETUP

TEMPO DE EXECUÇÃO

Protótipos em papel são ideais para rapidamente testar o conceito do produto com os clientes.
Mas não substituem a usabilidade adequada com os clientes.

 CAPACIDADES *Design / Pesquisa*

Prepare

☐ Defina as metas do experimento com o protótipo em papel.

☐ Defina o público-alvo para o teste com um grupo preparado e conhecedor do contexto da oferta.

☐ Escreva seu roteiro.

☐ Crie os esboços do protótipo em papel.

☐ Teste-os internamente para garantir que o fluxo funcione.

☐ Agende os experimentos do Protótipo em Papel com clientes-alvo.

Execute

☐ Explique aos clientes que esse é um exercício para obter feedback sobre o que pretende entregar. Eles devem saber que a opinião deles é valiosa.

☐ Tenha uma pessoa para realizar as entrevistas e interagir com o cliente.

☐ Tenha outra para tomar notas.

☐ Conclua e agradeça aos participantes.

Analise

☐ Coloque os protótipos em papel na parede, e suas notas, observações e citações a sua volta.

☐ Onde ficaram confusos ou com dificuldades?

☐ Com o que se entusiasmaram?

☐ Use esse feedback para elaborar seu próximo teste de maior fidelidade do experimento.

Custo

Protótipos em papel são muito baratos. Você está realizando um esboço do que a solução poderia ser e simulando a experiência no papel. Seu protótipo em papel não deve ser um empreendimento caro. Se comprar estênceis ou apps para ajudar no processo, eles poderão aumentar um pouco o custo.

Tempo de Setup

O tempo de setup para um protótipo em papel é relativamente curto. Deve levar apenas algumas horas ou dias para criá-lo. Provavelmente, você precisará de mais tempo para encontrar clientes com quem testá-lo do que para criar o protótipo em si.

Tempo de Execução

O tempo de execução de um protótipo em papel também é de poucos dias a uma semana. Você deve testar rapidamente o protótipo em papel com clientes-alvo, obter feedback sobre a proposta de valor e o fluxo da solução.

Força da Evidência

●○○○○

Conclusão da tarefa

Porcentagem de conclusão de tarefas
Tempo para concluir tarefas

A conclusão manual da tarefa não é necessariamente uma evidência forte, mas oferecerá uma ideia do que pode gerar confusão para os clientes.

Feedback do cliente

Citações do cliente sobre a proposta de valor e a utilidade da solução imaginada.

Citações de clientes sobre protótipos em papel são evidência relativamente fraca, mas podem ser úteis para a elaboração de experimentos de maior fidelidade.

Capacidades

Design / Pesquisa

Além da imaginação, você vai precisar de alguma habilidade de design para fazer um esboço do produto. Também deverá escrever um roteiro coerente e registrar as sessões.

Exigências

Um Produto Imaginado

Protótipos em papel exigem muita imaginação e criatividade. Você terá que fazer um esboço do fluxo do produto e replicar manualmente as interações com o cliente. Isso exigirá pensar sobre a experiência primeiro, antes de apresentá-la aos clientes em potencial.

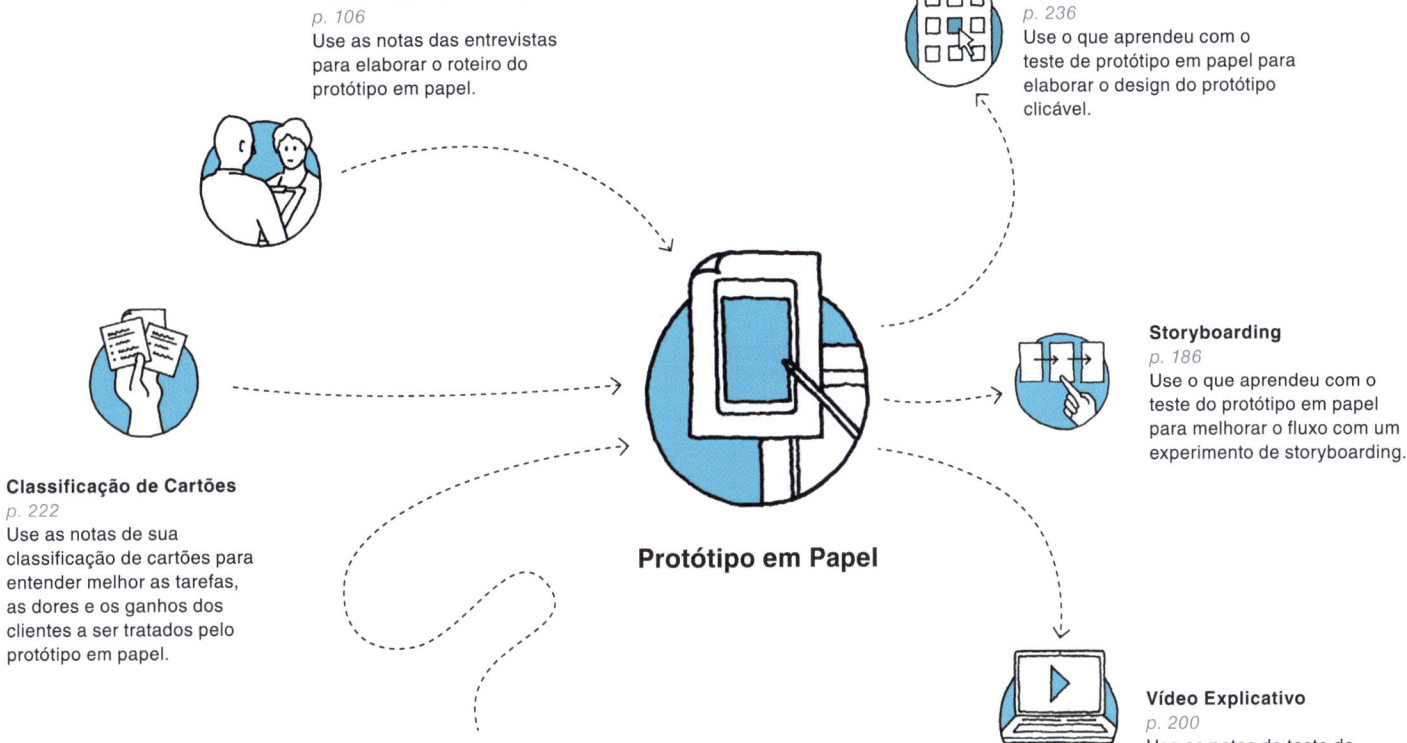

Entrevistas com Clientes
p. 106
Use as notas das entrevistas para elaborar o roteiro do protótipo em papel.

Protótipo Clicável
p. 236
Use o que aprendeu com o teste de protótipo em papel para elaborar o design do protótipo clicável.

Classificação de Cartões
p. 222
Use as notas de sua classificação de cartões para entender melhor as tarefas, as dores e os ganhos dos clientes a ser tratados pelo protótipo em papel.

Protótipo em Papel

Storyboarding
p. 186
Use o que aprendeu com o teste do protótipo em papel para melhorar o fluxo com um experimento de storyboarding.

Boomerang
p. 204
Use as notas de seu teste boomerang para definir como o protótipo em papel pode suprir necessidades não atendidas.

Vídeo Explicativo
p. 200
Use as notas do teste do protótipo em papel para elaborar um Vídeo Explicativo de alta fidelidade.

DESCOBERTA / PROTÓTIPOS DE DISCUSSÃO

Storyboard

Ilustrações apresentadas em sequência com o objetivo de visualizar uma experiência interativa.

⬤⬤⬤○○○ **CUSTO**	⚖ ⬤⬤○○○ **FORÇA DA EVIDÊNCIA**
⏱ ⬤⬤○○○ **TEMPO DE SETUP**	⏱ ⬤○○○○ **TEMPO DE EXECUÇÃO**

DESEJO · PRATICABILIDADE · **VIABILIDADE**

Storyboards são ideais para gerar ideias para cenários de diferentes propostas de valor e soluções com os clientes.

CAPACIDADES *Design / Pesquisa*

Prepare

- ☐ Reúna seu material: papel, papel para pôster, marcadores e notas adesivas.
- ☐ Reserve uma sala com muito espaço nas paredes e nas mesas.
- ☐ Defina o segmento do cliente e a proposta de valor geral.
- ☐ Convide os membros da equipe e agende uma sessão interativa.

Execute

- ☐ Faça um brainstorming de 8–12 propostas de valor com os membros da equipe.
- ☐ Esboce storyboards em papel de pôster que descrevam como o cliente vivenciará a proposta de valor.
- ☐ Anote citações, tarefas, dores e ganhos do cliente mencionados para cada cenário.
- ☐ Peça ajuda de um ilustrador para visualizar as experiências como uma ilustração única para cada cenário

Analise

- ☐ Reveja as notas com a equipe.
- ☐ Atualize seu Canvas da Proposta de Valor ou crie novos, com base no que aprendeu.
- ☐ Use seus esboços nas entrevistas com os clientes.

Custo

Criar um storyboard é relativamente barato. Se fizer uma facilitação pessoalmente, precisará de muito espaço na parede, marcadores e papel para pôsteres. Se a facilitação for remota, por vídeo, precisará de um software virtual white-boarding de baixo custo ou gratuito.

Tempo de Setup

O tempo de setup para o storyboarding é relativamente curto. Reúna o material e recrute os clientes.

Tempo de Execução

O tempo de execução do storyboard é de poucas horas. Ele será facilitado com os clientes para ilustrar as propostas de valor e os cenários.

Força da Evidência

Tarefas do cliente
Dores do cliente
Ganhos do cliente

Ilustrações de cenários de como os clientes vivenciarão diferentes propostas de valor. As três tarefas, dores e ganhos com melhor classificação. Temas de tarefas, dores e ganhos.

As ilustrações são evidências relativamente fracas, visto que se trata de um ambiente de laboratório. Porém, elas podem ajudar a elaborar experimentos de elementos de alta fidelidade, com foco na ação.

Feedback do cliente
Citações dos Clientes

Tome nota de citações adicionais dos clientes não limitadas a tarefas, dores e ganhos.

Citações dos clientes são relativamente fracas, mas colaboram com o contexto e com insights qualitativos para experimentos futuros.

Capacidades

Design / Pesquisa

Com alguma prática, quase qualquer pessoa pode facilitar o storyboarding. Será útil ter habilidades de design e pesquisa em sua equipe.

Exigências

Segmento do Cliente

O storyboarding funciona melhor se você já tiver um segmento de cliente em mente. Ele deve ajudá-lo a visualizar várias experiências interativas, mas elas podem ser muito extensas se você não se limitar a um segmento primeiro.

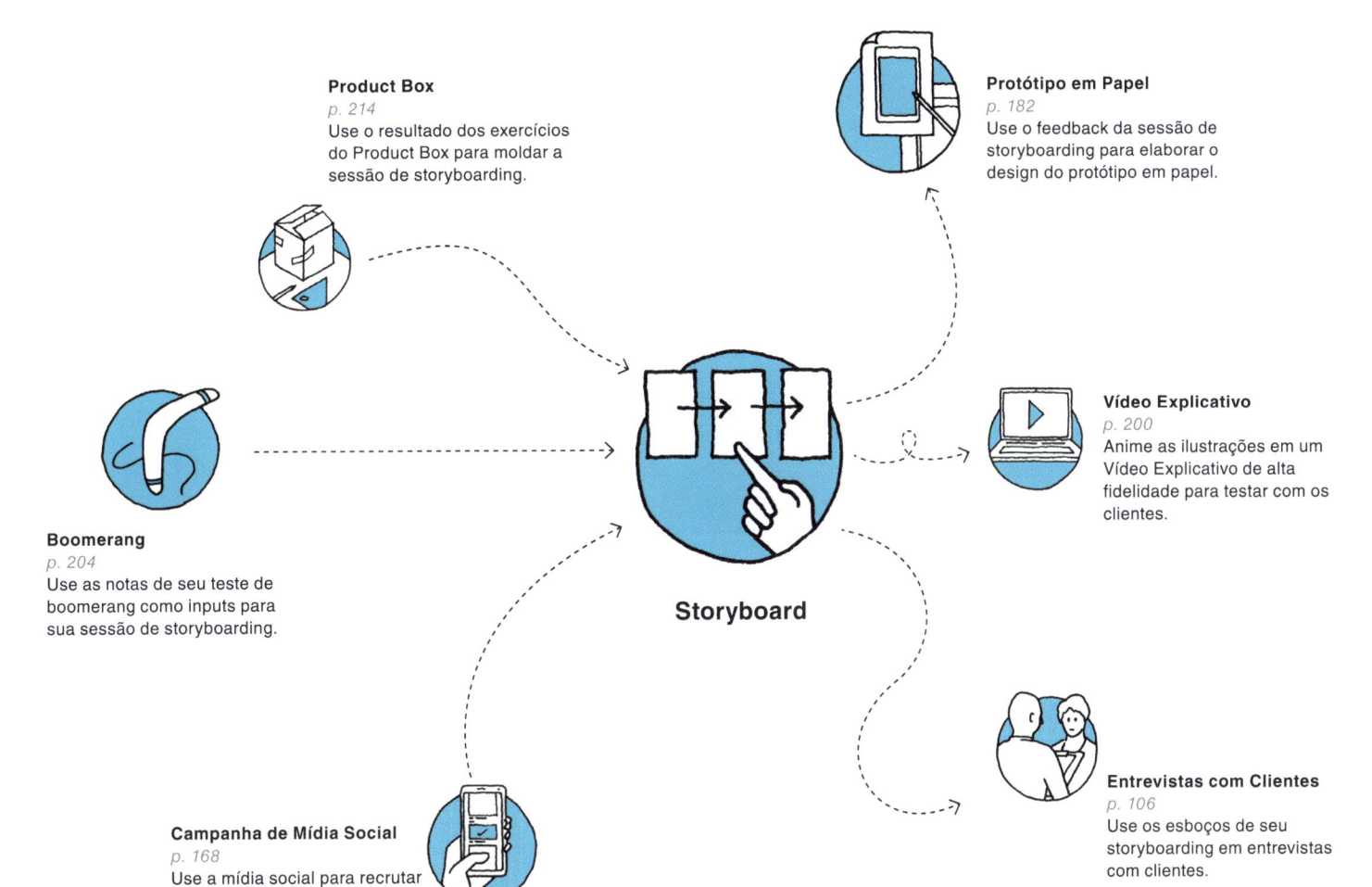

Product Box
p. 214
Use o resultado dos exercícios do Product Box para moldar a sessão de storyboarding.

Protótipo em Papel
p. 182
Use o feedback da sessão de storyboarding para elaborar o design do protótipo em papel.

Boomerang
p. 204
Use as notas de seu teste de boomerang como inputs para sua sessão de storyboarding.

Storyboard

Vídeo Explicativo
p. 200
Anime as ilustrações em um Vídeo Explicativo de alta fidelidade para testar com os clientes.

Campanha de Mídia Social
p. 168
Use a mídia social para recrutar pessoas para sua sessão de storyboarding.

Entrevistas com Clientes
p. 106
Use os esboços de seu storyboarding em entrevistas com clientes.

STORYBOARD

189

PROTÓTIPOS DE DISCUSSÃO

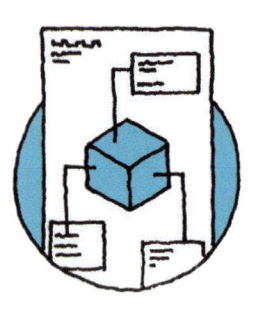

Folha de Dados

Uma página física ou digital com especificações de sua proposta de valor.

⬤●○○○○	⚖ ●●●○○
CUSTO	FORÇA DA EVIDÊNCIA

🕐 ●●○○○○	⏱ ●●○○○
TEMPO DE SETUP	TEMPO DE EXECUÇÃO

CAPACIDADES *Design / Tecnologia / Marketing*

Folhas de dados são ideais para resumir suas especificações em uma única página para testar com os clientes e parceiros principais.

Prepare

- ☐ Defina sua proposta de valor e as especificações das soluções.
- ☐ Crie sua folha de dados.
- ☐ Encontre clientes e parceiros principais e agende as entrevistas.

Execute

- ☐ Mostre a folha de dados aos clientes.
- ☐ Uma pessoa na equipe realiza a entrevista.
- ☐ Outra pessoa na equipe toma notas das citações, tarefas, dores, ganhos e linguagem corporal do cliente.
- ☐ Conclua a entrevista perguntando se pode contatá-lo no futuro com soluções de alta fidelidade ou a oportunidade de comprar.

Analise

- ☐ Reveja suas notas com a equipe.
- ☐ Atualize seu Canvas da Proposta de Valor com base no que aprendeu.
- ☐ Use o que aprendeu para melhorar e elaborar seus experimentos de alta fidelidade.

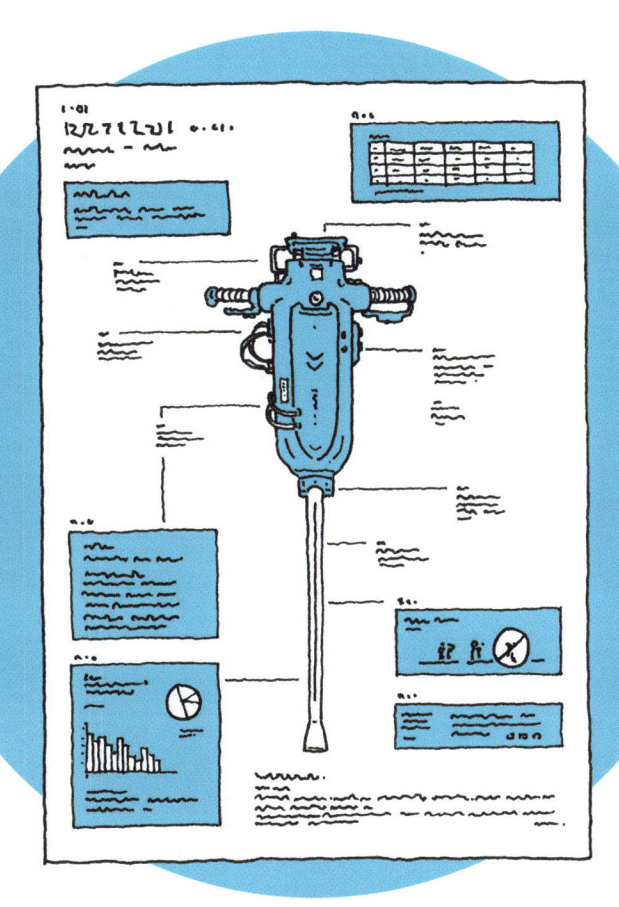

Conexões

- • Use a proposta de valor de seu Mapa de Valor como título.
- • Inclua o produto/serviço de seu Mapa de Valor.
- • Expanda as especificações do produto/serviço e ilustre os detalhes.
- • Inclua os três principais criadores de ganho em seu Mapa de Valor.
- • Inclua as três principais formas de aliviar as dores de seu Mapa de Valor.

191

Custo

Uma folha de dados é muito barata. Se for física, você precisará de um processador de texto ou software de escritório básico para criar o documento de uma página e imprimi-lo. Se for digital, precisará de um software básico para aplicações na web para incluir as especificações em sua página da web ou no e-mail.

Tempo de Setup

O tempo de setup e de criação de uma folha de dados é de algumas horas por dia. Isso inclui o tempo necessário para reunir suas especificações e formatá-las de forma adequada. Recrute clientes e parceiros principais se planeja mostrá-la pessoalmente.

Tempo de Execução

Testar a folha de dados com os clientes e parceiros principais geralmente é rápido e leva só cerca de quinze minutos com cada um deles.

Força da Evidência

Feedback do cliente
Feedback do parceiro

Citações de clientes e parceiros quando revisar a folha de dados.

O feedback é fraco, mas geralmente bom para insights qualitativos.

Capacidades

Design / Pesquisa

Folhas de dados exigem habilidades básicas de design para transmitir as informações sobre a proposta de valor e as especificações técnicas com eficiência. Você deve incluir sua proposta de valor e as especificações técnicas da solução assim como clientes e/ou parceiros principais que fornecem informações.

Exigências

Uma folha de dados exigirá que você tenha especificações e uma proposta de valor definida. Antes de criar uma folha de dados, pense em como é seu desempenho técnico e quais são seus benefícios. Você também precisa ter um cliente-alvo ou parceiro principal em mente para fins de teste.

Product Box
p. 214
Atualize sua folha de dados facilitando um exercício de Product Box com seus clientes em potencial.

Impressão em 3D
p. 176
Crie uma impressão em 3D de sua solução com base no que aprendeu com os testes da folha de dados.

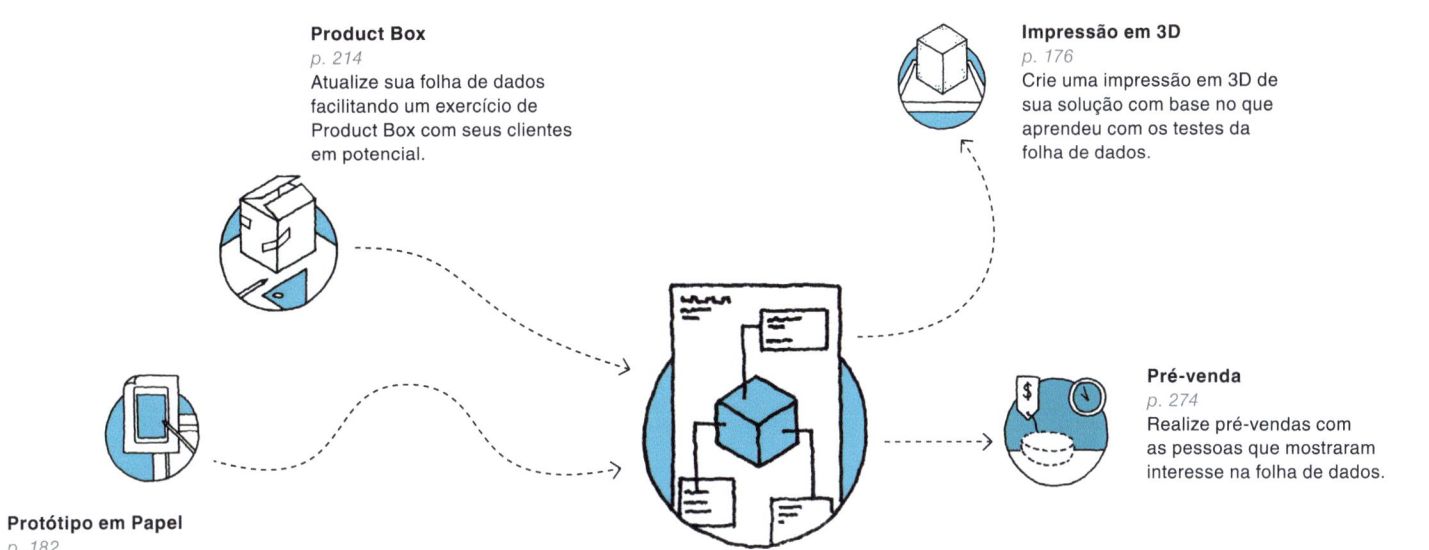

Pré-venda
p. 274
Realize pré-vendas com as pessoas que mostraram interesse na folha de dados.

Protótipo em Papel
p. 182
Use o feedback de um protótipo em papel para elaborar sua folha de dados.

Folha de Dados

Entrevistas com Clientes
p. 106
Compartilhe sua folha de dados em entrevistas com clientes para obter feedback sobre como resolve tarefas, dores e ganhos.

Entrevistas com Parceiros & Fornecedores
p. 114
Entreviste seus fornecedores e parceiros principais para obter feedback sobre a praticabilidade de sua folha de dados.

Landing Page Simples
p. 260
Inclua a folha de dados em sua landing page para comunicar com clareza as especificações detalhadas de sua solução.

Prospecto

Crie um prospecto físico de sua proposta de valor.

⬤●○○○○ CUSTO	⚖ ●●●○○ FORÇA DA EVIDÊNCIA
🕐 ●●●○○ TEMPO DE SETUP	⏱ ●●○○○ TEMPO DE EXECUÇÃO

DESEJO · PRATICABILIDADE · VIABILIDADE

Prospectos físicos são ideais para testar sua proposta de valor pessoalmente com os clientes que são difíceis de encontrar online.

CAPACIDADES *Marketing / Pesquisa*

Prepare

- ☐ Elabore o prospecto usando as conexões de seu Canvas da Proposta de Valor.
- ☐ Crie seu plano sobre onde encontrar clientes-alvo.

Execute

- ☐ Mostre o prospecto aos clientes.
- ☐ Uma pessoa na equipe realiza a entrevista.
- ☐ Outra pessoa na equipe anota citações, tarefas, dores, ganhos e linguagem corporal do cliente.
- ☐ Conte quantos viram o prospecto e quantos o aceitaram.
- ☐ Conclua a entrevista dizendo que, se o cliente quiser saber mais ou comprar, deve contatá-lo usando as informações do prospecto.

Analise

- ☐ Reveja suas notas com a equipe.
- ☐ Atualize seu Canvas da Proposta de Valor com base no que aprendeu.
- ☐ Acompanhe quantas pessoas o contatam a partir das informações do prospecto.
- ☐ Use o que aprendeu para melhorar e elaborar experimentos de alta fidelidade.

Conexões

- A proposta de valor vem de seu Mapa de Valor.
- A solução vem do produto e do serviço do Mapa de Valor. Posicione-a sob a proposta de valor para que os clientes entendam como você a entregará.
- As dores vêm do Perfil do Cliente. Tome os três pontos mais votados do canvas e inclua-os no prospecto.

Custo

Os custos de um prospecto físico são baixos se você usar um processador de texto e tiver habilidades de design básicas. Os custos aumentam se você decidir terceirizar a criação do prospecto físico para uma agência ou designer profissional.

Tempo de Setup

Se você tiver as habilidades, deverá levar só 1–2 dias para planejar e criar o prospecto. Isso inclui o tempo necessário para definir a hipótese do prospecto, extrair os conceitos de seu Canvas da Proposta de Valor, escrever o conteúdo e incluir as ilustrações. Se não tiver as habilidades, poderá levar 1–2 semanas.

Tempo de Execução

Testar seu prospecto com os clientes geralmente é rápido e leva apenas 15 minutos. Seus prospectos podem ser usados em entrevistas em que seus clientes estejam, seja na rua, em um café ou em uma conferência.

Força da Evidência

Nº de visualizações do prospecto
Nº de prospectos aceitos
Nº de entrevistas
Nº de pessoas que o contataram
% Taxas de Conversão por E-mail
% Taxas de Conversão por Telefone

Você pode calcular a taxa de conversão tomando o número de pessoas que agiram dividido pelo número que receberam o prospecto = taxa de conversão.

A conversão por prospectos varia de acordo com o setor e o segmento; porém, se você visar um segmento muito específico para o prospecto, espere um sinal forte de uma taxa de conversão na chamada para ação de 15% ou mais.

Quando os clientes agem e o procuram, esse é um bom sinal de que você está no caminho certo. Isso é diferente de uma landing page, na qual as pessoas apresentam seu e-mail. Em um prospecto com chamada para ação, é necessária uma iniciativa maior por parte do cliente, que leva o prospecto para casa para ler e então liga ou envia um e-mail para saber mais da sua proposta de valor.

Capacidades
Marketing / Pesquisa

Prospectos exigem conhecimentos de design para criar uma experiência visual atraente com imagens e estilo de alta qualidade. Caso não os tenha, você pode obter falsos negativos no seu teste — as pessoas não acreditarão que sua proposta de valor é real. Outro aspecto importante do prospecto é o texto e o conteúdo. Você precisará redigir frases claras e concisas, com que os clientes se identifiquem.

Exigências
Plano de Aquisição

Prospectos são diferentes de experimentos digitais online — você precisa interagir fisicamente com as pessoas para distribuí-los. Planeje o que pretende atingir e onde encontrar os clientes antes de finalizar o prospecto. Pesquise locais para visitar, como:

- Conferências.
- Reuniões.
- Eventos.
- Cafés.
- Lojas.
- Porta a porta.

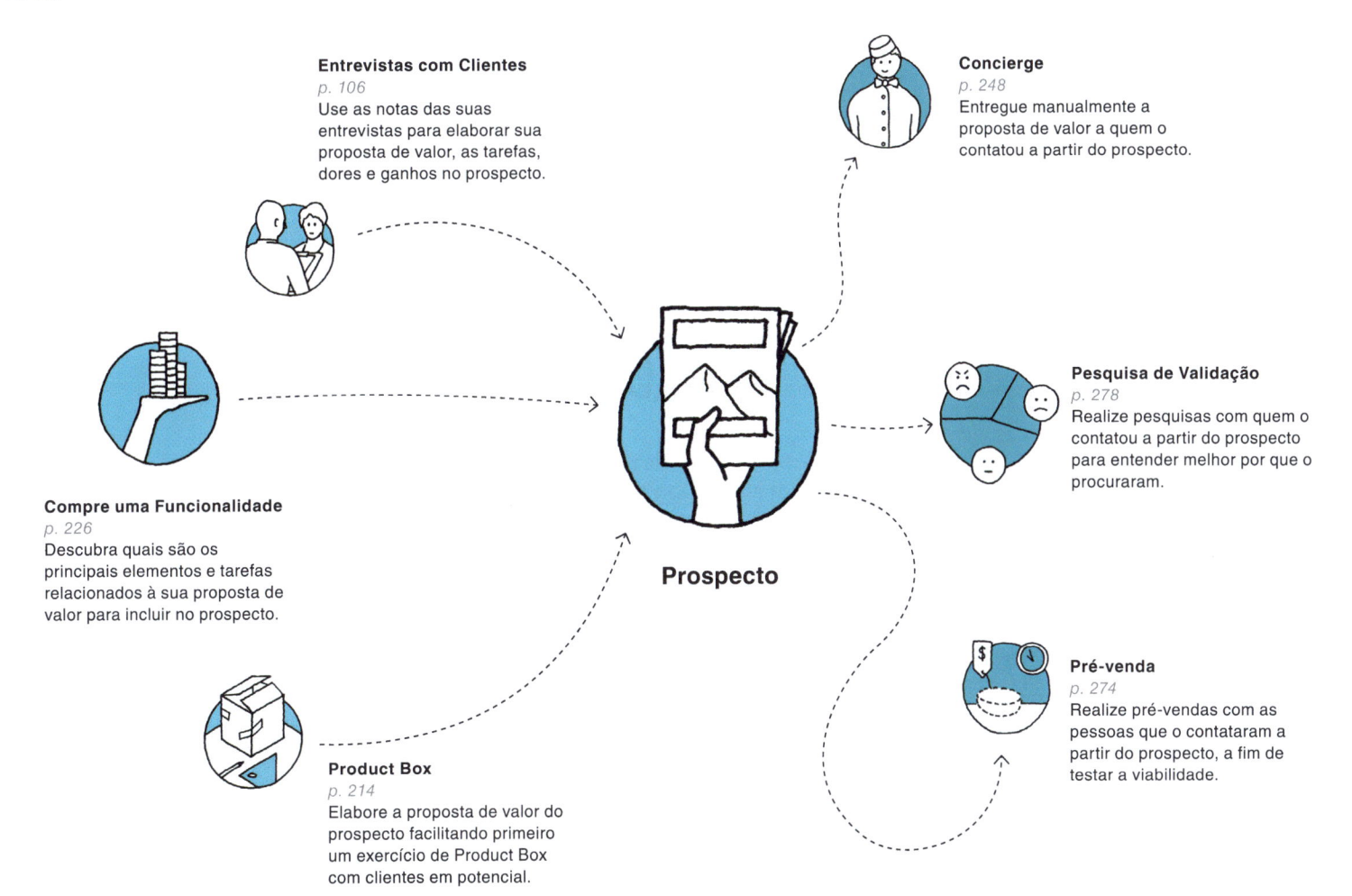

Entrevistas com Clientes
p. 106
Use as notas das suas entrevistas para elaborar sua proposta de valor, as tarefas, dores e ganhos no prospecto.

Concierge
p. 248
Entregue manualmente a proposta de valor a quem o contatou a partir do prospecto.

Compre uma Funcionalidade
p. 226
Descubra quais são os principais elementos e tarefas relacionados à sua proposta de valor para incluir no prospecto.

Pesquisa de Validação
p. 278
Realize pesquisas com quem o contatou a partir do prospecto para entender melhor por que o procuraram.

Prospecto

Product Box
p. 214
Elabore a proposta de valor do prospecto facilitando primeiro um exercício de Product Box com clientes em potencial.

Pré-venda
p. 274
Realize pré-vendas com as pessoas que o contataram a partir do prospecto, a fim de testar a viabilidade.

PROSPECTO

PROTÓTIPOS DE DISCUSSÃO

197

PROSPECTO
Um Novo Tipo de Seguro
Seguro Rural

A American Family Insurance é uma empresa mútua privada que foca seguro de propriedades, acidentes e automóveis. Como seguradora, eles entendem riscos muito bem e não querem criar ofertas de seguro muito complexas, que ninguém comprará. Neste exemplo, a divisão Commercial Farm Ranch procurou um espaço para novas ofertas para o mercado de proteção a riscos.

No passado, essa equipe usava o Facebook/Google Ads para impulsionar o tráfego para uma landing page, o que é uma ótima combinação, mas foi difícil encontrar fazendeiros online, e a equipe não estava obtendo insights qualitativos suficientes. Assim, eles optaram por uma abordagem analógica e direta em uma grande convenção agrícola.

Hipótese
A equipe de Fazendas e Sítios achava que...
Fazendeiros desejam um novo tipo de oferta de seguro de proteção a risco financeiro.

Experimento
Abordagem analógica com prospectos físicos.
A equipe foi a uma exposição agrícola no Missouri e distribuiu prospectos especializados de marketing com uma proposta de valor e uma solução bem articuladas. Tinha uma chamada para ação para entrar em contato com a equipe por telefone ou e-mail para mais informações.

A equipe analisou pequenos e médios criadores de gado e produtores de milho.

Sua métrica-alvo foi de que 20% dos fazendeiros visados (pequenos/médios criadores de gado e plantadores de milho) telefonariam ou enviariam um e-mail.

Evidência
Conversões usando um prospecto.
Dos fazendeiros-alvo que receberam o prospecto, 15% entraram em contato por telefone ou e-mail pedindo mais informações.

Dados qualitativos falando com fazendeiros e reação ao prospecto em conversas diretas.

Insights
Segmentar diferentes tipos de fazendeiros para uma proposta de valor mais sólida.
Pontos de dor de criadores de gado parecem maiores com base na métrica e nas reações emocionais em conversas, comparados com os produtores de milho.

Hoje, os fazendeiros vão ao banco para pedir outro empréstimo/linha de crédito, mas consideram isso arriscado.

Várias associações agrícolas voltadas para bancos/crédito se interessaram pelo novo conceito. A equipe pôde explorar essa possibilidade como um canal.

Ações
Limitando-se a criadores de gado.
A equipe melhorou a proposta de valor e de marketing para os criadores de gado. Depois, focou o experimento em um nicho de cliente especial e tentou gerar um sinal de validação mais decisivo.

Vídeo Explicativo

Um vídeo curto que foca a explicação de uma ideia de negócio de um jeito simples, engajador e atraente.

⬤⬤⬤◯◯ **CUSTO**	⬤⬤◉◯◯ **FORÇA DA EVIDÊNCIA**
⬤⬤⬤◯◯ **TEMPO DE SETUP**	⬤⬤⬤⬤◯ **TEMPO DE EXECUÇÃO**

CAPACIDADES *Design / Produto / Tecnologia*

DESEJO · PRATICABILIDADE · **VIABILIDADE**

Um Vídeo Explicativo é ideal para explicar rapidamente sua proposta de valor em escala aos clientes.

Prepare

☐ Escreva o roteiro para o seu Vídeo Explicativo.

☐ Use as conexões e seu Canvas da Proposta de Valor para criar o roteiro e as imagens.

☐ Crie seu Vídeo Explicativo.

☐ Faça o upload em uma plataforma de mídia social, plataforma de vídeo, e-mail ou landing page.

☐ Teste se os links analíticos e de chamada para ação funcionam.

Execute

☐ Apresente o vídeo ao público.

☐ Atraia tráfego para o vídeo.

☐ Se for possível fazer comentários, interaja com o público com perguntas sobre a solução.

Analise

☐ Quantas visualizações e compartilhamentos o vídeo recebe?

☐ Qual é sua taxa de cliques?

☐ As pessoas que entram em sua página a partir do vídeo estão convertendo?

☐ Use o que aprendeu para ajustar o conteúdo do vídeo. É comum ter diversas versões do vídeo, dependendo de seu cliente-alvo e da plataforma.

Conexões

• Comece com a principal dor do Perfil do Cliente.

• Introduza sua solução para a dor de seu Mapa de Valor.

• Ilustre o ganho do Perfil de Cliente que você receber ao solucionar a dor.

• Finalize com um link de chamada para ação para avaliar o desejo.

Custo

O custo de realizar um Vídeo Explicativo é relativamente baixo, mas pode aumentar rápido dependendo do valor da produção. Há muitos produtos que lhe possibilitarão criar um Vídeo Explicativo de boa qualidade, mas, se quiser se destacar, provavelmente precisará dos serviços de um profissional. Pense também no modo de atrair tráfego para o Vídeo Explicativo como parte do custo.

Tempo de Setup

Bons Vídeos Explicativos precisam de alguns dias ou semanas para ser preparados. Você deverá pensar sobre a clareza com que transmitirá sua proposta de valor, redigirá o roteiro e fará várias tomadas e edições.

Tempo de Execução

O tempo de execução para Vídeos Explicativos é relativamente longo, de várias semanas a meses, a menos que ele viralize. Embora vídeos virais gerem muita agitação, costumam ser exceções. Muitos Vídeos Explicativos requerem muito trabalho para atrair tráfego, com anúncios e mídia social pagos.

Força da Evidência

Nº de visualizações únicas

Quantas visualizações únicas você recebe e de quais referências.

Nº de compartilhamentos

Quantos compartilhamentos do vídeo existem e por qual plataforma.

Visualizações e compartilhamentos são uma evidência relativamente fraca.

Nº de cliques

Taxa de cliques = cliques que seu vídeo recebe divididos pelo número de visualizações.

Cliques são evidências mais fortes que indicam que as pessoas querem saber mais.

Comentários

Comentários das pessoas sobre o vídeo com relação à disponibilidade, preço e eficiência.

Comentários são uma evidência bastante fraca, mas às vezes geram bons insights qualitativos.

Capacidades

Design / Produto / Tecnologia

Você precisa redigir um roteiro para um Vídeo Explicativo atraente, criar o vídeo, editá-lo e então compartilhá-lo e promovê-lo junto ao seu público-alvo. O Vídeo Explicativo deverá ter uma chamada para ação clara, geralmente no fim, para estimular seu público a clicar e saber mais.

Exigências

Tráfego

Vídeos Explicativos precisam de tráfego para gerar evidência, independentemente de estarem em uma plataforma de hospedagem de vídeo ou em uma página inicial. Atraia tráfego para seu Vídeo Explicativo usando:

- Anúncios online.
- Campanhas na mídia social.
- Campanhas via e-mail.
- Redirecionamento do tráfego existente.
- Boca a boca.
- Fóruns de discussão.

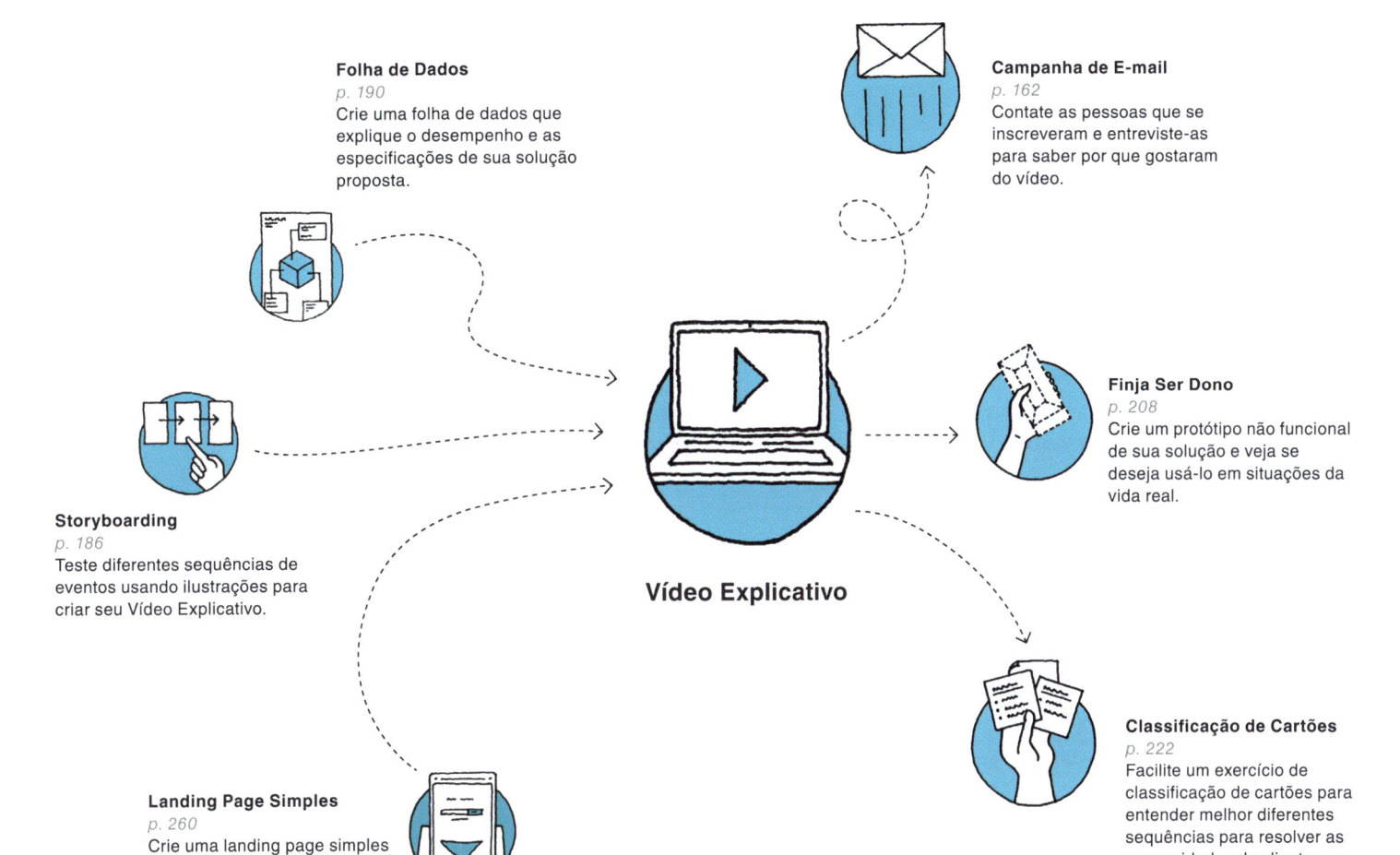

Folha de Dados
p. 190
Crie uma folha de dados que explique o desempenho e as especificações de sua solução proposta.

Campanha de E-mail
p. 162
Contate as pessoas que se inscreveram e entreviste-as para saber por que gostaram do vídeo.

Storyboarding
p. 186
Teste diferentes sequências de eventos usando ilustrações para criar seu Vídeo Explicativo.

Vídeo Explicativo

Finja Ser Dono
p. 208
Crie um protótipo não funcional de sua solução e veja se deseja usá-lo em situações da vida real.

Landing Page Simples
p. 260
Crie uma landing page simples como destino para o link de chamada para ação no final de seu Vídeo Explicativo.

Classificação de Cartões
p. 222
Facilite um exercício de classificação de cartões para entender melhor diferentes sequências para resolver as necessidades do cliente.

VÍDEO EXPLICATIVO

203

PROTÓTIPOS DE DISCUSSÃO

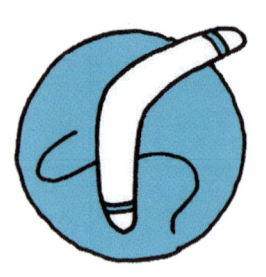

EXPERIMENTOS

Boomerang

Realizar um teste de um produto da concorrência com o cliente para obter insights sobre a proposta de valor.

○ ●●○○○○
CUSTO

⚖ ●●●○○○
FORÇA DA EVIDÊNCIA

🕐 ●●○○○○
TEMPO DE SETUP

⏱ ●●○○○○
TEMPO DE EXECUÇÃO

CAPACIDADES *Produto / Marketing / Pesquisa*

DESEJO · PRATICABILIDADE · VIABILIDADE

O boomerang é ideal para achar necessidades não atendidas de clientes em potencial em um mercado existente, sem construir nada. O boomerang não é ideal para eliminar marcas e testar um produto como se fosse seu.

Prepare

- ☐ Identifique um produto para testar que não atenda a certas necessidades relacionadas à sua ideia.
- ☐ Crie um roteiro para o teste com o cliente.
- ☐ Recrute clientes que concordem em testar o produto e em ser gravados.
- ☐ Agende as sessões boomerang.
- ☐ Prepare o local do boomerang com o produto concorrente.

Execute

- ☐ Entregue o roteiro e explique a meta.
- ☐ Grave a sessão e anote o que dizem, quais as dificuldades e quanto tempo levam para concluir a tarefa.
- ☐ Conclua e agradeça.

Analise

- ☐ Revise as notas com a equipe.

  • Que tarefas não foram concluídas? Levaram mais tempo? Causaram mais frustração?

- ☐ Crie um Canvas da Proposta de Valor para a concorrência indicando em que estão desalinhadas.
- ☐ Use essas informações para elaborar os próximos experimentos para aprender mais.

Perigos do Rebranding de Produtos Concorrentes como Sendo Seus

Observamos testes boomerang e suas variantes, às vezes chamados de Judô do Impostor. Às vezes, embora essa variações tenham muitas definições diferentes, temos que chegar a um consenso de que é muito arriscado fazer o rebranding total de um produto concorrente para fins de teste com um ciente.

Geralmente, a técnica consiste em clonar o produto do cliente, tirando a marca e substituindo-a pela sua, ou por outra fabricada.

Esse método têm implicações legais e éticas que desaconselhamos, principalmente para corporações consagradas ou que operam em ambientes altamente regulados.

É interessante notar que vimos corporações e startups usando testes boomerang com a marca intacta para ter uma ideia das necessidades não atendidas.

Corporações têm dirigido seus testes boomerang para talentosas startups de sucesso.

Startups têm dirigido seus testes boomerang para corporações consagradas.

Custo

O boomerang é um experimento de baixo custo que consiste em voltar as pessoas ao produto do concorrente e não construir nada. Quaisquer custos estariam associados com encontrar pessoas para realizar o teste e gravar as sessões.

Tempo de Setup

O tempo de setup para um boomerang é curto, pois você só precisa encontrar pessoas e programar sua participação no teste.

Tempo de Execução

O tempo de execução para um boomerang é curto, pois cada sessão não deve levar mais que trinta minutos. Mesmo que você agende várias sessões, não deverá levar mais que uns poucos dias para completá-las.

Força da Evidência

Conclusão da tarefa
Tempo para completar a tarefa

Taxa de conclusão da tarefa = tarefas concluídas divididas por tarefas tentadas. Tempo médio para concluir uma tarefa.

Na evidência, você procura lacunas e necessidades não atendidas quando se trata da proposta de valor adotada versus o que realmente é necessário para o cliente médio.

A evidência para medir tarefas em produtos existentes da concorrência é relativamente forte — você está medindo o comportamento real em relação ao produto.

Feedback do cliente

Citações do cliente sobre a facilidade de uso e necessidades não atendidas. Procure lacunas no que o cliente deseja e espera do produto versus o que oferece na realidade.

O feedback do cliente é uma evidência bastante fraca, mas útil, para indicar necessidades não atendidas a serem exploradas.

Capacidades

Produto / Marketing / Pesquisa

As capacidades do boomerang incluem poder selecionar um produto aplicável, criar um roteiro, recrutar o público para o teste, gravar as sessões e sintetizar os resultados. Muitas dessas capacidades são encontradas no produto, no marketing e na pesquisa. Como entrevistas, elas são mais bem desempenhadas em pares, quando possível.

Exigências

Produtos Existentes

Antes de agendar um experimento boomerang, você deverá identificar o produto existente a ser usado no teste. Deve ser um produto do qual você possa extrair lições para empregar em sua nova ideia, do contrário o feedback reunido não será útil.

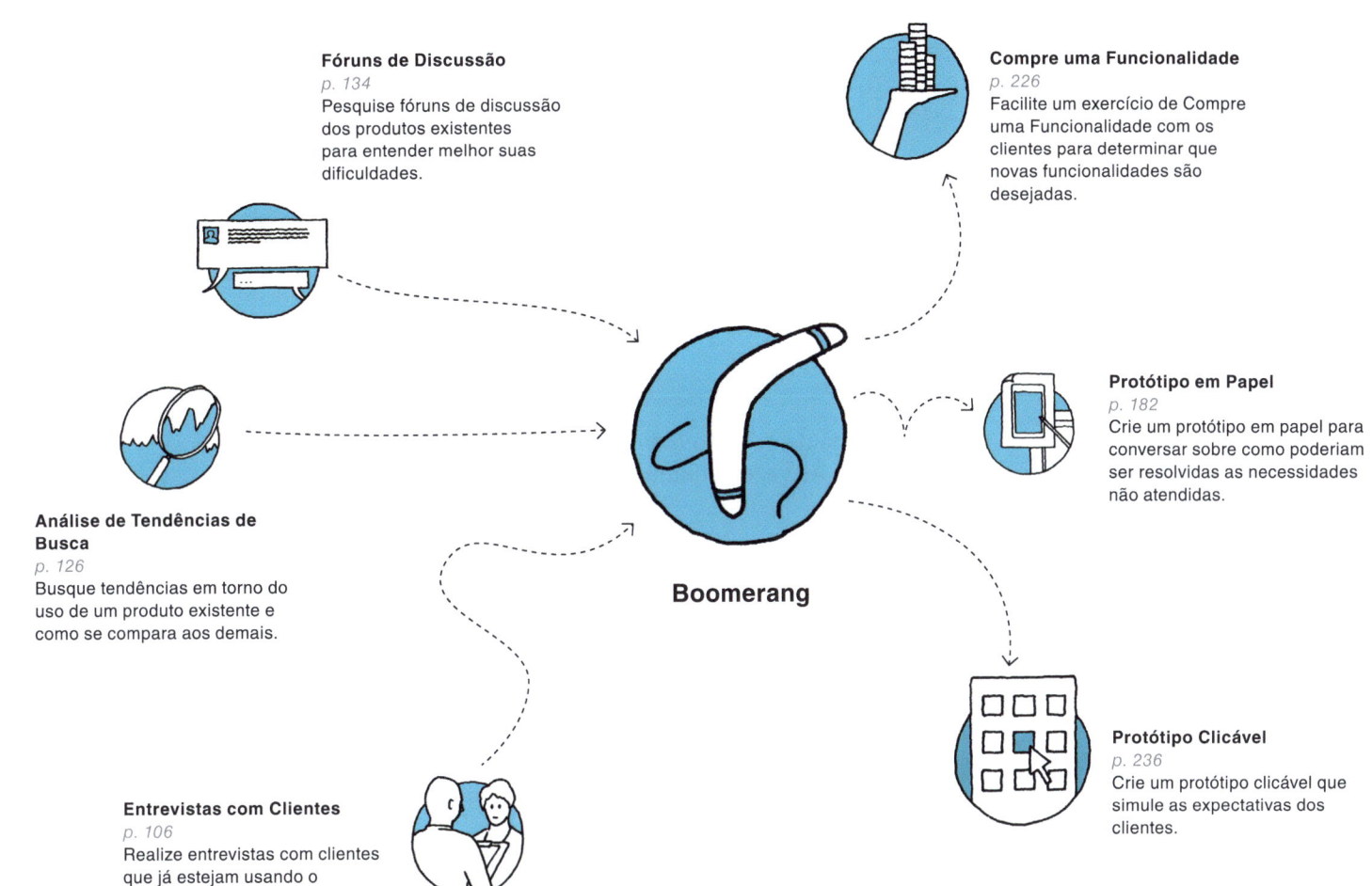

Fóruns de Discussão
p. 134
Pesquise fóruns de discussão dos produtos existentes para entender melhor suas dificuldades.

Compre uma Funcionalidade
p. 226
Facilite um exercício de Compre uma Funcionalidade com os clientes para determinar que novas funcionalidades são desejadas.

Análise de Tendências de Busca
p. 126
Busque tendências em torno do uso de um produto existente e como se compara aos demais.

Boomerang

Protótipo em Papel
p. 182
Crie um protótipo em papel para conversar sobre como poderiam ser resolvidas as necessidades não atendidas.

Entrevistas com Clientes
p. 106
Realize entrevistas com clientes que já estejam usando o produto do concorrente.

Protótipo Clicável
p. 236
Crie um protótipo clicável que simule as expectativas dos clientes.

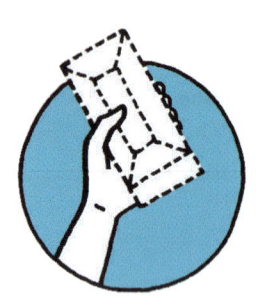

DESCOBERTA / PROTÓTIPO DE INTERAÇÃO

Finja Ser Dono

Criar um protótipo não funcional de baixa fidelidade da solução a fim de determinar se ele se ajusta ao dia a dia do cliente. Às vezes chamado de experimento Pinóquio.

◎ ●○○○○ **CUSTO**	⚖ ●●○○○ **FORÇA DA EVIDÊNCIA**
🕐 ●●○○○ **TEMPO DE SETUP**	⏱ ●●●●○ **TEMPO DE EXECUÇÃO**
✂🧊⠿⚒🗄🏷📢🔍◔ **CAPACIDADES** *Design / Pesquisa*	

DESEJO · PRATICABILIDADE · VIABILIDADE

Finja Ser Dono é ideal para gerar suas próprias evidências da possível utilidade de uma ideia.

 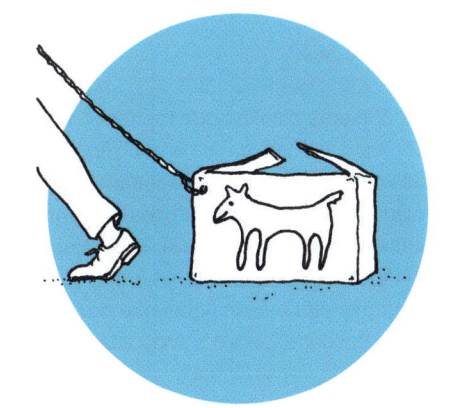 

Prepare

- ☐ Esboce a ideia do produto no papel.
- ☐ Reúna o material necessário para fazer um experimento Finja Ser Dono do produto.
- ☐ Faça um time box do tempo de criação para que você não exceda a iteração interna.
- ☐ Crie seu produto Finja Ser Dono.
- ☐ Crie um log do experimento para rastrear seus índices.

Execute

- ☐ Realize o experimento Finja Ser Dono e aja como se fosse um produto funcional.
- ☐ Rastreie seu uso em um log do experimento.

Analise

- ☐ Revise seu log para eventos:
  - • Quantas vezes você o utilizou?
  - • Havia aspectos que o tornaram difícil ou complicado?
- ☐ Use suas descobertas para elaborar outros experimentos de alta fidelidade.

Custo

O custo do Finja Ser Dono é muito baixo, pois você usará material já disponível, como madeira e papel. O custo pode aumentar, de acordo com o tamanho e a complexidade.

Tempo de Setup

O tempo de setup para Finja Ser Dono é de alguns minutos a poucas horas. Você não deve iterar o design internamente, mas tenha o formato essencial e a interface do usuário.

Tempo de Execução

O tempo de execução para Finja Ser Dono pode ser de algumas semanas a vários meses, dependendo da natureza de sua ideia. Você deve testá-lo durante um tempo, a fim de esquecer que não é real (quase).

Evidência

Quando se usa?

Diário de engajamento

Mantenha uma planilha que rastreie o tempo disponível e a quantidade de ocorrências nas quais você imaginou que lhe seriam úteis.

Documente os tipos de usos e em que cenários ocorreram. Em geral, o engajamento é uma evidência relativamente fraca, mas você terá em primeira mão insights que poderão ajudar a moldar a ideia e a proposta de valor.

Capacidades

Design / Pesquisa

Conhecimentos de design básico e pesquisa são úteis quando realizar um experimento de Finja Ser Dono. Você precisa criar uma réplica rudimentar e então registrar suas atividades ao longo do tempo.

Exigências

Finja Ser Dono não exige muita coisa para ser iniciado: simplesmente uma ideia que queira validar e um pouco de criatividade para fazer uma réplica não funcional dela.

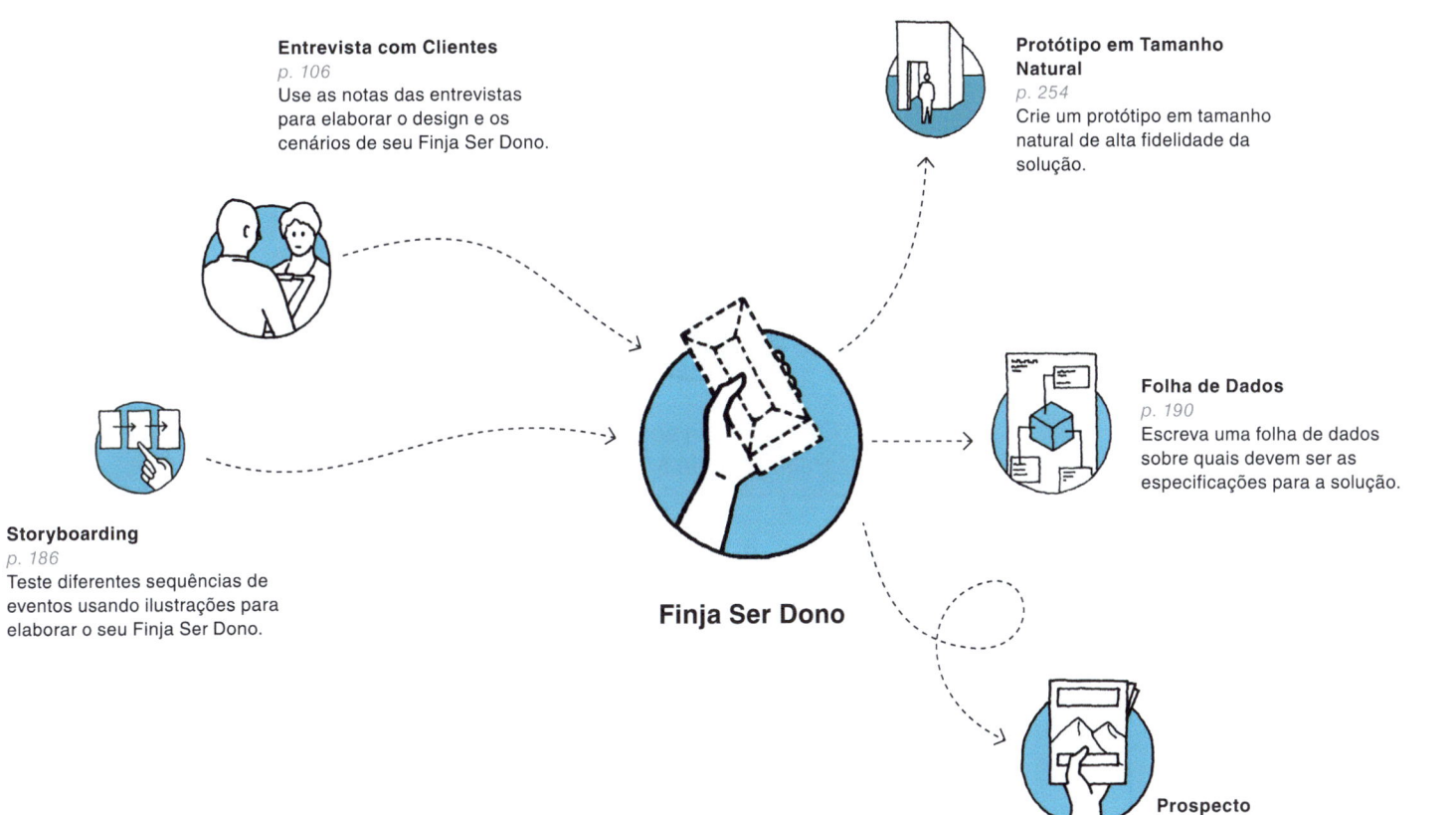

Entrevista com Clientes
p. 106
Use as notas das entrevistas para elaborar o design e os cenários de seu Finja Ser Dono.

Protótipo em Tamanho Natural
p. 254
Crie um protótipo em tamanho natural de alta fidelidade da solução.

Storyboarding
p. 186
Teste diferentes sequências de eventos usando ilustrações para elaborar o seu Finja Ser Dono.

Finja Ser Dono

Folha de Dados
p. 190
Escreva uma folha de dados sobre quais devem ser as especificações para a solução.

Prospecto
p. 194
Crie um prospecto que transmita a proposta de valor da solução a ser testada com os clientes.

FINJA SER DONO

211

PROTÓTIPOS DE DISCUSSÃO

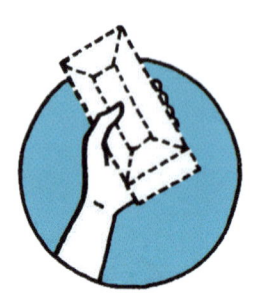

FINJA SER DONO
Palm Pilot de Madeira
Palm

Antes de o Palm Pilot ser criado, Jeff Hawkins queria avaliar o desejo do produto. Ele tinha visto assistentes pessoais digitais no passado que eram viáveis, mas não convenientes. Esses, por fim, levaram a grandes fracassos dispendiosos.

Jeff Hawkins cortou um bloco de madeira do tamanho imaginado para o produto e imprimiu uma simples interface para o usuário, como a que tinha idealizado. Ele colou a impressão no bloco de madeira e usou um hashi como ponteira. O modelo era tão rústico que levou apenas algumas horas para ser criado. Então, ele o levou no bolso para o trabalho durante meses, a fim de determinar o desejo em relação à proposta de valor no mundo real.

Quando alguém pedia uma reunião ou um e-mail, ele tirava o bloco de madeira do bolso, clicava nele com o hashi e então o guardava.

Somente após várias situações em que sentiu que teria sido útil ter o aparelho verdadeiro, ele decidiu dar seguimento ao desenvolvimento do produto, o Palm Pilot.

Evidência
Diário do Engajamento do Palm Pilot

- Levei o dispositivo no bolso em 95% das vezes.
- Tirei-o para usar em média 12 vezes.
- Para marcar compromissos: 55% das vezes.
- Para procurar números de telefone ou endereços: 25% das vezes.
- Para adicionar ou checar uma lista de afazeres: 15% das vezes.
- Para tomar notas: 5% das vezes.

Adaptado de The Right It, *de Alberto Savoia*

✔
- ☐ *Criar sua réplica não funcional assim que possível no processo de design.*
- ☐ *Ser econômico e usar materiais de artesanato baratos e fáceis de achar.*
- ☐ *Usar sua inspiração criativa para fingir que ele funciona na vida real.*
- ☐ *Manter um diário de suas interações, quer sejam físicas ou digitais.*

✖
- – *Gastar muito dinheiro e tempo na criação da réplica.*
- – *Escolher produtos muito grandes e caros para essa técnica.*
- – *Ficar constrangido em carregá-lo em situações no mundo real.*
- – *Esquecer de se divertir no processo.*

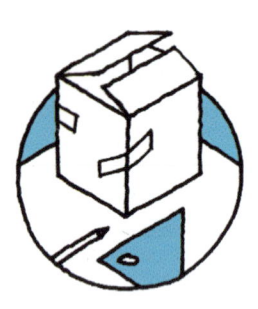

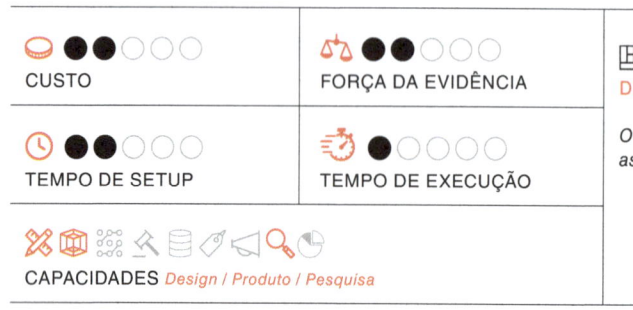

DESCOBERTA / PREFERÊNCIA & PRIORIZAÇÃO

Product Box

Uma técnica de facilitação usada com clientes para visualizar propostas de valor, características principais e benefícios essenciais na forma física de uma caixa.

● ●●○○○○
CUSTO

⚖ ●●○○○
FORÇA DA EVIDÊNCIA

▦ ✉ ◑
DESEJO · PRATICABILIDADE · VIABILIDADE

O Product Box é ideal para melhorar a proposta de valor e limitar as principais características de sua solução.

🕐 ●●○○○
TEMPO DE SETUP

⏱ ●○○○○
TEMPO DE EXECUÇÃO

CAPACIDADES *Design / Produto / Pesquisa*

Prepare

☐ Recrute 15–20 clientes-alvo.
☐ Arrume a sala com caixas e materiais para cada mesa.

Execute

☐ Prepare o ambiente definindo a área a ser explorada.
☐ Peça a cada mesa para projetar uma caixa para uma ideia de produto que comprariam.
☐ Peça que incluam mensagens, características e benefícios do produto imaginário.
☐ Cada equipe deve imaginar vender o produto fictício em uma feira de negócios. Peça que se revesem na tentativa de vender o produto a você, um cliente cético.
☐ Durante os pitches de vendas, tome notas das mensagens, características e benefícios essenciais.

Analise

☐ Reúna-se com a equipe. Quais aspectos as equipes enfatizaram?
☐ Use o que aprendeu para atualizar o Canvas da Proposta de Valor. Isso pode ser a base de futuros experimentos.

Para aprender mais sobre Product Box, recomendamos ler Innovation Games *["Games de Inovação", em tradução livre], de Luke Hohmann.*

PRODUCT BOX

215

PREFERÊNCIA & PRIORITIZAÇÃO

Custo

O custo de realizar um experimento de Product Box é relativamente baixo. Os materiais necessários são baratos e facilmente encontrados em lojas de artesanato. Você precisará de caixas de papelão e materiais para decorá-las, marcadores coloridos, papel e notas adesivas.

Tempo de Setup

O tempo de setup para o Product Box é relativamente curto, pois você precisará recrutar clientes para participar. Compre os materiais e prepare a sala.

Tempo de Execução

O tempo de execução para o Product Box é muito curto. Você pode facilitá-lo em menos de uma hora.

Força da Evidência

Propostas de valor
Tarefas do cliente
Dores do cliente
Ganhos do cliente

Reúna e organize as principais tarefas, dores e ganhos do cliente apresentados pelos participantes. Destaque os três mais importantes de cada.

Anote as mensagens das propostas de valor dos participantes, pois elas podem gerar informações para as suas mensagens.

Os artefatos produzidos pelo Product Box são uma evidência relativamente baixa, mas podem ser usados para moldar e melhorar experimentos possíveis.

Feedback do cliente
Citações dos Clientes

Anote as citações adicionais dos clientes não limitadas a tarefas, dores e ganhos.

As Citações dos Clientes são uma evidência relativamente baixa, mas úteis para o contexto e os insights qualitativos dos experimentos futuros.

Capacidades

Design / Produto / Pesquisa

Com alguma prática, quase qualquer pessoa pode facilitar um Product Box. Porém, é útil se você tiver habilidades de design, pesquisa e produto — você deve avaliar os resultados e oferecer inspiração quando necessário.

Exigências

Ideia e Cliente-alvo

As exigências do Product Box não são abrangentes, embora seja ideal que você tenha uma ideia e um cliente-alvo em mente. Sem isso, a sessão poderá se estender muito, e será difícil interpretar os resultados.

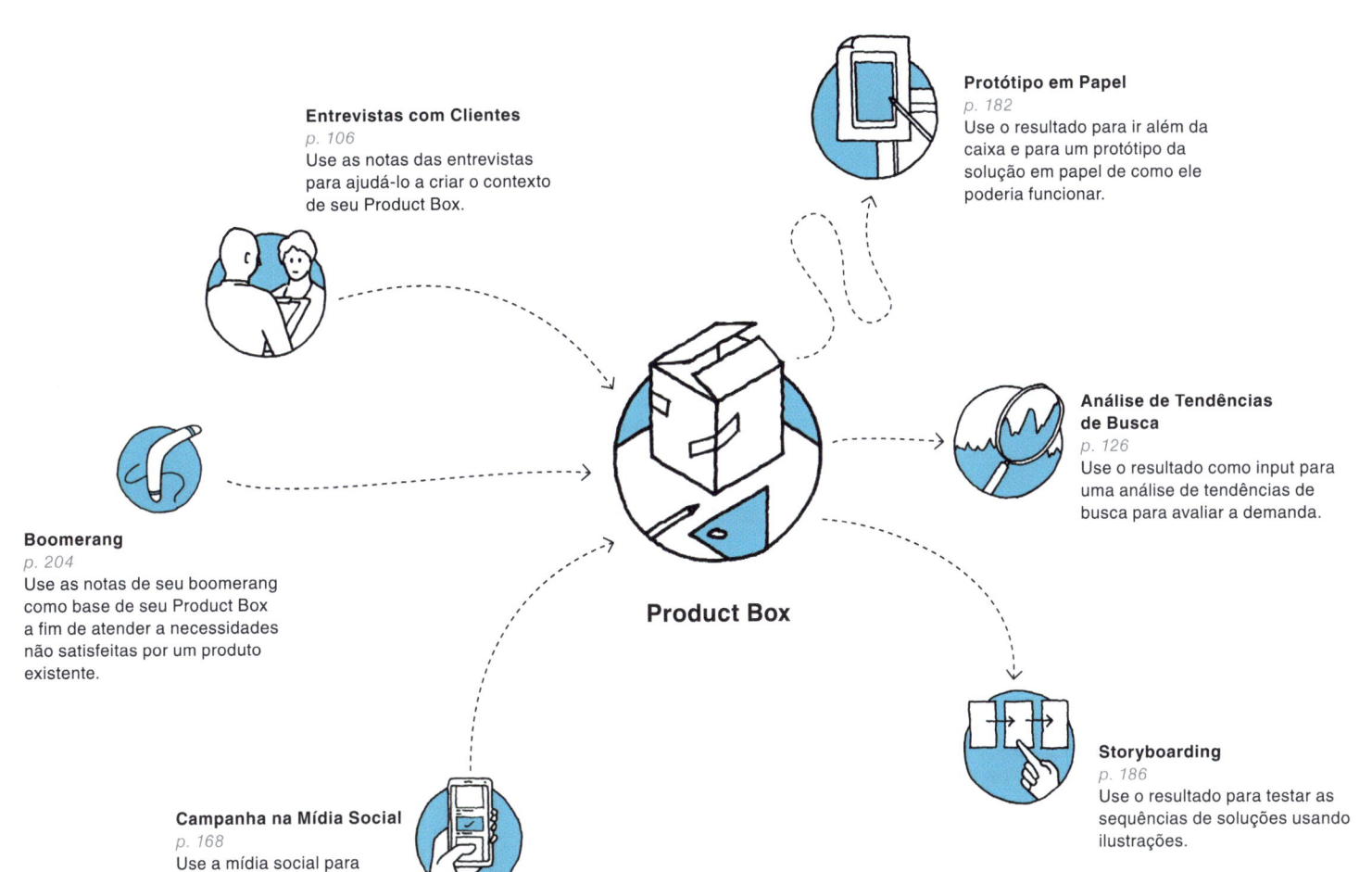

Entrevistas com Clientes
p. 106
Use as notas das entrevistas para ajudá-lo a criar o contexto de seu Product Box.

Protótipo em Papel
p. 182
Use o resultado para ir além da caixa e para um protótipo da solução em papel de como ele poderia funcionar.

Boomerang
p. 204
Use as notas de seu boomerang como base de seu Product Box a fim de atender a necessidades não satisfeitas por um produto existente.

Análise de Tendências de Busca
p. 126
Use o resultado como input para uma análise de tendências de busca para avaliar a demanda.

Product Box

Storyboarding
p. 186
Use o resultado para testar as sequências de soluções usando ilustrações.

Campanha na Mídia Social
p. 168
Use a mídia social para recrutar pessoas para sua sessão de Product Box.

PRODUCT BOX

217

PREFERÊNCIA & PRIORITIZAÇÃO

DESCOBERTA / PREFERÊNCIA & PRIORIZAÇÃO

Speed Boat

Uma técnica de jogo visual usada com clientes para identificar o que está inibindo o progresso.

●●○○○ CUSTO	●●●○○ FORÇA DA EVIDÊNCIA
●●○○○ TEMPO DE SETUP	●○○○○ TEMPO DE EXECUÇÃO
CAPACIDADES *Design / Produto / Tecnologia*	

DESEJO · PRATICABILIDADE · VIABILIDADE

O Speed Boat é ideal para ir além das conversas e ter uma representação visual do que está retardando o aumento de clientes e descobrir como isso impacta a praticabilidade.

1. Recrute

☐ Recrute 15–20 clientes que usam seu produto existente para o exercício.

2. Prepare

☐ Se for pessoalmente, tenha o quadro de um Speed Boat e cartões. Se for remoto, você precisará preparar um quadro branco virtual no qual os clientes possam escrever digitalmente.

3. Facilite

☐ Dê alguns minutos a cada cliente para pensar antes de escrever as âncoras. Depois de as terem colocado perto do Speed Boat, anote sua localização. Reúna âncoras que estejam em grupos, repetindo a mesma coisa de formas diferentes. Se estiverem mais abaixo do Speed Boat, isso significa que elas estão retardando as coisas mais que as outras. Lembre-se de revisar cada cartão com o grupo, mas não tente resolver nem oferecer feedback.

4. Analise

☐ Depois que o Speed Boat for concluído, e os clientes forem embora, designe severidade e urgência a cada âncora em equipe. Você deve tratar de algumas de imediato, enquanto ignora outras. Esses resultados, depois de ter processado as âncoras, devem se tornar inputs para futuros experimentos.

Para saber mais, recomendamos a leitura de Innovation Games, *de Luke Hohmann.*

Custo

Realizar um experimento Speed Boat é relativamente barato. Você precisará da fotografia de um Speed Boat (lancha), lápis e notas adesivas. Se realizar a experiência remotamente, precisará usar um produto virtual, o que poderá aumentar um pouco o custo.

Tempo de Setup

O tempo de setup para o Speed Boat é relativamente curto, e você precisará recrutar clientes para participar. Você também deverá revisar quaisquer dados de apoio que possam indicar o que procurar durante o experimento.

Tempo de Execução

O tempo de execução para o Speed Boat é muito curto. São necessárias 1–2 horas para promover com vários clientes envolvidos.

Evidência

Nº de âncoras
Gravidade
Urgência

Nº de âncoras graves e urgentes

Quanto maior for o número de âncoras graves e urgentes, maior será a lacuna que existe entre seu Mapa de Valor e seu Perfil do Cliente.

Artefatos produzidos pelo Speed Boat ainda são uma evidência relativamente fraca, mas é mais forte do que simplesmente falar com os clientes. Você descobrirá especificamente o que impede que seu produto corresponda totalmente à sua proposta de valor.

Feedback do cliente
Citações dos Clientes

Além das âncoras, você deverá reunir as citações dos clientes para entender melhor seu contexto quando enfrentarem dificuldades com o produto.

As citações dos clientes são uma evidência relativamente fraca, mas útil, para oferecer contexto e insights qualitativos para o seu produto.

Capacidades

Design / Produto / Tecnologia

Além de habilidades de facilitador, que não são necessariamente específicas da função, você precisará das pessoas certas na sala para conferir gravidade e urgência às âncoras. Nem todas as âncoras são criadas da mesma forma, e você deve resolver algumas na hora, enquanto outras poderão ser totalmente ignoradas.

Exigências

Habilidades de Facilitação

O Speed Boat requer algumas habilidades de facilitação, principalmente em um grupo de clientes que está prestes a se queixar de seu produto. Você precisará deixar o ego de lado e obter as âncoras específicas. Caso sinta que não tem condições de fazê-lo, devido à proximidade com o produto, recomendamos que contrate um facilitador neutro para conduzir a sessão.

DESCOBERTA

220

EXPERIMENTOS

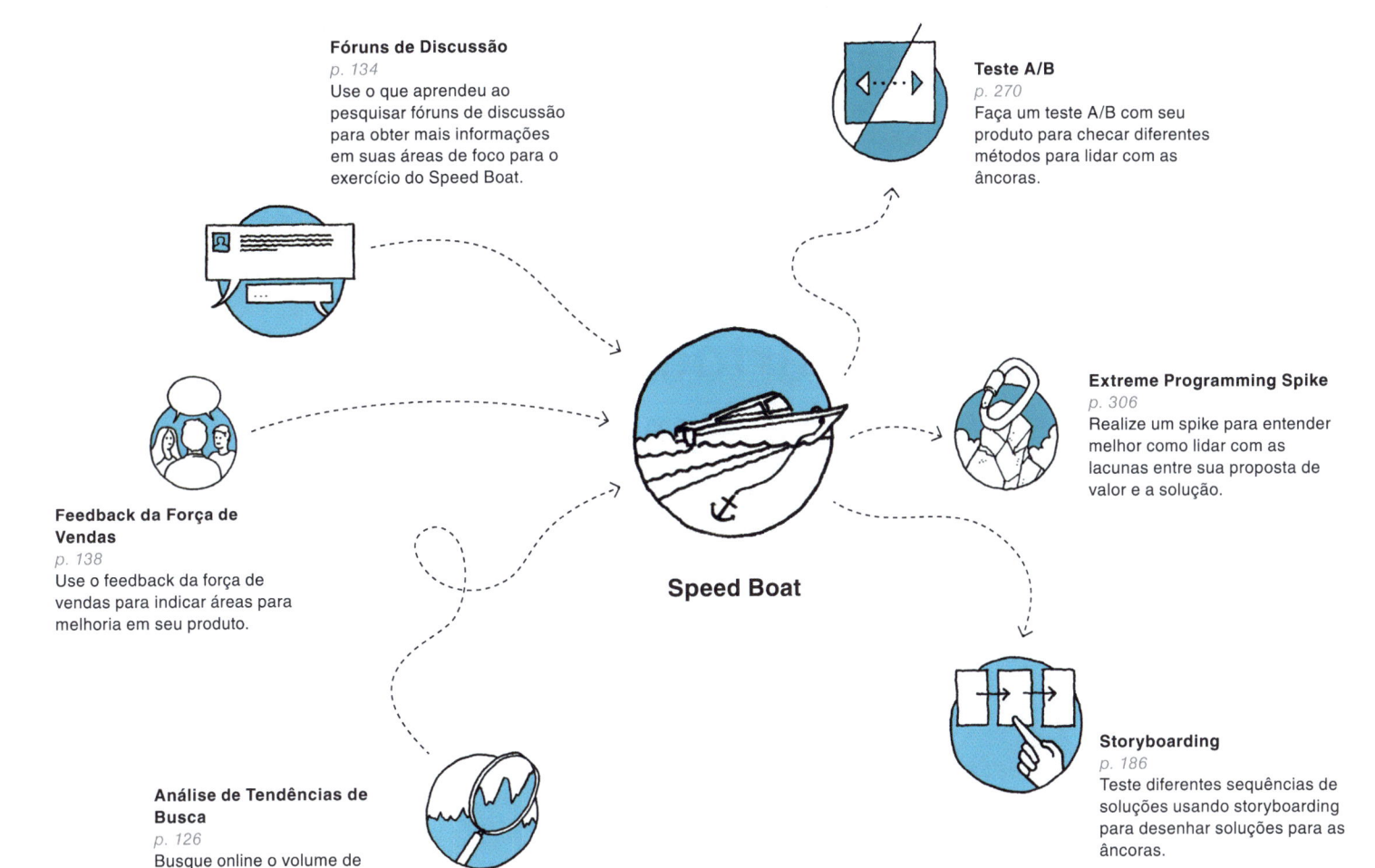

Fóruns de Discussão
p. 134
Use o que aprendeu ao
pesquisar fóruns de discussão
para obter mais informações
em suas áreas de foco para o
exercício do Speed Boat.

Teste A/B
p. 270
Faça um teste A/B com seu
produto para checar diferentes
métodos para lidar com as
âncoras.

Extreme Programming Spike
p. 306
Realize um spike para entender
melhor como lidar com as
lacunas entre sua proposta de
valor e a solução.

**Feedback da Força de
Vendas**
p. 138
Use o feedback da força de
vendas para indicar áreas para
melhoria em seu produto.

Speed Boat

**Análise de Tendências de
Busca**
p. 126
Busque online o volume de
clientes que estão se queixando
de seu produto.

Storyboarding
p. 186
Teste diferentes sequências de
soluções usando storyboarding
para desenhar soluções para as
âncoras.

Classificação de Cartões

Uma técnica no design da experiência do usuário na qual a pessoa usa cartões com os clientes para gerar insights.

CUSTO
● ● ● ○ ○ ○

FORÇA DA EVIDÊNCIA
● ● ○ ○ ○ ○

TEMPO DE SETUP
● ● ○ ○ ○ ○

TEMPO DE EXECUÇÃO
● ○ ○ ○ ○ ○

CAPACIDADES *Marketing / Pesquisa*

DESEJO · PRATICABILIDADE · VIABILIDADE

A classificação de cartões é ideal para obter insights sobre tarefas, dores, ganhos e propostas de valor do cliente.

1. Recrute

☐ Recrute 15–20 clientes-alvo ou existentes para a sessão de classificação de cartões.

2. Prepare

☐ Se for presencial, você precisará de cartões que criou para tarefas, dores e ganhos dos clientes, além de cartões em branco para serem preenchidos pelos clientes. Se for remota, precisará preparar um quadro branco virtual que tenha cartões já criados por você, além de cartões em branco.

3. Facilite

☐ Explique as categorias de tarefas, dores e ganhos de clientes que viu no mercado. Peça para os participantes mapearem os cartões existentes em cada categoria e classificá-los. Estimule-os a falar em voz alta enquanto o fazem. Pergunte se falta algum e, nesse caso, peça para escrevê-los e incluí-los na classificação. Peça para uma segunda pessoa anotar insights qualitativos durante a sessão.

4. Analise

☐ Depois de terminar a classificação de cartões, identifique quaisquer temas encontrados e calcule como os participantes classificaram as três principais tarefas, dores e ganhos. Atualize ou crie seu Canvas da Proposta de Valor de modo a refletir as últimas descobertas, para ajudar a elaborar futuros experimentos.

Custo

O experimento de classificação de cartões é relativamente barato. Se você fizer a facilitação pessoalmente, os cartões serão o único material necessário. Se a facilitação for remota, por vídeo, precisará de um software de quadro branco virtual gratuito ou barato.

Tempo de Setup

O tempo de setup para a classificação de cartões é relativamente curto. Defina o conteúdo dos cartões e recrute os clientes.

Tempo de Execução

O tempo de execução para a classificação de cartões é muito curto. Você pode fazê-la em menos de uma hora.

Evidência

Tarefas do cliente
Dores do cliente
Ganhos do cliente
Três principais tarefas, dores e ganhos.
Temas de tarefas, dores e ganhos.

O resultado do agrupamento e da classificação de cartões é uma evidência relativamente fraca, visto que é feito em ambiente de laboratório. Porém, ele pode ser útil para obter informações para experimentos de funções de alta fidelidade, orientados para a ação.

Feedback do cliente
Citações dos Clientes
Anote citações adicionais dos clientes não limitadas a tarefas, dores e ganhos.

Citações de clientes são uma evidência relativamente fraca, mas são úteis para o contexto e os insights qualitativos em experimentos futuros.

Capacidades
Marketing / Pesquisa

Com alguma prática, quase todos podem facilitar uma sessão de classificação de cartões. É útil ter habilidades de marketing e pesquisa, pois você deverá recrutar os clientes certos e analisar as categorias e classificações criadas.

Exigências
Cliente-alvo

A classificação de cartões funciona melhor com clientes existentes, mas também pode ser usada para aprender sobre um nicho de clientes em potencial. Ambos exigem que você analise tarefas, dores e ganhos do cliente para que o resultado possa ser usado para ajudar a elaborar o Canvas da Proposta de Valor em futuros experimentos.

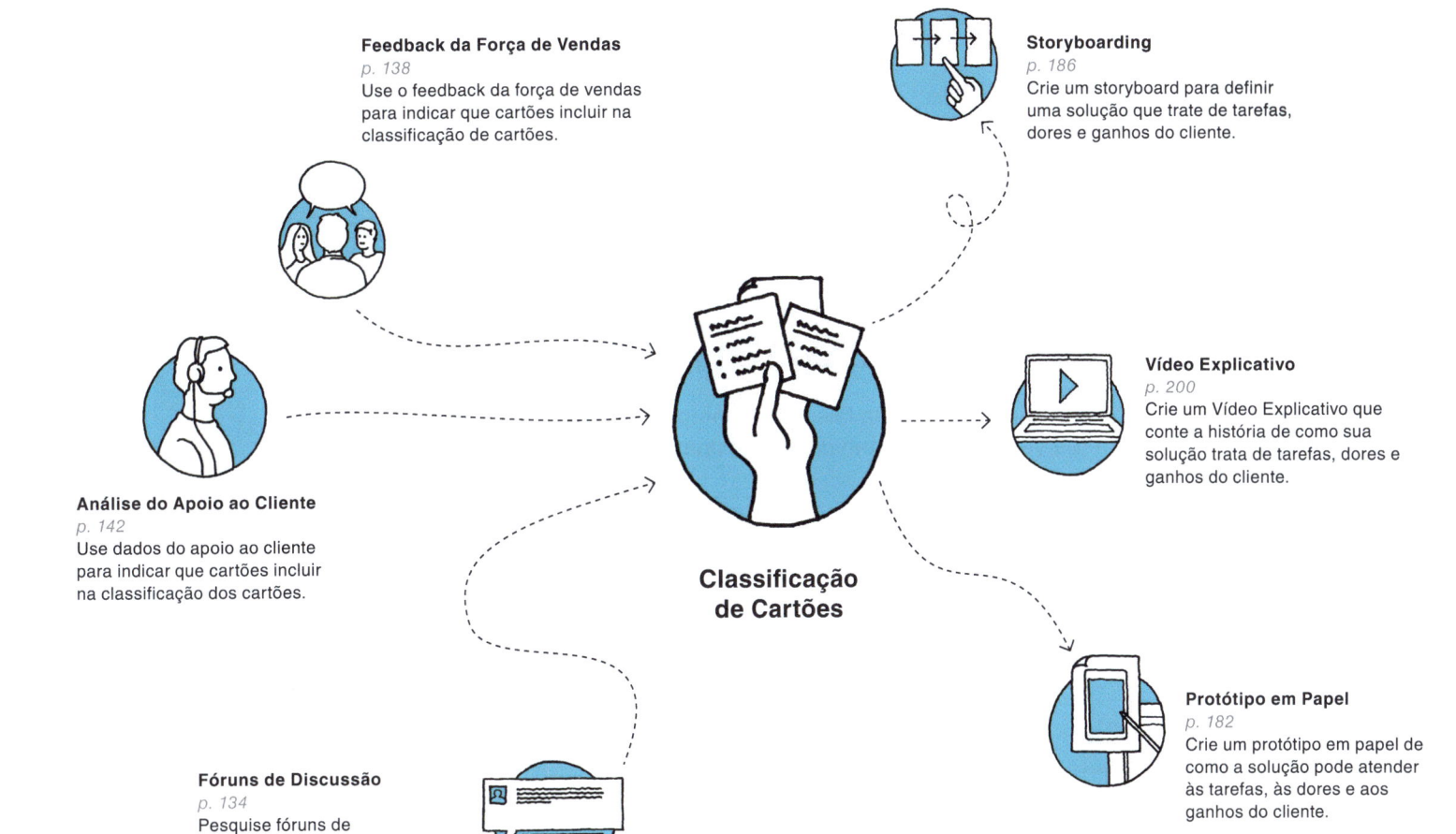

Feedback da Força de Vendas
p. 138
Use o feedback da força de vendas para indicar que cartões incluir na classificação de cartões.

Storyboarding
p. 186
Crie um storyboard para definir uma solução que trate de tarefas, dores e ganhos do cliente.

Análise do Apoio ao Cliente
p. 142
Use dados do apoio ao cliente para indicar que cartões incluir na classificação dos cartões.

Vídeo Explicativo
p. 200
Crie um Vídeo Explicativo que conte a história de como sua solução trata de tarefas, dores e ganhos do cliente.

Classificação de Cartões

Fóruns de Discussão
p. 134
Pesquise fóruns de discussão para descobrir que necessidades não atendidas dos clientes podem ser usadas nos cartões.

Protótipo em Papel
p. 182
Crie um protótipo em papel de como a solução pode atender às tarefas, às dores e aos ganhos do cliente.

CLASSIFICAÇÃO DE CARTÕES

225

PREFERÊNCIA & PRIORITIZAÇÃO

DESCOBERTA / PROTÓTIPOS DE DISCUSSÃO

Compre uma Funcionalidade

Uma técnica em que as pessoas usam uma moeda falsa para comprar as funcionalidades que gostariam de ver disponíveis em um determinado produto.

CUSTO ●●○○○○

FORÇA DA EVIDÊNCIA ●●○○○○

TEMPO DE SETUP ●●○○○○

TEMPO DE EXECUÇÃO ●○○○○○

CAPACIDADES *Produto / Pesquisa / Finanças*

DESEJO · PRATICABILIDADE · VIABILIDADE

Compre uma Funcionalidade é ideal para priorizar funcionalidades e melhorar as tarefas, dores e ganhos dos clientes.

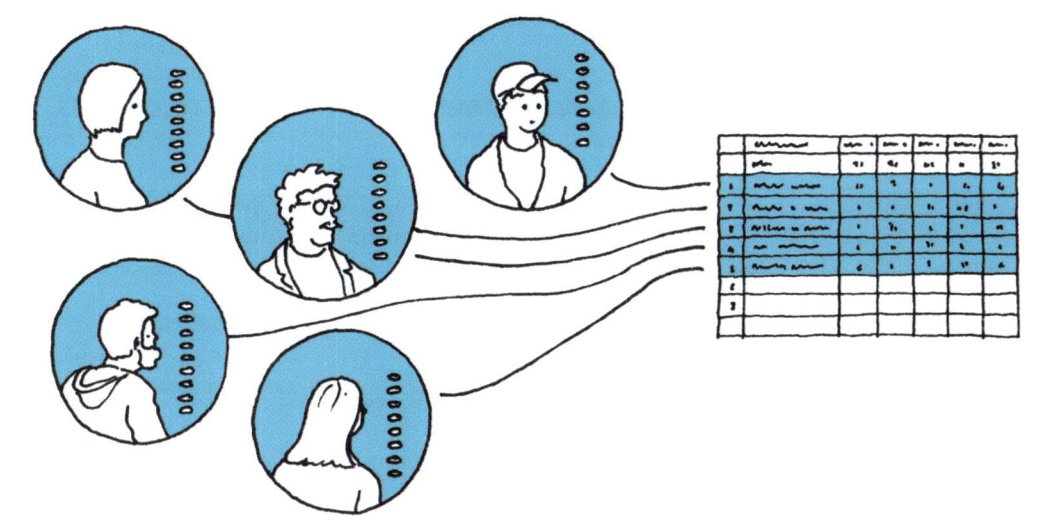

1. Recrute

☐ Recrute 15–20 clientes-alvo.

2. Prepare

☐ Prepare a sala com dinheiro fictício, cartões e papel quadriculado.

3. Planeje

☐ Explique que esse é um cenário hipotético. Divida a lista de 15–30 funcionalidades e o orçamento do dinheiro fictício disponível.

4. Compre

☐ Cada cliente recebe um orçamento para as funcionalidades que quer. Eles podem colaborar com os outros para receber mais. Não os influencie oferecendo feedback enquanto escolhem as funcionalidades.

5. Analise

☐ Calcule no papel quadriculado quais funcionalidades receberam a maior quantia.

Para saber mais sobre Compre uma Funcionalidade, recomendamos a leitura de Innovation Games, de Luke Hohmann.

Custo

Realizar um experimento Compre uma Funcionalidade é relativamente barato. Se fizer a facilitação pessoalmente, então os materiais necessários serão dinheiro fictício, cartões de notas e papel quadriculado. Se for remota, via vídeo, precisará de um software de quadro branco virtual gratuito ou de baixo custo.

Tempo de Setup

O tempo de setup para um Compre uma Funcionalidade pode ser de alguns dias. Recrute clientes, compre o material e prepare a sala. A maior parte de seu tempo será gasto em definir e dar preço às funcionalidades para a sessão.

Tempo de Execução

O tempo de execução para um Compre uma Funcionalidade é muito curto. Você pode facilitá-lo em menos de uma hora.

Evidência

Classificação de funcionalidades
Tarefas do cliente
Dores do cliente
Ganhos do cliente

Três funcionalidades principais que foram mais compradas pelos clientes.

Tome nota de quaisquer tarefas, dores e ganhos do cliente mencionados como prioritários aos clientes.

Compre uma Funcionalidade é uma evidência relativamente fraca — é um ambiente de laboratório. Porém, ajuda a fornecer informações para experimentos de funcionalidades de mais alta fidelidade focadas em ação.

Feedback do cliente
Citações do Cliente

Anote citações adicionais dos clientes não limitadas a tarefas, dores e ganhos dos clientes.

Citações de clientes são evidências relativamente fracas, mas úteis para o contexto e os insights qualitativos para experimentos futuros.

Capacidades

Produto / Pesquisa / Finanças

Com alguma prática, qualquer pessoa pode facilitar um Compre uma Funcionalidade. Porém, será útil ter habilidades de design, pesquisa e produto — você deve avaliar os resultados e oferecer inspiração quando necessário.

Exigências

Lista de Funcionalidades e Clientes-alvo

O Compre uma Funcionalidade exige que você reflita sobre quais funcionalidades gostaria de incluir no produto. Ele também exige que os clientes tenham algum contexto sobre o produto, do contrário, suas classificações não serão muito úteis para você.

Feedback da Força de Vendas
p. 138
Use o feedback da força de vendas para saber quais funcionalidades incluir no Compre uma Funcionalidade.

Feature Stub
p. 156
Crie um Feature Stub para as funcionalidades mais significativas e determine se as pessoas mostrarão interesse no mundo real.

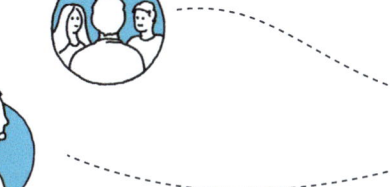

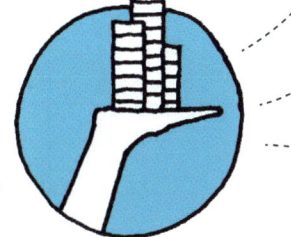

Teste A/B
p. 270
Faça um teste A/B com diferentes funcionalidades mais bem classificadas em seu produto para medir engajamento.

Análise do Apoio ao Cliente
p. 142
Use dados de apoio ao cliente para indicar quais funcionalidades podem solucionar lacunas em seu produto.

Compre uma Funcionalidade

Protótipo Clicável
p. 236
Convide os participantes para testar protótipos clicáveis das funcionalidades mais bem classificadas.

Fóruns de Discussão
p. 134
Pesquise fóruns de discussão para ver quais necessidades não atendidas os clientes têm para incrementar a lista de funcionalidades.

COMPRE UMA FUNCIONALIDADE

229

PREFERÊNCIA & PRIORITIZAÇÃO

"A invenção não é disruptiva.
Só a adoção de clientes é disruptiva."

—————

Jeff Bezos
Empresário e filantropo,
fundador da Amazon.com

SEÇÃO 3 — EXPERIMENTOS

3.3 — VALIDAÇÃO

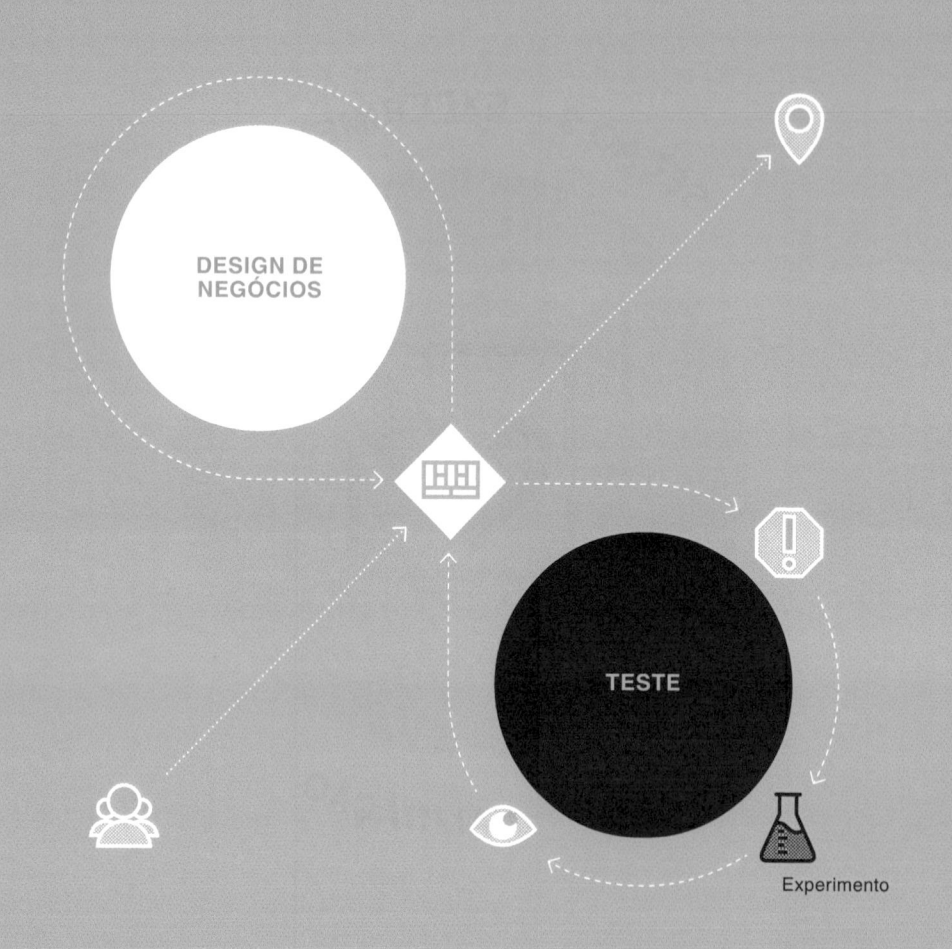

DESIGN DE NEGÓCIOS

TESTE

Experimento

Ideia

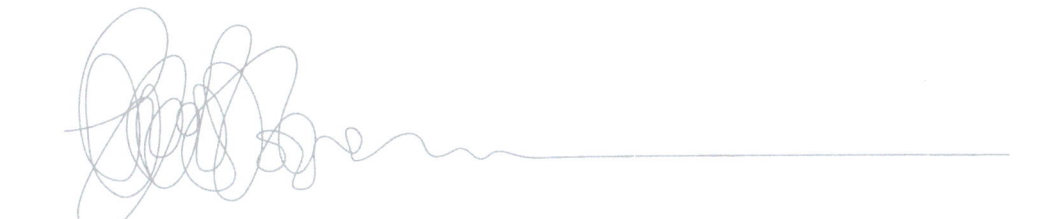

Negócio

Procurar & Testar	Executar

Descoberta
Descubra se está certo em sua direção. Teste hipóteses básicas. Use os primeiros insights para corrigir o rumo depressa.

Validação
Valide a direção tomada. Confirme com evidências fortes a probabilidade de sua ideia de negócios funcionar.

Experimentos de Validação

⬭ CUSTO	🕐 TEMPO DE SETUP	⏱ TEMPO DE EXECUÇÃO	⚖ FORÇA DA EVIDÊNCIA	TEMA
●●○○○	●●○○○	●●○○○	●●○○○	DESEJO · PRATICABILIDADE · VIABILIDADE
●●●●○	●●●○○	●●●●○	●●●●●	DESEJO · PRATICABILIDADE · VIABILIDADE
●●●○○	●●●○○	●●●●○	●●●●●	DESEJO · PRATICABILIDADE · VIABILIDADE
●○○○○	●●○○○	●●●○○	●●●●●	DESEJO · PRATICABILIDADE · VIABILIDADE
●●●●●	●●●●○	●●●○○	●●○○○	DESEJO · PRATICABILIDADE · VIABILIDADE
●●○○○	●●○○○	●●●○○	●●○○○	DESEJO · PRATICABILIDADE · VIABILIDADE
●●●●●	●●●●○	●●●●○	●●○○○	DESEJO · PRATICABILIDADE · VIABILIDADE
●●○○○	●●○○○	●●●○○	●●●○○	DESEJO · PRATICABILIDADE · VIABILIDADE
●●●○○	●●○○○	●●●○○	●●●●●	DESEJO · PRATICABILIDADE · VIABILIDADE
●●○○○	●●○○○	●●●○○	●○○○○	DESEJO · PRATICABILIDADE · VIABILIDADE
●●○○○	●●●○○	●●●○○	●●●●●	DESEJO · PRATICABILIDADE · VIABILIDADE
●○○○○	●○○○○	●●●○○	●●●○○	DESEJO · PRATICABILIDADE · VIABILIDADE
●○○○○	●○○○○	●●○○○	●●○○○	DESEJO · PRATICABILIDADE · VIABILIDADE
●●●●○	●●●○○	●●○○○	●●○○○	DESEJO · PRATICABILIDADE · VIABILIDADE
●●○○○	●○○○○	●●○○○	●●●●●	DESEJO · **PRATICABILIDADE** · VIABILIDADE

DESCOBERTA / PROTÓTIPO DE INTERAÇÃO

Protótipo Clicável

Representação de interface digital com zonas clicáveis para simular as reações do software à interação do cliente.

● ● ○ ○ ○
CUSTO

● ● ○ ○ ○
FORÇA DA EVIDÊNCIA

● ● ○ ○ ○
TEMPO DE SETUP

● ● ○ ○ ○
TEMPO DE EXECUÇÃO

CAPACIDADES Design / Produto / Tecnologia / Pesquisa

DESEJO · PRATICABILIDADE · VIABILIDADE

O protótipo clicável é ideal para testar rapidamente o conceito de seu produto com clientes com maior fidelidade do que no papel.

O protótipo clicável não substitui a usabilidade adequada para os clientes.

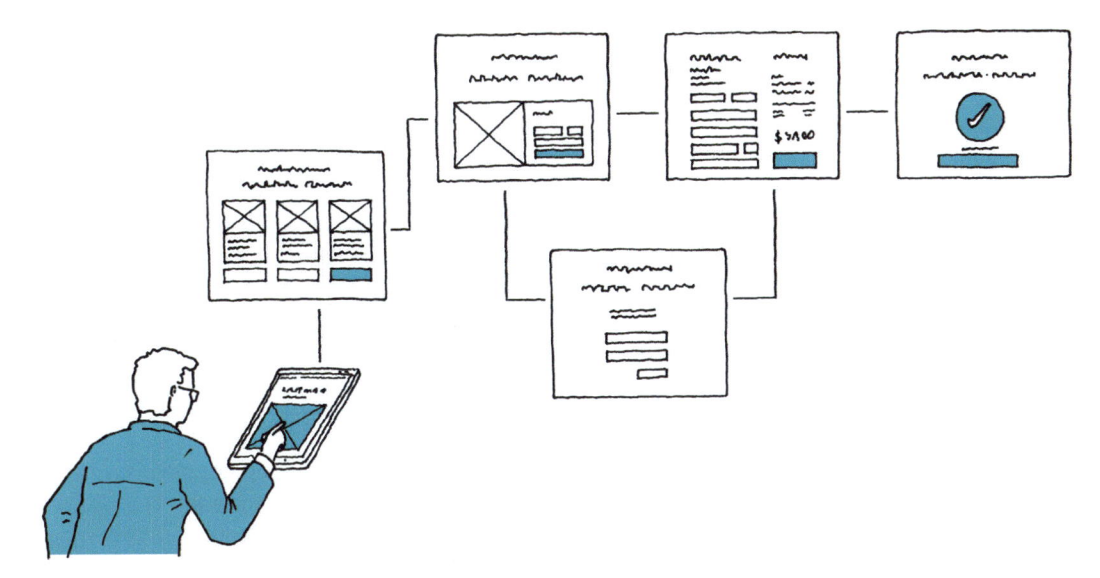

Prepare

- ☐ Defina as metas do experimento de seu protótipo clicável.
- ☐ Determine o público-alvo com quem realizar o teste, de preferência um grupo que não seja despreparado e que tenha noção de sua oferta.
- ☐ Escreva seu roteiro.
- ☐ Crie as telas de seu protótipo clicável com hot zones.
- ☐ Teste-o internamente para garantir que a interação funciona.
- ☐ Agende seus experimentos de protótipo clicável com clientes-alvo.

Execute

- ☐ Explique aos clientes que esse é um exercício para obter seu feedback sobre o que planeja entregar. Certifique-se de que compreendam que você valoriza sua opinião.
- ☐ Tenha uma pessoa para conduzir as entrevistas e interagir com o cliente.
- ☐ Tenha outra pessoa para tomar notas.
- ☐ Conclua e agradeça aos participantes.

Analise

- ☐ Coloque os esboços na parede e suas notas, observações e citações à sua volta.
- ☐ Onde tiveram dificuldades ou ficaram confusos?
- ☐ O que os entusiasmou?
- ☐ Use esse feedback para elaborar seu próximo experimento.

Custo

Protótipos clicáveis são um pouco mais caros que protótipos em papel, mas, ainda, relativamente baratos. Há muitas ferramentas e templates que lhe permitem criar um protótipo clicável rapidamente, sem precisar fazê-lo do zero.

Tempo de Setup

O tempo de setup para um protótipo clicável é relativamente curto. Sua criação deve levar apenas 1–2 dias.

Tempo de Execução

O tempo de execução para um protótipo clicável também é curto, algo em torno de alguns dias a uma semana. Você deve testar rapidamente o protótipo com clientes-alvo, para obter feedback sobre a proposta de valor e o fluxo da solução.

Evidência

Conclusão da tarefa

Porcentagem de conclusão de tarefas.
Tempo para concluir tarefas.

A conclusão manual de tarefas não é necessariamente uma evidência forte, mas é mais forte do que usar papel, e proporcionará uma ideia de como os clientes podem se sentir confusos.

Feedback do cliente

Citações dos clientes sobre a Proposta de Valor e a utilidade da solução imaginada.

Citações do cliente sobre protótipos clicáveis são uma evidência relativamente fraca, mas mais forte do que o feedback sobre experimentos com protótipos em papel.

Capacidades

Design / Produto / Tecnologia / Pesquisa

Além da ideia de um produto digital, você precisa de habilidades de design para criar a aparência do produto em um template ou ferramenta de protótipo. Ele exige que você crie hot zones que se liguem a outros modelos de tela, quando clicados. Você também deverá escrever o roteiro e gravar as sessões.

Exigências

Uma Ideia de um Produto Digital

Os protótipos clicáveis requerem que sua ideia tenha uma natureza digital, visto que seu público clica em uma experiência digital em uma tela. Ao considerar um protótipo clicável, você deve ter uma opinião forte sobre qual deve ser o fluxo do produto, mas ainda estar aberto à possibilidade de estar errado.

Entrevistas com Clientes
p. 106
Use as notas das entrevistas para elaborar o roteiro do protótipo clicável.

Protótipo em Papel
p. 182
Use o feedback do protótipo em papel para elaborar o protótipo clicável.

Mash-Up
p. 244
Crie um Mash-Up a partir do experimento de protótipo clicável com a tecnologia existente.

Protótipo Clicável

Storyboard
p. 186
Use o que aprendeu com o teste do protótipo clicável para melhorar seu fluxo com um experimento de storyboarding.

Vídeo Explicativo
p. 200
Use as notas do teste do protótipo clicável para elaborar o Vídeo Explicativo de alta fidelidade.

Boomerang
p. 204
Use as notas de seu teste boomerang para definir como o protótipo clicável pode atender a necessidades não satisfeitas.

PROTÓTIPO CLICÁVEL

239

PROTÓTIPOS DE INTERAÇÃO

DESCOBERTA / PROTÓTIPO DE INTERAÇÃO

PVM de Função Única

Um produto viável mínimo funcional com a única função necessária para testar sua suposição.

CUSTO

FORÇA DA EVIDÊNCIA

🔲 ✉ 🔍

DESEJO · PRATICABILIDADE · VIABILIDADE

🕐 ●●●○○

TEMPO DE SETUP

⏱ ●●●●○

TEMPO DE EXECUÇÃO

O PVM de Função Única é ideal para descobrir se a promessa central de sua solução atende aos clientes.

CAPACIDADES *Design / Produto / Tecn / Jurídico / Marketing / Finanças*

Prepare

☐ Projete a menor versão de sua função que resolva uma tarefa de alto impacto do cliente.
☐ Teste-a internamente para garantir que funciona.
☐ Consiga clientes para o seu PVM de Função Única.

Execute

☐ Realize o experimento de PVM de Função Única com os clientes.
☐ Obtenha feedback da satisfação dos clientes.

Analise

☐ Reveja o feedback de satisfação do cliente.
☐ Quantos clientes convertidos?
☐ Quanto custou para operar essa solução?

Custo

PVMs de Função Única são um pouco mais caros do que experimentos de baixa fidelidade, pois você está criando uma versão de alta fidelidade, que entrega valor ao cliente.

Tempo de Setup

Preparar um PVM de Função Única pode levar 1–3 semanas. Você precisa planejá-lo, criá-lo e testá-lo internamente antes de envolver os clientes. Provavelmente, você cobrará por essa versão, então ela precisa ser realizada com qualidade.

Tempo de Execução

Realizar um experimento de PVM de Função Única pode levar várias semanas ou meses. Ele deverá ser realizado por tempo suficiente para analisar feedback qualitativo e quantitativo antes de otimizá-lo prematuramente ou experimentá-lo em escala.

Evidência

Satisfação do Cliente

Citações e feedback do cliente sobre o quanto estão satisfeitos depois de receber os resultados de seu PVM de Função Única.

A evidência nesse caso é forte, pois você está pedindo feedback depois que o valor foi entregue ao cliente, e não em uma situação hipotética.

●●●●●

Nº de compras

Compras do cliente usando o PVM de Função Única.

Pagamentos são evidências fortes, mesmo que os clientes estejam comprando apenas uma função única.

●●●●●

Custo

Quanto custa para planejar, criar, entregar e manter um PVM de Função Única?

O custo para entregar um PVM de Função Única é evidência forte e um importante indicador do que será necessário para criar um negócio viável no futuro.

Capacidades

Design / Produto / Tecnologia / Jurídico / Marketing / Finanças

Serão necessárias todas as capacidades para criar e entregar a funcionalidade ao cliente. Isso está muito relacionado ao contexto e varia se você está entregando um produto ou serviço físico ou digital ao consumidor final.

Exigências

Evidência da Necessidade do Nicho do Cliente

Este é um experimento mais longo e caro, com um custo de transação mais alto. Antes de pensar em um PVM de Função Única, você deverá ter realizado uma série de experimentos de baixa fidelidade para elaborar a funcionalidade. É ter evidências claras da necessidade específica do cliente que a funcionalidade resolverá.

Concierge
p. 248
Use o que aprendeu com o experimento concierge para criar o design de sua funcionalidade.

Entrevistas com Clientes
p. 106
Entreviste as pessoas que usaram a funcionalidade para entender melhor como ela satisfez a suas necessidades.

Mágico de Oz
p. 284
Use o que aprendeu com o experimento do Mágico de Oz para criar o design de sua funcionalidade.

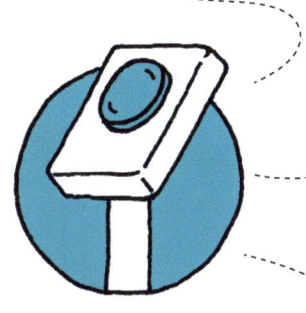

PVM de Função Única

Pesquisa de Validação
p. 278
Pesquise as pessoas que usaram a funcionalidade para entender melhor como ela satisfez a suas necessidades.

Crowdfunding
p. 266
Crie uma campanha de crowdfunding para financiar o que seria necessário para fazer a escala além de uma função única.

Landing Page Simples
p. 260
Crie uma landing page simples para reunir interesse em seu experimento de PVM de Função Única.

PVM DE FUNÇÃO ÚNICA

243

PROTÓTIPOS DE INTERAÇÃO

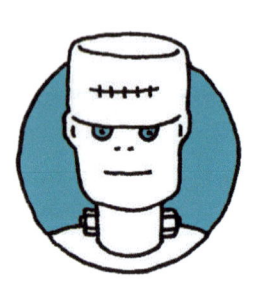

DESCOBERTA / PROTÓTIPO DE INTERAÇÃO

Mash-Up

Um produto viável mínimo funcional que consiste em combinar vários serviços existentes para entregar valor.

⬭ ●●●○○	⚖ ●●●●●
CUSTO	FORÇA DA EVIDÊNCIA
🕑 ●●●○○	⏱ ●●●●○
TEMPO DE SETUP	TEMPO DE EXECUÇÃO

CAPACIDADES *Design / Produto / Tecn / Jurídico / Marketing / Finanças*

DESEJO · PRATICABILIDADE · VIABILIDADE

O Mash-Up é ideal para descobrir se a solução corresponde aos desejos dos clientes.

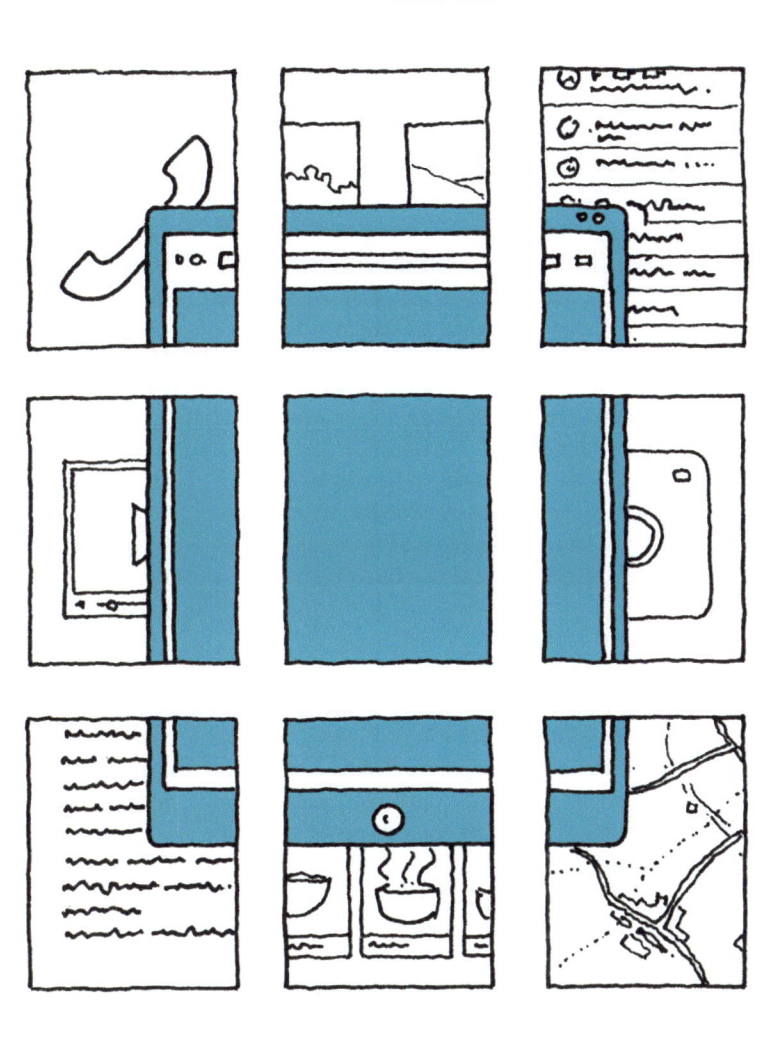

Prepare

☐ Mapeie o fluxo do processo necessário para criar o valor para o cliente.
☐ Avalie o mercado para produtos tecnológicos existentes que possam ser integrados para completar o processo.
☐ Integre as partes da tecnologia e teste o resultado.
☐ Consiga clientes para o Mash-Up.

Execute

☐ Realize o experimento de Mash-Up com os clientes.
☐ Obtenha feedback de satisfação com os clientes.

Analise

☐ Reveja o feedback de seus clientes.
☐ Quantos clientes concluíram o processo e compraram?
☐ Quando abandonaram o processo?
☐ Há lacunas em que a tecnologia existente não atendeu às expectativas do cliente?
☐ Pense só em criar soluções personalizadas como resultado se a experiência foi insatisfatória ou se o custo de usá-las não escalar.

Custo

Mash-Ups são um pouco mais caros do que experimentos de baixa fidelidade, pois você precisa reunir vários componentes tecnológicos existentes para entregar uma solução geral. Os custos incorridos serão o pagamento da tecnologia existente e o esforço de conectá-la.

Tempo de Setup

Preparar um Mash-Up pode levar 1–3 semanas. Você deverá avaliar e reunir as tecnologias existentes.

Tempo de Execução

Realizar um experimento de Mash-Up pode levar várias semanas ou meses. Conduza-o por tempo suficiente para analisar feedbacks qualitativo e quantitativo antes de otimizá-lo ou tentar escalá-lo prematuramente.

Evidência

Satisfação do cliente

Citações e feedback do cliente sobre seu nível de satisfação depois de receber o resultado de seu Mash-Up.

A evidência da satisfação do cliente é forte nesse caso porque você está pedindo feedback depois de entregar valor ao cliente, e não em uma situação hipotética.

Nº de compras

Compras de clientes com o uso do Mash-Up.

Pagamentos são evidência forte, mesmo que não levem em conta a conexão de partes de tecnologia existente nos bastidores.

Custo

Quanto custa projetar, criar, entregar e manter um Mash-Up?

O custo para concluir um Mash-Up fornece uma evidência forte e é um ótimo indicador do que é necessário para criar um negócio viável no futuro.

Capacidades

Design / Tecnologia / Produto / Marketing / Jurídico / Finanças

Você precisa saber acessar tecnologias existentes, escolher os componentes certos e integrá-los em uma solução que possa entregar o valor necessário aos clientes. Isso não significa que você tenha que saber como todas as tecnologias funcionam, mas sim saber o suficiente para reuni-las nos bastidores. Além disso, o Mash-Up precisará de todas as características de um produto legítimo.

Exigências

Um Processo a Automatizar

Esse é outro experimento mais longo e caro, com um custo de transação mais alto. Antes de considerar um Mash-Up, realize vários experimentos de baixa fidelidade para ter uma ideia do processo de que precisará para entregar valor ao cliente. Use esse conhecimento para começar a avaliação da tecnologia existente que você pode montar para entregar esse valor.

Concierge
p. 248
Use o que aprendeu com o experimento concierge para elaborar o design de seu Mash-Up.

Entrevistas com Clientes
p. 106
Entreviste pessoas que usaram o recurso para entender melhor como ele satisfez a suas necessidades.

Mágico de Oz
p. 284
Use o que aprendeu com o experimento Mágico de Oz para elaborar o design de seu Mash-Up.

Pesquisa de Validação
p. 278
Pesquise as pessoas que usaram o recurso para entender melhor como ele satisfez a suas necessidades.

Mash-Up

Landing Page Simples
p. 260
Crie uma landing page simples para atrair interesse para seu experimento Mash-Up.

Crowdfunding
p. 266
Crie uma campanha de crowdfunding para financiar o que for necessário para atingir um nível além do Mash-Up.

Concierge

Criar uma experiência para o cliente e entregar valor manualmente com pessoas em vez de usar tecnologia. Ao contrário do Mágico de Oz, as pessoas envolvidas são óbvias para o cliente.

⬭ ●○○○○○ **CUSTO**	⚖ ●●●●● **FORÇA DA EVIDÊNCIA**
🕐 ●●○○○○ **TEMPO DE SETUP**	⏱ ●●●○○ **TEMPO DE EXECUÇÃO**

CAPACIDADES *Design / Produto / Tecnologia / Jurídico / Marketing*

DESEJO · PRATICABILIDADE · VIABILIDADE

O concierge é ideal para aprender em primeira mão os passos necessários para criar, captar e entregar valor ao cliente.
O concierge não é ideal para escalar um produto ou negócio.

Prepare

- ☐ Planeje os passos para criar o produto manualmente.
- ☐ Crie um quadro para acompanhar os pedidos e passos necessários.
- ☐ Teste os passos com alguém primeiro para garantir que funcionam.
- ☐ Se aceitar pedidos na web, certifique-se de integrar aspectos analíticos. Ou registre as quantidades em papel quadriculado ou no Excel.

Execute

- ☐ Receba pedidos para o experimento concierge.
- ☐ Realize o experimento concierge.
- ☐ Registre quanto tempo leva para concluir as tarefas.
- ☐ Obtenha feedback dos clientes com entrevistas e pesquisas.

Analise

- ☐ Revise o feedback do cliente.
- ☐ Revise sua métrica para:
  - Tempo necessário para a conclusão de tarefas.
  - Onde ocorreram atrasos no processo.
  - Quantos compraram.
- ☐ Use as descobertas e melhore o próximo experimento concierge e veja onde automatizar o processo.

CONCIERGE

249

PROTÓTIPOS DE INTERAÇÃO

Custo

Contanto que sejam pequenos e simples, os experimentos de concierge são baratos, principalmente porque você vai fazer a maior parte do trabalho manualmente, usando pouca ou nenhuma tecnologia. Se tentar aumentar o experimento ou deixá-lo mais complexo, o custo será maior.

Tempo de Setup

Preparar um experimento concierge leva um pouco mais de tempo do que outras técnicas rápidas de criação de protótipos, pois você terá que planejar manualmente todos os passos e conseguir clientes.

Tempo de Execução

Realizar um experimento concierge pode levar dias ou semanas, dependendo da complexidade do processo e de quantos clientes participarão dele. Geralmente, ele demora mais do que técnicas rápidas de criação de protótipos.

Evidência

Satisfação do cliente

Citações e feedback de clientes sobre sua satisfação após receberem o resultado do seu experimento.

A satisfação do cliente é uma evidência forte porque você está pedindo feedback depois da entrega de valor, em vez de uma situação hipotética.

Nº de compras

Compras dos clientes a partir do experimento concierge. Quanto eles estão dispostos a pagar por uma experiência manual?

Pagamentos são uma evidência forte, mesmo que você entregue valor manualmente.

Tempo necessário para concluir o processo

Lead time é o tempo total medido a partir do pedido do cliente até quando ele é entregue.

Cycle time é o tempo gasto trabalhando no pedido e não inclui o período ocioso antes de iniciar o processo.

O tempo usado para concluir o concierge é muito forte, pois informa em primeira mão os passos necessários para receber um pedido e entregar valor ao cliente.

Capacidades

Design / Tecnologia / Produto / Marketing / Jurídico

Você precisará de todas as habilidades para criar e entregar o produto ao cliente manualmente. Isso está relacionado ao contexto e depende de entregar um produto ou serviço físico ou digital ao consumidor final.

Exigências

Tempo

Tempo é a exigência mais importante para um teste concierge. Seu tempo. O tempo da equipe. Se você não criar tempo para realizar o experimento, causará frustração para si mesmo e para o cliente. Certifique-se de planejar quando realizar o experimento e libere sua agenda para que possa lhe dar a atenção necessária.

Mash-Up
p. 244
Automatize passos manuais de seu experimento concierge com a tecnologia existente.

Feature Stub
p. 156
Crie um Feature Stub em seu produto existente para usar como um funil para seu experimento concierge.

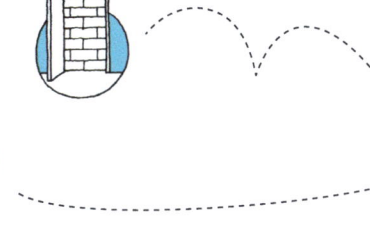

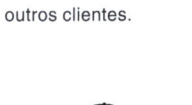

Programa de Indicação
p. 172
Crie um programa de indicação para entender se os satisfeitos com o resultado o indicariam a outros clientes.

Concierge

Prospecto
p. 194
Distribua prospectos com uma chamada para ação como um funil para seu experimento concierge.

Landing Page Simples
p. 260
Crie uma landing page simples para atrair interesse ao experimento concierge.

Mágico de Oz
p. 284
Use o que aprendeu com o experimento concierge para entregar valor manualmente, sem deixar os passos visíveis para o consumidor final.

Comprando e Vendendo uma Casa
Realtor.com

O Realtor.com é um site de anúncios de imóveis operado pela Move, Inc., de Santa Clara, Califórnia. Ele fornece informações, ferramentas e conhecimentos especializados, necessários a compradores e a vendedores durante a jornada em busca de um imóvel.

Quando as equipes do Realtor.com conversavam com pessoas que estavam tentando vender a casa, um dos problemas comumente ouvidos era a dificuldade de conciliar a venda com a compra de uma casa nova. Quando as pessoas mudam, elas acabam mudando para outro bairro, outra cidade ou até outro estado.

A ideia era agregar e mostrar os insights do mercado a elas, com os dois mercados lado a lado. Isso seria útil para elas? Poderíamos estender isso a uma funcionalidade real?

Hipótese

A equipe do Realtor.com achou que os vendedores em seu site que pretendiam vender no período de um ano também estariam comprando no mesmo período.

Experimento

Entrega concierge de insights em PDF. A equipe realizou um experimento concierge simples, acionado por uma chamada para ação. Com um clique, uma janela modal aparecia destacando a proposta de valor para insights sobre a sincronia da habilidade de comprar e vender ao mesmo tempo. Os usuários então clicariam em uma série de perguntas. Após a conclusão, Dave Masters (o gerente de produto) criaria manualmente o resultado, reunindo

insights de outras partes encontradas no Realtor.com em PDF.

Dave então enviaria o PDF por e-mail a usuários inscritos. Além do e-mail, ele acrescentava um link de encontro para conectar esses usuários, de modo que tivessem mais informações e verificassem como poderiam ajudar.

Evidência

Oitenta inscrições em poucos minutos.
As expectativas foram superadas rapidamente. Com base em dados estatísticos do site, a equipe calculou que o experimento geraria trinta inscrições em três horas. Ele gerou mais de oitenta inscrições em alguns minutos, mais depressa do que até poderiam tê-lo encerrado.

Insights

Validação da hipótese — o público tem um problema. A equipe descobriu que um grupo relativamente grande de pessoas no site tinha problemas para comprar e vender.

A equipe também constatou o desafio com o teste concierge. O alto volume poderia ser um bom sinal, mas poderia exigir que fosse necessário muito mais trabalho manual do que o previsto. Vale a pena notar que esse tipo de trabalho exige sua habilidade de execução para esses usuários. Quando realiza um

trabalho em mão dupla, você precisa prever e separar o tempo necessário para entregar essa promessa e, realmente, tentar aprender. Com a imensa quantidade de trabalho que você deve ter no dia a dia, pode ser muito difícil gerir tudo.

Ações

Persista testando funcionalidades em apps.
Sabendo que o público era aproximadamente do tamanho previsto, a equipe se sentiu confiante para avançar com mais experimentos, visando os usuários dentro desse app. Na verdade, o próximo experimento foi um Feature Stub que incluía um link para uma aba não existente para "Ferramentas de Venda" — um lugar em que a equipe começaria a inserir funcionalidades e testes específicos para os vendedores.

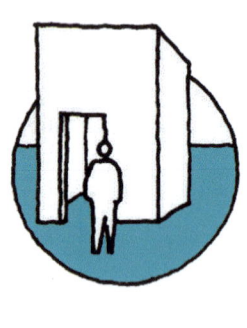

DESCOBERTA / PROTÓTIPO DE INTERAÇÃO

Protótipo em Tamanho Natural

Protótipos em tamanho natural e réplicas do mundo real de experiências de serviços.

 ●●●●● **CUSTO**	⚖ ●●○○○ **FORÇA DA EVIDÊNCIA**	 **DESEJO · PRATICABILIDADE · VIABILIDADE**
⏱ ●●●●○ **TEMPO DE SETUP**	⏱ ●●●○○ **TEMPO DE EXECUÇÃO**	*Protótipos em tamanho natural são ideais para testar soluções de alta fidelidade com clientes em uma amostra pequena, antes de decidir criar uma solução em escala.*
 **CAPACIDADES** *Design / Produto*		

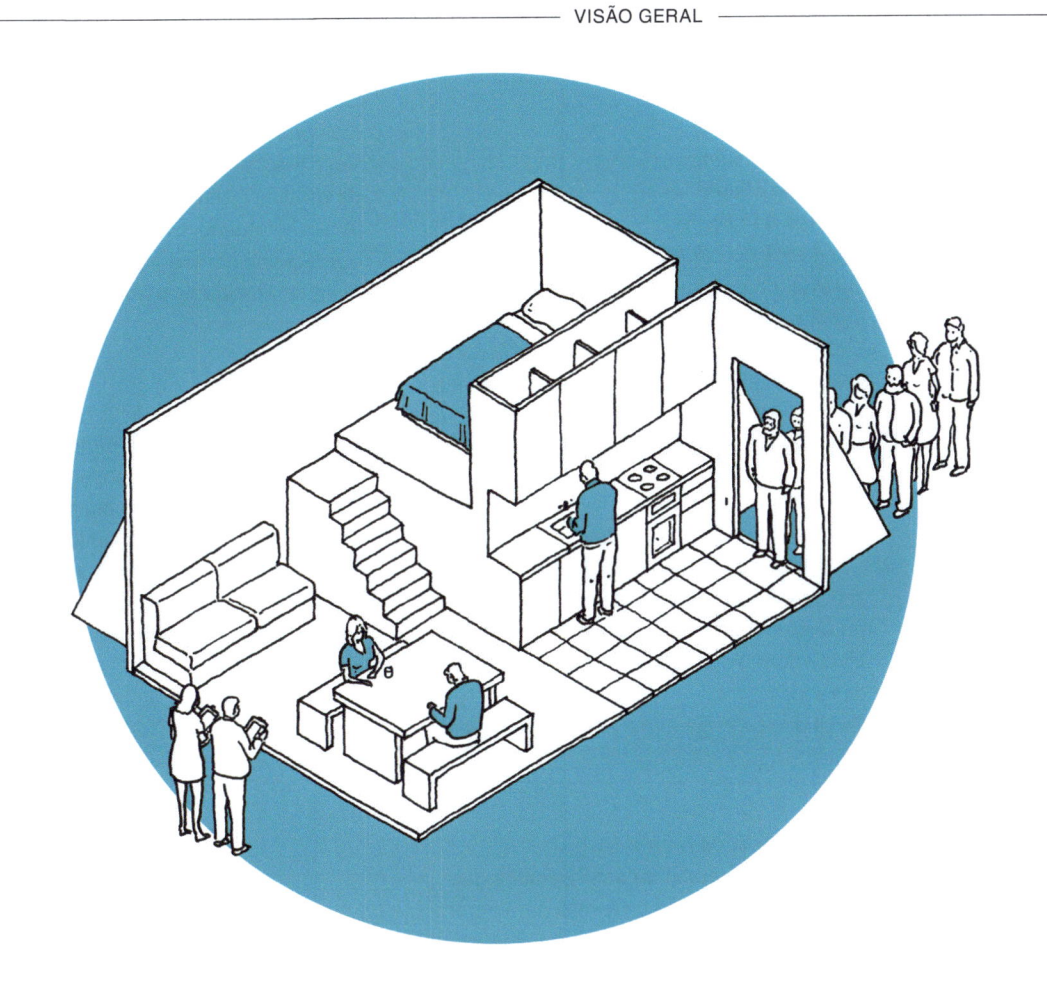

Prepare

- ☐ Reúna as evidências anteriores para apoiar a solução.
- ☐ Crie o protótipo em tamanho natural, que é uma réplica de sua solução proposta.
- ☐ Encontre clientes e agende uma sessão interativa.

Execute

- ☐ Mostre o protótipo em tamanho natural aos clientes.
- ☐ Uma pessoa da equipe realiza a entrevista.
- ☐ Outra pessoa da equipe anota as citações, tarefas, dores, ganhos e linguagem corporal do cliente.
- ☐ Conclua a entrevista com uma chamada para ação ou venda simulada para ir além do que o cliente diz e entender o que faria.

Analise

- ☐ Reveja suas notas com a equipe.
- ☐ Atualize seu Canvas da Proposta de Valor com base no que aprendeu.
- ☐ Calcule a conversão nas vendas simuladas na chamada para ação.
- ☐ Use o que aprendeu para melhorar e iterar no protótipo para a próxima rodada de testes.

Custo

Protótipos em tamanho natural podem ser moderadamente caros. Eles precisam ter um grau crível de exatidão, e, quanto maior o tamanho, maior a despesa.

Tempo de Setup

O tempo de setup para um protótipo em tamanho natural pode ser bem longo, dependendo do tamanho e da complexidade de sua solução. Criar uma réplica de alta fidelidade pode levar várias semanas ou meses.

Tempo de Execução

O tempo de execução para um protótipo em tamanho natural é relativamente curto. Os clientes deverão interagir com o protótipo para entender o ajuste entre sua proposta de valor e as tarefas, as dores e os ganhos do cliente.

Evidência

Tarefas do cliente
Dores do cliente
Ganhos do cliente
Feedback do cliente

Tarefas, dores e ganhos do cliente e como o protótipo pode solucioná-los.

Anote citações adicionais dos clientes não limitadas às tarefas, às dores e aos ganhos.

A evidência é bem fraca — eles precisam se imaginar usando-a em cenários da vida real.

Nº de vendas simuladas bem-sucedidas

Calcule a taxa de conversão de vendas simuladas tomando o número de pessoas que preencheram as informações de pagamento e dividindo-o pelo número de pessoas que viram o preço.

Os dados de pagamento são uma evidência forte.

Nº de inscrições para e-mail

A taxa de conversão de entrevistados que forneceram endereço de e-mail para serem contatados quando a solução estiver disponível.

Os e-mails dos clientes são uma evidência relativamente fraca, mas boa para experimentos futuros.

Capacidades

Design / Produto

Você precisará, principalmente, de habilidades de produto e design para criar o protótipo em tamanho natural. Ele não precisa ser totalmente operacional nem ter todos os recursos, mas deve ter fidelidade suficiente para interagir com os clientes.

Exigências

Evidência de uma Solução

Antes de considerar um protótipo em tamanho natural, você terá que conseguir evidências suficientes de que uma solução é necessária. Isso significa que você reuniu e gerou evidências sobre tarefas, dores e ganhos do cliente em um mercado que justifique a realização de um experimento de alta fidelidade com os clientes.

Crowdfunding
p. 266
Gere demanda e valide ainda
mais o desejo e a viabilidade
em escala maior.

Compre uma Funcionalidade
p. 226
Priorize o que incluir em seu
protótipo em tamanho natural.

Vídeo Explicativo
p. 200
Teste um vídeo para sua
proposta de valor e solução com
mais clientes.

Folha de Dados
p. 190
Visualize as especificações
para incluir no protótipo em
tamanho natural.

Protótipo em Tamanho Natural

Vendas Simuladas
p. 288
Veja se os clientes se dispõem
a pagar pela solução enquanto
interagem com o protótipo.

Entrevistas com Clientes
p. 106
Entreviste os clientes ao
interagirem com o protótipo e
descubra suas tarefas, dores e
ganhos.

PROTÓTIPO EM TAMANHO NATURAL
Validando um Espaço Físico
Zoku

A Zoku é um conjunto de lofts inteligentes e espaços amigáveis sediado em Amsterdã e é encarado por experts como a próxima evolução do Airbnb. Eles oferecem um ponto de apoio para profissionais em viagem que moram e trabalham na cidade de uns poucos dias a alguns meses. Como ocorre quando se cria um novo mercado, a equipe do Zoku tem premissas arriscadas sobre seu negócio, que precisam ser testadas.

Hipótese

A equipe Zoku acreditava que profissionais em viagem gostariam de ficar semanas e meses em um microapartamento de apenas 25m².

Experimento

Testando espaços habitacionais com os clientes.

A equipe construiu um protótipo em tamanho natural de um microapartamento para testar se os profissionais em viagem ficariam durante semanas ou meses. Eles conseguiram 150 profissionais em viagem, transportaram-nos de seus locais de trabalho para interagir com o protótipo em tamanho natural.

Os viajantes visitaram e ficaram no protótipo. A equipe do Zoku entrevistou-os enquanto interagiam com o espaço físico, inteirando-se do que funcionava ou não no design.

Evidência

Obtendo feedback qualitativo sobre o espaço.

As pessoas ficavam muito entusiasmadas quando o espaço era otimizado, eliminando paredes internas e a circulação. Se houvesse escadas dentro, representava mais espaço de convivência. Se ficassem do lado de fora, havia mais espaço de circulação para a área de dormir. Essa evidência surgiu principalmente quando o espaço foi testado com grupos de 4–5 pessoas ao mesmo tempo.

Insights

A experiência do espaço significa mais do que o seu tamanho.

O experimento ajudou a equipe da Zoku a entender as nuances sobre o protótipo. Quando todos os elementos normais são integrados (área de dormir, de armazenamento, banheiro e cozinha) entre si, como Tetris/Lego, o resultado é uma diferença em espaço secundário (elementos funcionais) e primário (espaço de convivência para circular e colocar os móveis avulsos).

No decorrer de todas as rodadas de validação, eles aprenderam que "a experiência do espaço" é diferente da quantidade de metros quadrados e pode ser influenciada de modo positivo por linhas de visão claras pelo mobiliário (as persianas na área de dormir), janelas amplas e iluminação inteligente.

Ações

Testando o fluxo do espaço com serviços de limpeza.

Usando o que aprendeu com o teste do protótipo em tamanho natural, a equipe realizou outra rodada de testes com serviços de limpeza para a unidade. Assim, a equipe conheceu os desafios do serviço, especificamente com a plataforma de dormir elevada.

VALIDAÇÃO / CHAMADA À AÇÃO

Landing Page Simples

Uma página simples na web que ilustra com clareza sua proposta de valor
com uma chamada para ação.

CUSTO ● ● ○ ○ ○ ○

FORÇA DA EVIDÊNCIA ● ● ○ ○ ○

TEMPO DE SETUP ● ● ○ ○ ○

TEMPO DE EXECUÇÃO ● ● ● ○ ○

CAPACIDADES *Design / Produto / Tecnologia*

DESEJO · PRATICABILIDADE · VIABILIDADE

*Uma landing page simples é ideal para determinar se sua
proposta de valor corresponde ao seu segmento de clientes.*

Prepare

☐ Escolha um template ou layout que sustente seu setor.

☐ Encontre fotos de qualidade livres de royalties para usar em seu design.

☐ Adquira um nome de domínio curto e marcante que reforce a marca. Se a marca desejada já existir, o que ocorre com frequência com domínios atualmente, use um verbo na frente do nome, como "tente" ou "obtenha".

☐ Inclua uma declaração da proposta de valor em um lugar visível, em fonte grande, de preferência com tamanho de cabeçalho.

☐ Coloque o e-mail de inscrição de chamada para ação em um local visível, abaixo da declaração de proposta de valor.

☐ Inclua as dores dos clientes, sua solução e os ganhos do cliente abaixo da chamada para ação.

☐ Integre os fatores analíticos e confirme se estão funcionando.

☐ Não esqueça exigências do site, como logo, marca, contato, termos de atendimento e informações sobre cookies e política de privacidade.

Execute

☐ Deixe sua landing page ativa na web.

☐ Direcione tráfego para sua página.

Analise

☐ Revise aspectos analíticos de quantas pessoas:

- Viram sua landing page.
- Cadastraram seu endereço de e-mail.
- Passaram o tempo ou interagiram, clicando e rolando a página.

☐ Como diferentes fontes de tráfego se converteram? Por exemplo, se uma campanha de anúncios ou e-mail em uma mídia social específica obteve mais inscrições de clientes, talvez você queira replicá-la em outras plataformas.

☐ Use essas descobertas para melhorar sua proposta de valor e contate os que se inscreveram para entrevistá-los.

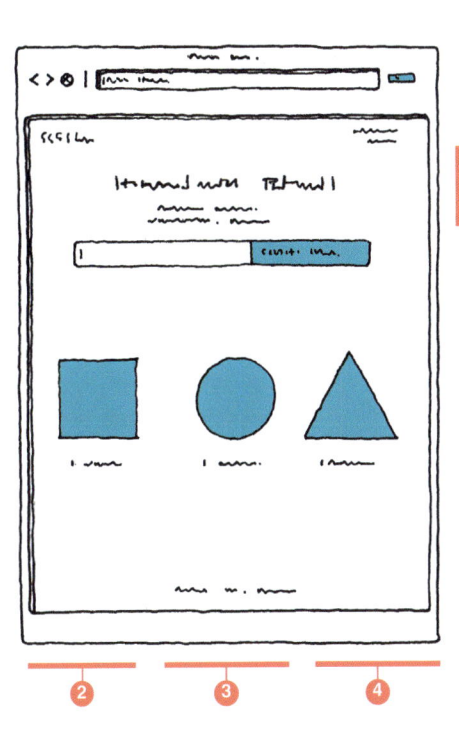

Conexões

❶ **Propostas de valor** vêm de seu Mapa de Valor. Não crie a proposta de valor sem um fundamento, tampouco ignore o trabalho já feito. O Mapa de Valor contém hipóteses, e o teste da proposta de valor na landing page é um ótimo modo de provar ou refutá-las.

❷ **As dores do cliente** vêm do Perfil do Cliente. Pegue as três principais dores votadas pelos clientes no canvas e inclua-as na descrição das dores, na parte inferior esquerda da landing page.

❸ **A solução** vem do produto e do serviço do Mapa do Valor. O visitante precisa saber como você entrega a proposta de valor de forma tangível e real. O produto e os serviços na coluna central da página devem refletir esse fato.

❹ **Os ganhos** vêm do Perfil do Cliente. Tome os três ganhos mais votados do canvas e inclua-os na descrição de ganhos, na parte inferior direita da landing page.

Custo

A produção de landing pages é relativamente barata, principalmente pelo fato de que as ferramentas digitais evoluíram e são muito mais fáceis de usar. Esse é um dos meios mais baratos de testar sua proposta de valor em escala, com clientes em potencial.

Tempo de Setup

Landing pages podem ser ilusoriamente difíceis de criar, principalmente porque você está extraindo todas as tarefas, dores e ganhos dos clientes em declarações fáceis de compreender. Mesmo assim, não deve levar mais do que alguns dias para projetar uma landing page.

Tempo de Execução

O tempo de execução é de algumas semanas, embora dependa muito do tráfego que você atrair para a landing page. Se o tráfego diário for baixo (i.e., menos que cem visualizações únicas), você precisará realizar o teste por um período mais longo, para reunir informações suficientes.

Evidência

Visualizações Únicas
Tempo Gasto na Página
Inscrições por E-mail

Você pode calcular a taxa de conversão tomando o número de ações e dividindo-o pelas visualizações = taxa de conversão. As taxas de conversão via e-mail variam muito por setor, mas, na média, ficam entre 2%–5%. Para validação em estágio inicial, recomendamos 10%–15%, pois você deve ser melhor que a média; do contrário, por que criar algo novo?

E-mails geram uma evidência relativamente fraca, pois todos têm e-mail e o distribuem à vontade, mesmo quando há pouco interesse. Não é difícil cancelar a inscrição ou enviar e-mails indesejados para a pasta de spam.

Capacidades

Design / Produto / Tecnologia

Landing pages precisam comunicar o valor, de modo claro e conciso, na linguagem do cliente. Você precisa de habilidade para fazer isso bem, do contrário, correrá o risco de gerar falsos negativos. Se não possuir essa habilidade, não se desespere. Existem muitos serviços de landing pages que têm templates de aspecto profissional, que lhe permitem criá-las usando a tecnologia drag-and-drop.

Exigências

Tráfego

Landing pages precisam de tráfego para gerar evidência, geralmente, cerca de cem visitantes únicos por dia. A boa notícia é que há muitas formas de atrair tráfego para sua landing page, incluindo:

- Anúncios online.
- Campanhas na mídia social.
- Campanhas por e-mail.
- Redirecionamento de tráfego existente.
- Boca a boca.
- Fóruns de discussão.

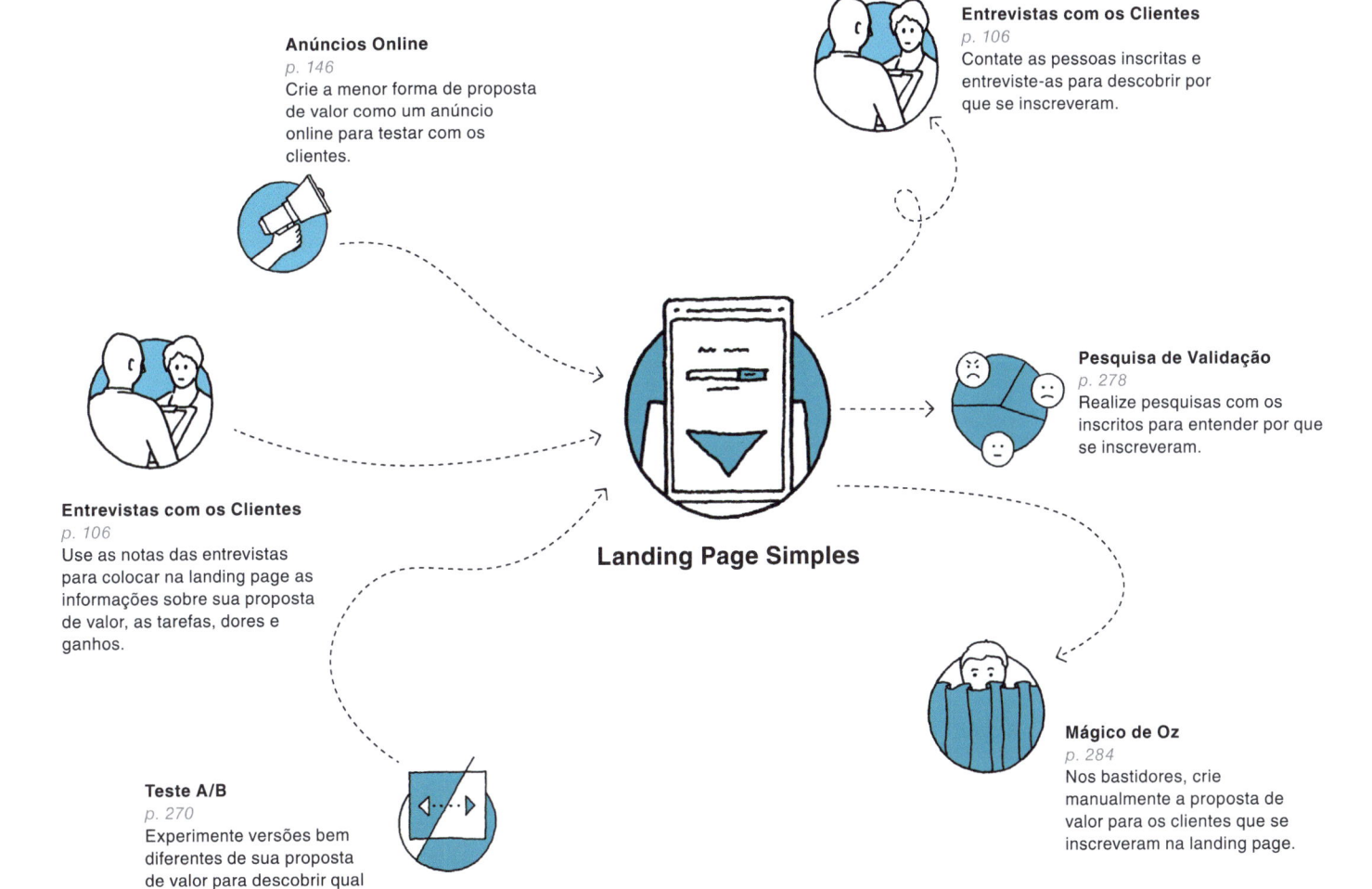

Anúncios Online
p. 146
Crie a menor forma de proposta
de valor como um anúncio
online para testar com os
clientes.

Entrevistas com os Clientes
p. 106
Contate as pessoas inscritas e
entreviste-as para descobrir por
que se inscreveram.

Entrevistas com os Clientes
p. 106
Use as notas das entrevistas
para colocar na landing page as
informações sobre sua proposta
de valor, as tarefas, dores e
ganhos.

Pesquisa de Validação
p. 278
Realize pesquisas com os
inscritos para entender por que
se inscreveram.

Landing Page Simples

Teste A/B
p. 270
Experimente versões bem
diferentes de sua proposta
de valor para descobrir qual
é a mais bem-aceita pelos
clientes.

Mágico de Oz
p. 284
Nos bastidores, crie
manualmente a proposta de
valor para os clientes que se
inscreveram na landing page.

LANDING PAGE SIMPLES

263

CHAMADA PARA AÇÃO

VALIDAÇÃO

264

EXPERIMENTOS

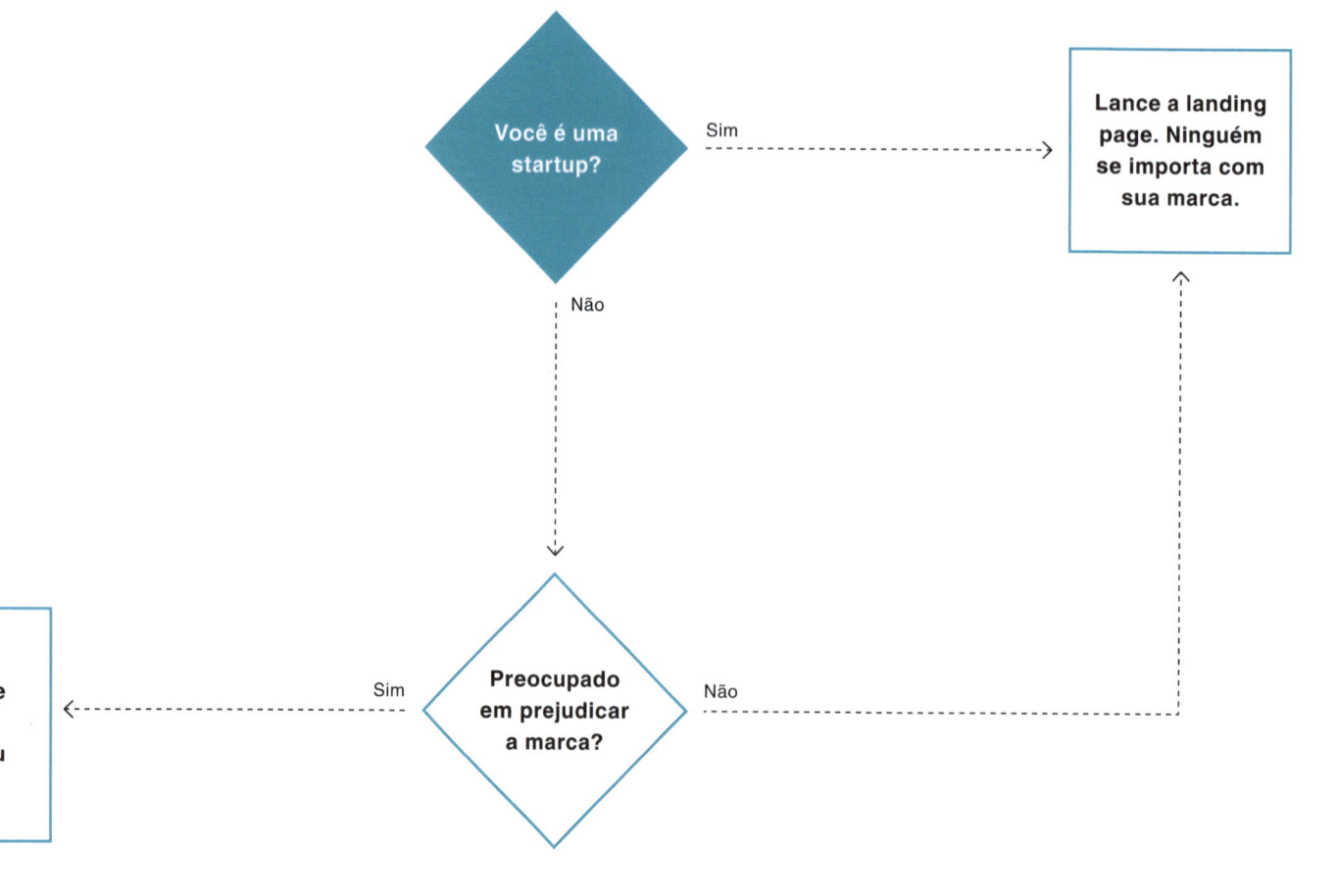

Preocupações com a Marca

Colocar a marca na landing page pode se tornar uma decisão difícil se você faz parte de uma corporação maior. Startups têm a possibilidade de testar sem atrair atenção, baseadas apenas em sua marca. Elas podem lançar uma landing page, e raramente as pessoas se inscrevem por causa da marca. Em vez disso, elas se inscrevem porque a ideia se destaca pelo próprio mérito como uma solução para elas.

Se as corporações mantiverem a landing page com a marca e o logotipo da empresa em destaque, poderão causar dificuldades para a equipe. Revisões de marca e marketing geralmente retardam o processo por semanas, até por meses. As pessoas visitarão a página só por causa da marca. Poderá ser difícil peneirar todo o ruído causado pelo tráfego para ver quem realmente está interessado na proposta de valor.

Crie uma submarca ou uma nova empresa para testar a ideia de negócios. Isso lhe possibilitará andar mais depressa, sem as intermináveis reuniões envolvendo a marca e o que acontece se as pessoas se inscreverem. Um efeito colateral dessa abordagem é que você não poderá alavancar os canais de aquisição existentes da marca. Isso significa que você precisará criar sua própria aquisição de clientes postando anúncios, conversando com pessoas e usando a mídia social para impulsionar o tráfego.

☐ *Usar as palavras das entrevistas com os clientes no título.*
☐ *Contatar as pessoas que se inscreveram e perguntar se estão disponíveis para uma entrevista.*
☐ *Usar fotos e vídeos de boa qualidade.*
☐ *Usar um nome de domínio curto.*

✖

– *Incluir falsos depoimentos para gerar conversões.*
– *Rotular produtos como "esgotados" quando nem mesmo foram criados.*
– *Fazer alegações irreais sobre seu produto.*
– *Usar um tom negativo e ríspido.*

LANDING PAGE SIMPLES

265

CHAMADA PARA AÇÃO

Crowdfunding

Financiar um projeto ou empreendimento obtendo várias quantias
pequenas de dinheiro de diversas pessoas, geralmente pela internet.

🪙 ●●●●● **CUSTO**	⚖️ ●●○○○ **FORÇA DA EVIDÊNCIA**
🕐 ●●●●○ **TEMPO DE SETUP**	⏱️ ●●●●○ **TEMPO DE EXECUÇÃO**

CAPACIDADES *Design / Produto / Marketing / Finanças*

DESEJO · PRATICABILIDADE · **VIABILIDADE**

*O crowdfunding é ideal para financiar seu novo empreendimento
com clientes que acreditam em sua proposta de valor.
O crowdfunding não é ideal para determinar se seu novo
empreendimento é viável.*

Prepare

☐ Defina a sua meta para o financiamento. Seja pragmático e específico sobre como o dinheiro será usado em cada atividade necessária para criar o produto.
☐ Escolha uma plataforma de crowdfunding existente ou crie um site de crowdfunding customizado.
☐ Crie um vídeo de crowdfunding de boa qualidade para atrair o cliente e convencê-lo a financiar seu produto.
☐ Inclua uma declaração da proposta de valor abaixo do vídeo em fonte grande, de preferência com tamanho de cabeçalho.
☐ Exiba a chamada para ação para financiar o produto à direita do vídeo, em linguagem clara.
☐ Inclua dores, solução e ganhos do cliente abaixo da proposta de valor.
☐ Inclua doações de várias quantias e benefícios.

Execute

☐ Deixe sua campanha de crowdfunding visível ao público.
☐ Atraia tráfego para sua página.
☐ Seja ativo na mídia social e na página da campanha, reagindo a comentários e respondendo às perguntas à medida que chegarem.

Analise

☐ Reveja quantas doações foram recebidas, a quantia de cada uma e se você atingiu sua meta de financiamento.
☐ Se não atingiu sua meta, use o que aprendeu para repetir a campanha.
☐ Se atingiu a meta, continue a responder ativamente sobre o progresso dos apoiadores pela mídia social e por e-mail.
☐ Como foi a conversão em diferentes fontes de tráfego? Por exemplo, se um certo anúncio na mídia social ou campanha de e-mail faz mais clientes doarem, talvez você queira se lembrar disso para a aquisição de clientes quando o produto estiver pronto para a venda.

Conexões

① Conte uma história no vídeo, começando com os maiores destaques. Mostre como sua solução resolve tarefas, dores e ganhos principais para o segmento no **Perfil do Cliente**.

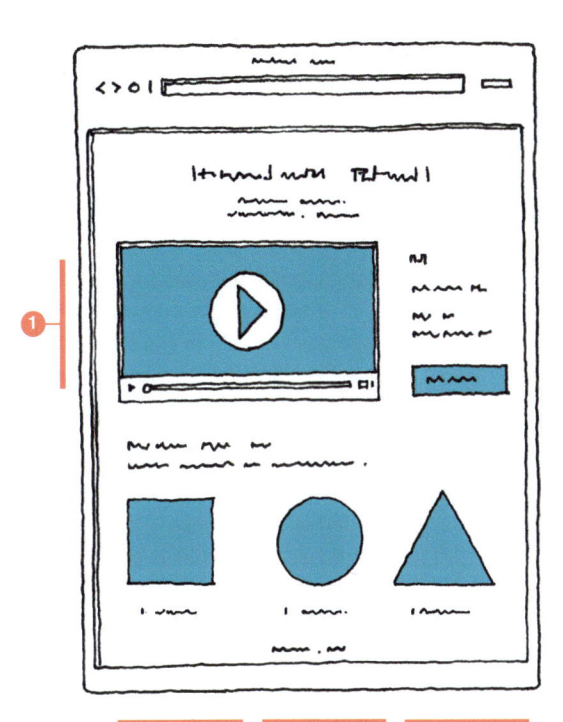

② **Dores** vêm do Perfil do Cliente. Tome as três dores mais votadas e inclua elas na descrição de dores, na parte inferior esquerda da página da campanha de crowdfunding.

③ A **solução** vem do produto e do serviço do Mapa de Valor. Os apoiadores do crowdfunding em potencial devem entender a solução que está ao lado da dor, na página da campanha.

④ **Ganhos** vêm do Perfil do Cliente. Tome os três ganhos mais votados e inclua eles na descrição de ganhos, na parte inferior direita da página da campanha de crowdfunding.

✔

☐ *Levar em conta a porcentagem da comissão paga à plataforma de crowdfunding como taxa de sua campanha.*
☐ *Reembolsar quem contribuiu se você não atingir a meta.*
☐ *Ser específico e transparente sobre como os recursos que está reunindo serão usados, incluindo o custo da divisão das atividades.*

✘

– *Incluir tantos benefícios que passará todo o tempo atendendo-os em vez de construir o produto.*
– *Ser ambicioso e reunir mais do que precisa para a construção do produto.*
– *Economizar na qualidade de produção do vídeo.*
– *Fazer alegações irreais sobre os benefícios de seu produto.*

Custo

Os custos do crowdfunding geralmente focam a produção de vídeos, marketing, logística e duração da campanha. Mesmo que haja plataformas de crowdfunding disponíveis, a fidelidade deve ser alta, ou você não atrairá o interesse dos clientes.

Tempo de Setup

Campanhas de crowdfunding podem levar de poucas semanas a alguns meses para serem elaboradas. Não é simples produzir um vídeo atraente de alta qualidade, criar conteúdo que transmita a proposta de valor e estruturar os níveis de preço e os benefícios para seus clientes.

Tempo de Execução

A realização de uma campanha de crowdfunding geralmente leva 30–60 dias. Isso não quer dizer que você não será incrivelmente bem-sucedido e que não possa concluí-la em um tempo menor — mas esteja ciente de que as financiadas em menos dias são uma exceção.

Força da Evidência

Referências
Nº de visualizações únicas
Nº de comentários
Nº de compartilhamentos de mídia social

De onde vêm seus visitantes online e como eles interagem com sua campanha.

Visualizações, comentários e compartilhamentos são uma evidência relativamente fraca, mas boa para propiciar insights qualitativos.

Nº de doações
Quantia de doações

Como seu público está convertendo para doações. Pelo menos 6% das doações vêm do tráfego direto. Pelo menos 2% de suas doações vêm de anúncios online direcionados.

Financiamento percentual. O ideal é que seja de 100%, e que sua ideia seja financiada.

O público que doa seu dinheiro para tornar sua campanha de crowdfunding um sucesso é uma evidência muito forte. É como se votassem com suas carteiras, não só com as palavras.

Capacidades

Design / Produto / Marketing / Finanças

A popularidade do crowdfunding tem aumentado o número de plataformas de financiamento coletivo, e você não precisa mais de uma equipe de desenvolvimento para criar uma campanha. Ela ainda terá que ser autêntica com recompensas interessantes, e criar consciência no mercado. O design desempenha um papel importante, pois precisa parecer profissional; do contrário, você obterá falsos negativos em sua proposta de valor. As finanças são essenciais, pois você deve especificar corretamente seus níveis de preços e recompensas para poder construir um negócio sustentável a partir da campanha.

Exigências

Proposta de Valor e Segmento do Cliente

Antes de optar por uma campanha de crowdfunding, você precisa de uma proposta de valor clara, que possa se transformar em um vídeo de ótima qualidade e em um segmento de cliente-alvo.
Campanhas de crowdfunding sem vídeo são poucas e raras, e sua taxa de sucesso é muito baixa. Você precisa segmentar o cliente, do contrário, será muito difícil atrair pessoas para a campanha.

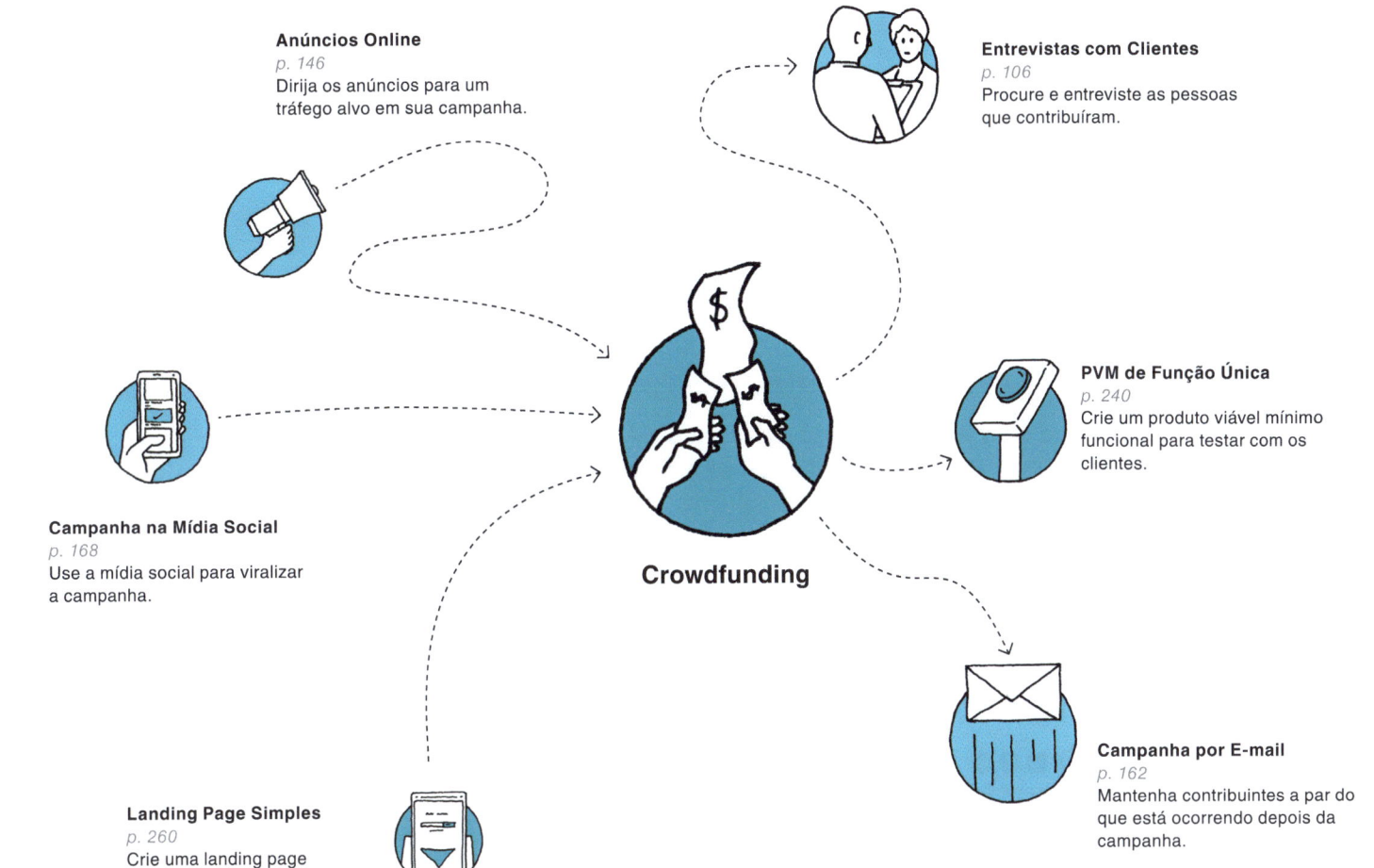

Anúncios Online
p. 146
Dirija os anúncios para um tráfego alvo em sua campanha.

Entrevistas com Clientes
p. 106
Procure e entreviste as pessoas que contribuíram.

Campanha na Mídia Social
p. 168
Use a mídia social para viralizar a campanha.

Crowdfunding

PVM de Função Única
p. 240
Crie um produto viável mínimo funcional para testar com os clientes.

Campanha por E-mail
p. 162
Mantenha contribuintes a par do que está ocorrendo depois da campanha.

Landing Page Simples
p. 260
Crie uma landing page para atrair tráfego para sua campanha.

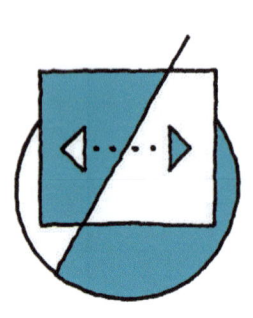

VALIDAÇÃO / CHAMADA PARA AÇÃO

Teste A/B

O teste A/B é um método para comparar duas versões, o controle A em relação à variante B, e determinar qual mostra um melhor desempenho.

●●○○○○ **CUSTO**	●●●○○ **FORÇA DA EVIDÊNCIA**
●●○○○ **TEMPO DE SETUP**	●●●○○ **TEMPO DE EXECUÇÃO**

CAPACIDADES *Design / Produto / Tecnologia / Dados*

DESEJO · PRATICABILIDADE · **VIABILIDADE**

O teste A/B é ideal para testar diferentes versões de propostas de valor, preços e funcionalidades, para ver qual é melhor para os clientes.

Prepare

- ☐ Identifique o comportamento do cliente que quer melhorar (i.e., avançar por um funil).
- ☐ Crie seu Controle A.
- ☐ Estabeleça um ponto de comparação para o Controle A e anote-o.
- ☐ Crie a Variante B.
- ☐ Defina a porcentagem mensurável de melhoria que quer observar na Variante B.
- ☐ Identifique o tamanho da amostra de clientes e a porcentagem do nível de confiança.

Prepare

- ☐ Faça o teste A/B ao acaso e atraia 50% do tráfego ao Controle A e 50% à Variante B.

Analise

- ☐ Reveja os resultados quando o tamanho da amostra for atingido e se ele alcançou seu nível de confiança.
- ☐ O grau de confiança foi atingido?
  - • Em caso positivo, substitua o Controle A pela Variante B como elemento estático.
  - • Em caso negativo, realize outro teste A/B com uma Variante B diferente.

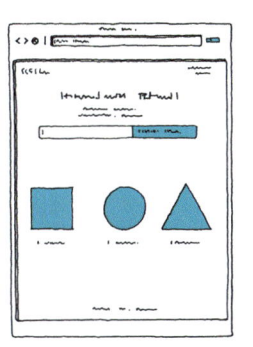
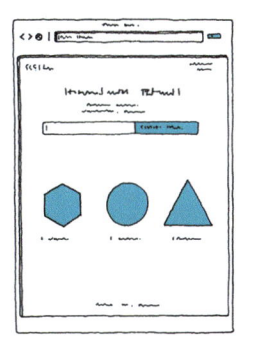

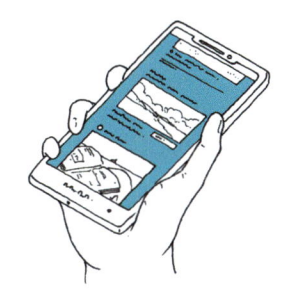

✔

- ☐ *Usar citações de entrevistas com clientes para realizar um teste A/B com a proposta de valor.*
- ☐ *Contatar as pessoas que converteram para entender o motivo.*
- ☐ *Usar um calculador de teste A/B para definir o tamanho da amostra exigido para atingir seu nível de confiança.*
- ☐ *Fazer o teste A/B em ideias muito diferentes, principalmente no início. Você obterá mais insights do que em pequenos testes incrementais.*

✘

- – *Interromper o teste A/B no início porque gostou ou não dos resultados preliminares.*
- – *Esquecer de continuar medindo KPIs que você não quer que caiam.*
- – *Fazer muitos testes A/B ao mesmo tempo ou junto com outros experimentos.*
- – *Desistir se o primeiro teste A/B não mostrar resultados incríveis.*

Custo

Testes A/B são relativamente baratos, e as ferramentas digitais online lhe permitem realizá-los sem ter que saber muito sobre programação. Você pode copiar e colar um roteiro em sua página ou app, logá-lo no produto e configurar os testes A/B. Seu uso é parecido com o de um processador de texto, arrastando, largando e digitando. Testes A/B ficam mais caros se você estiver construindo um hardware customizado ou imprimindo malas diretas, visto que terá que fisicamente fazer duas versões diferentes para testar com os clientes.

Tempo de Setup

O tempo de setup para testes A/B é relativamente curto, principalmente com produtos digitais, para os quais se podem usar ferramentas já existentes. O tempo de setup pode ser um pouco mais longo se você estiver criando duas versões diferentes de forma manual.

Tempo de Execução

O tempo de execução para testes A/B geralmente vai de vários dias a semanas. Você precisa de dados estatísticos relevantes para obter insights sobre qual tem um melhor desempenho.

Força da Evidência

Tráfego
Comportamento Controle A
Taxa de Conversão do Controle A

A taxa de conversão é o número de ações dividido pelo número de pessoas levadas ao teste de Controle A. Se possível, use dados anteriores para prever qual é a taxa de conversão para a linha de base.

Comportamento da Variante B
Taxa de Conversão da Variante B

A taxa de conversão é o número de ações dividido pelo número de pessoas levado à Variante B. Defina que impacto mensurável você gostaria que a Variante B tivesse na porcentagem de conversão.

A força da evidência é moderada — os clientes não estão cientes de sua participação no teste A/B. Você precisa de, pelo menos, 80% de confiança nos resultados. O ideal é um nível de confiança de 98%, mas ele pode variar, dependendo do que estiver testando. Use um calculador de teste A/B online para ajudar a guiá-lo no processo.

Capacidades
Design / Produto / Tecnologia / Dados

Você precisará dessas capacidades para definir o que testar, um ponto de comparação para o Controle A e a melhoria necessária para a Variante B. Faça o design para que corresponda visualmente ao tema geral, do contrário, receberá falsos negativos. Se for um software, você precisará de algum conhecimento de tecnologia para integrar. No final, precisará analisar os resultados para obter dados para o próximo experimento.

Exigências
Tráfego Significativo

Testes A/B precisam de uma quantidade de tráfego significativa para gerar evidências críveis. Seu tráfego será randomizado para exibir o Controle A ou a Variante B ao cliente. Se tiver pouco ou nenhum tráfego, precisará de muito tempo para concluir que um tem melhor desempenho do que o outro.

Campanha por E-mail
p. 162
Teste assunto, texto e
imagens de e-mail para definir
o que faz os clientes abrirem
e clicarem.

Landing Page Simples
p. 260
Teste diferentes propostas de valor
e chamadas para ação para ver o
que melhora a conversão.

Entrevistas com Clientes
p. 106
Entreviste seus clientes
e descubra o motivo da
conversão.

Entrevistas com Clientes
p. 106
Use citações de suas
entrevistas para checar o que
gera uma melhor conversão
com um teste A/B.

Teste A/B

Anúncios Online
p. 146
Teste diferentes imagens ou
texto para o anúncio online e
descubra o que melhora a taxa
de cliques.

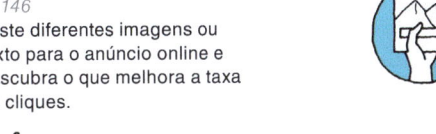

Prospecto
p. 194
Teste diferentes imagens e
propostas de valor para definir o
que gera uma melhor conversão
no contato com chamada para
ação.

TESTE A/B

273

CHAMADA PARA AÇÃO

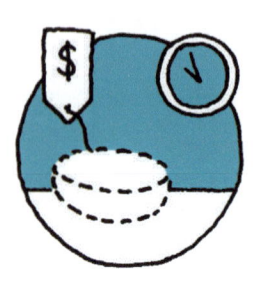

VALIDAÇÃO / CHAMADA PARA AÇÃO

Pré-venda

Uma venda realizada antes de o item estar disponível para compra. Ao contrário da venda simulada, você processará uma transação financeira quando ele for enviado.

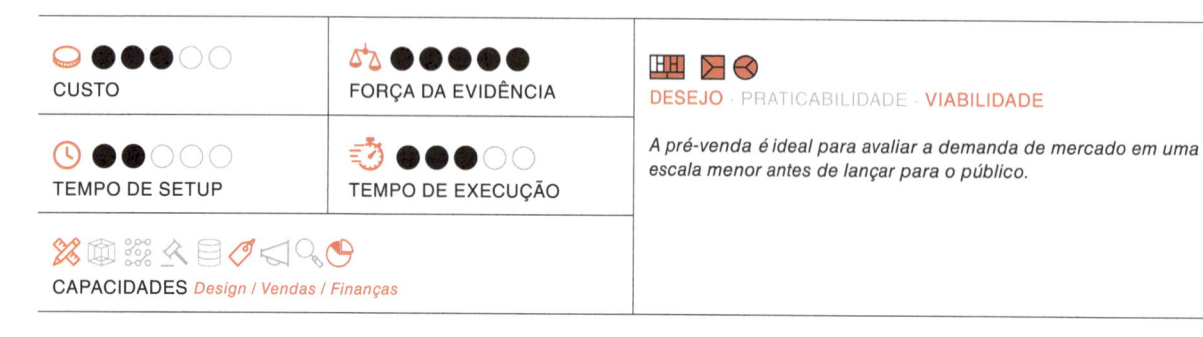

CUSTO ●●●○○

FORÇA DA EVIDÊNCIA ●●●●●

TEMPO DE SETUP ●●○○○

TEMPO DE EXECUÇÃO ●●●○○

DESEJO · PRATICABILIDADE · **VIABILIDADE**

A pré-venda é ideal para avaliar a demanda de mercado em uma escala menor antes de lançar para o público.

CAPACIDADES *Design / Vendas / Finanças*

Prepare

☐ Crie uma landing page simples.

☐ Insira suas opções de preço.

☐ Ao clicar em uma opção de preço, mostre um pop-up "ainda não está disponível ao público", com uma ficha com informações de pagamento. O cartão só será faturado depois do envio do produto.

☐ Integre e verifique se as análises da web estão funcionando corretamente.

Execute

☐ Torne a página ativa para o público.

☐ Atraia tráfego para a página.

Analise

☐ Revise as análises sobre quantas pessoas:

- Visualizaram as opções de preço.
- Clicaram em uma opção de preço.
- Adicionaram suas informações de pagamento.

- Clicaram na pré-venda para ser faturados no envio.
- Saíram do fluxo (i.e., funil das análises da web).
- Converteram em sua página com base na fonte de tráfego.

☐ Use essas descobertas para avaliar a viabilidade e melhorar a proposta de valor e as opções de preço.

Conexões

- Opções de preço vêm do fluxo de receita do Canvas do Modelo de Negócios.

Custo

Pré-vendas são relativamente baratas, mas, ao contrário das vendas simuladas, você tem o custo adicional de processar a transação e enviar o produto. Se estiver usando um sistema de ponto de venda, talvez precise comprar hardware ou software. Além disso, a maioria dos sistemas de pagamento cobra uma porcentagem de suas vendas (2%–3%) e pode também cobrar uma taxa mensal.

Tempo de Setup

O tempo de setup para uma pré-venda é relativamente curto. Quando você estiver perto de enviar o produto, será necessário aceitar e processar as informações financeiras.

Tempo de Execução

O tempo de execução para uma pré-venda é de alguns dias, ou semanas. Você precisará visar um público específico com sua solução e lhes dar tempo suficiente para pensar em uma compra. Pré-vendas não costumam ser longas — provedores de pagamento podem exigir que você envie o produto em até vinte dias da compra.

Evidência

Nº de visualizações únicas
Nº de compras

Você pode calcular a taxa de conversão de compra tomando o número de compras e dividindo-o pelo número de pessoas que viram o preço.

Compras são uma evidência forte. Os clientes pagam por sua solução antes de ela estar disponível ao público em geral.

Nº de abandonos

Geralmente ligado a carrinhos de compra online, pessoas iniciam o processo de compra e o deixam, ou seja, abandonam a venda.

Você pode calcular a taxa e abandono dividindo o número de pessoas que entraram no processo de compra pelo número total de vendas concluídas.

Pessoas deixando o processo de compra é uma evidência forte, embora um mau sinal. Isso significa que algo está errado com seu processo, que ele está mal configurado ou que o preço de compra é inadequado.

Capacidades

Design / Vendas / Finanças

Conduzir uma pré-venda requer definição de opções de preço. Também é preciso desenhar a venda de modo que tenha a fidelidade ideal para seu público-alvo. Por fim, você precisa de habilidades de vendas, principalmente se as estiver conduzindo de forma pessoal no mundo físico.

Exigências

Habilidade de Atendimento

Pré-vendas são diferentes de vendas simuladas: você reúne e processa informações de pagamento, conduzindo uma venda real. Isso significa que deve estar perto da solução final ou, no mínimo, de ter um produto viável mínimo para entregar. Não se apresse para conduzir várias pré-vendas sem ter a capacidade de atender a seus clientes.

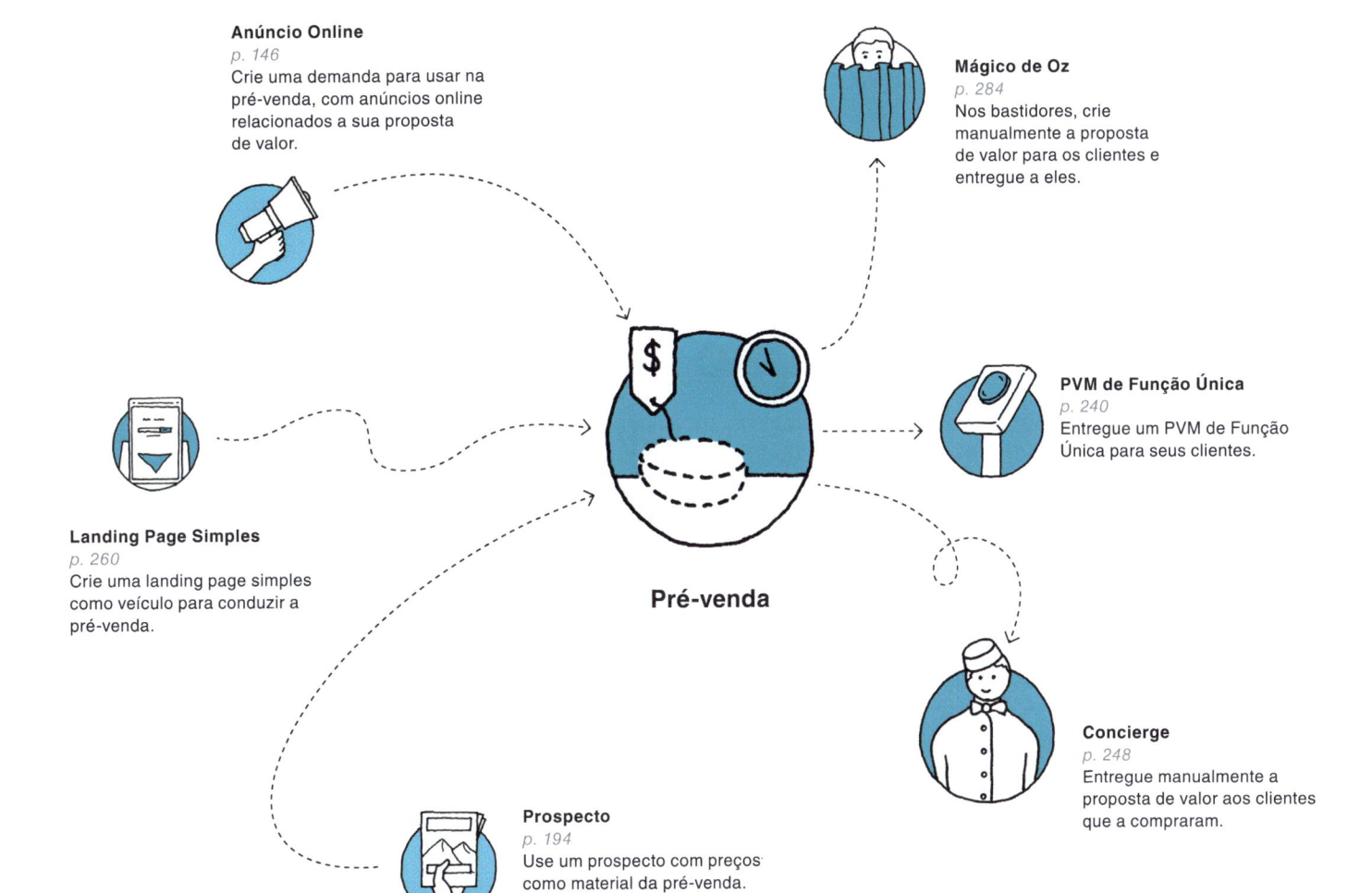

Anúncio Online
p. 146
Crie uma demanda para usar na pré-venda, com anúncios online relacionados a sua proposta de valor.

Mágico de Oz
p. 284
Nos bastidores, crie manualmente a proposta de valor para os clientes e entregue a eles.

Landing Page Simples
p. 260
Crie uma landing page simples como veículo para conduzir a pré-venda.

Pré-venda

PVM de Função Única
p. 240
Entregue um PVM de Função Única para seus clientes.

Concierge
p. 248
Entregue manualmente a proposta de valor aos clientes que a compraram.

Prospecto
p. 194
Use um prospecto com preços como material da pré-venda.

PRÉ-VENDA

277

CHAMADA PARA AÇÃO

Pesquisa de Validação

Um questionário de perguntas fechadas usado na coleta de informações de uma amostra de clientes sobre um tema específico.

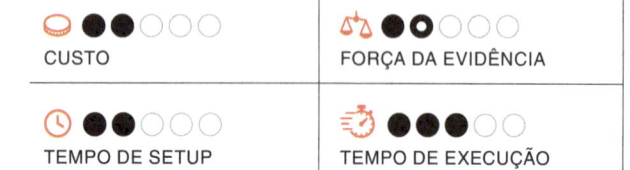

CUSTO

FORÇA DA EVIDÊNCIA

TEMPO DE SETUP

TEMPO DE EXECUÇÃO

DESEJO · PRATICABILIDADE · VIABILIDADE

Uma pesquisa de validação é ideal para obter insights sobre se os clientes ficarão desapontados se seu produto sair de linha ou se indicarão outros clientes.

CAPACIDADES *Produto / Marketing / Pesquisa*

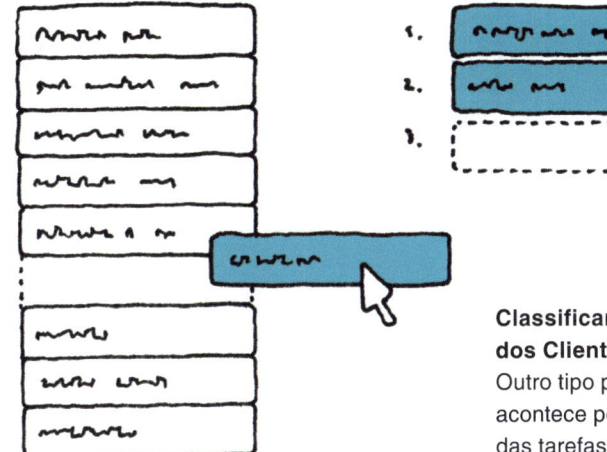

Descobrindo Tarefas, Dores e Ganhos Faltantes do Cliente

Além da classificação, você pode se inspirar na pesquisa de descoberta e incluir uma pergunta aberta depois de cada classificação, para o acaso de ter excluído alguma involuntariamente:

- Sobre que tarefa que não está na lista você gostaria que tivéssemos perguntado? Por quê?
- Sobre que dor que não está na lista você gostaria que tivéssemos perguntado? Por quê?
- Sobre que ganho que não está na lista você gostaria que tivéssemos perguntado? Por quê?

Outros Tipos de Pesquisa de Validação

Em geral, pesquisas de validação são muito simples, com respostas a uma única pergunta fechada. Com isso em mente, você pode aplicá-las a outros tipos de suposições que deseja validar com os clientes, como:

- CSAT (satisfação do cliente).
- CES (índice do esforço do cliente).
- Consciência da marca.

Classificando Tarefas, Dores e Ganhos dos Clientes

Outro tipo popular de pesquisa de validação acontece pela classificação da importância das tarefas, dores e ganhos em seu Perfil do Cliente, no Canvas da Proposta de Valor. A maioria das equipes obtém informações para ela em workshops, mas precisa buscar feedback rapidamente fora desse ambiente para saber o quanto está próxima do mundo real. Isso é feito com facilidade com a maioria dos softwares de pesquisa atuais, criando dois boxes, um para a lista e, a seu lado, outro para a classificação do cliente.

Teste Sean Ellis

*"Você ficaria desapontado se não
pudesse mais usar este produto?"*

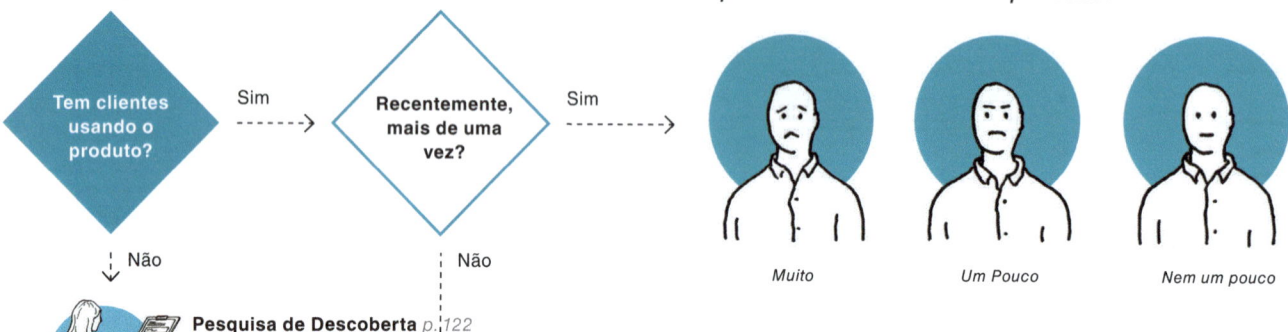

Tem clientes usando o produto? — Sim → Recentemente, mais de uma vez? — Sim →

Não ↓   Não ↓

Pesquisa de Descoberta p. 122

Muito   Um Pouco   Nem um pouco

Teste Sean Ellis

Há um tipo de pesquisa chamado de teste Sean Ellis, que tem o nome do pai e especialista em growth-hacking Sean Ellis. Sua abordagem avalia o desejo por meio da escassez.

O teste Sean Ellis foca uma pergunta importante: *"Você ficaria desapontado se não pudesse mais usar este produto? Muito, um pouco ou nem um pouco desapontado?"*

Pode-se argumentar que você só consegue o ajuste do produto/mercado depois de atingir uma pontuação de 40%. Se os clientes ficarem apáticos e não se importarem se o produto

for descontinuado, você tem um problema de desejo. Não faz sentido produzir em escala antes de conseguir o ajuste; do contrário, você perderá muito dinheiro produzindo grande quantidade do que ninguém quer.

O contexto é importante quando se realiza um teste Sean Ellis. Se realizá-lo assim que o cliente vivenciar a proposta de valor, pode parecer muito deslocado e oferecer resultados distorcidos, porque eles ainda têm que vivenciar o produto. Quem ficaria realmente desapontado em relação a algo que nunca usou?

Por outro lado, se mostrar essa pesquisa a alguém que não usou o produto em seis meses, há uma boa chance de que ele já o tenha abandonado e de que nem mesmo faça a pesquisa.

Recomendamos mostrar essa pesquisa para avaliar o desejo com clientes que realmente experimentaram seu produto pelo menos duas vezes nas últimas duas semanas.

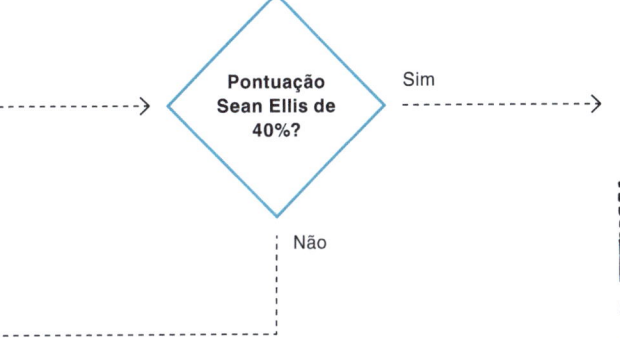

Net Promoter Score (NPS)
[Grau de Lealdade do Consumidor]
"Você recomendaria este produto a um amigo ou conhecido?"

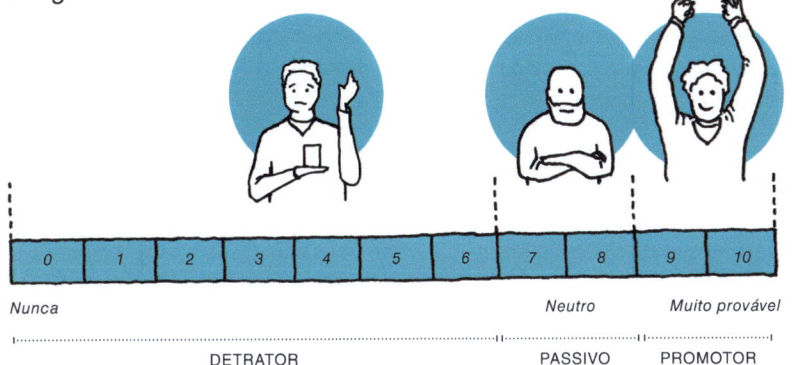

NPS

O Net Promoter Score (NPS) é uma pesquisa muito comum, amplamente usada por organizações de todo o mundo.

A principal questão de uma pesquisa NPS é: *"Você recomendaria este produto a um amigo ou conhecido?*
0 (nunca) a 10 (muito provável)"

Você pode calcular o índice NPS usando a seguinte fórmula:

% PROMOTORES - % DETRATORES = NPS

Assim como no teste Sean Ellis, o contexto é importante. O cliente precisa ter concluído algo significativo com seu produto antes de recomendá-lo a um amigo ou conhecido. Embora interessante, não é suficiente que os clientes queiram recomendá-lo antes de usá-lo. Também será difícil acreditar em clientes que dizem que o recomendariam se o tivessem usado, mas não ficariam desapontados se fosse descontinuado. Use o NPS depois de eles terem respondido ao teste Sean Ellis.

Você não deve prematuramente escalar um negócio com base em referências hipotéticas de pessoas que não ficariam desapontadas se seu produto fosse descontinuado.

Custo

Pesquisas de validação são baratas, porque você certamente já tem um canal para atingi-las. Atualmente, há muitas ferramentas e serviços para ajudá-lo a interceptar clientes ativos em seu site por meio de um pop-up ou e-mail, se ativarem uma ação específica.

Tempo de Setup

É relativamente rápido preparar uma pesquisa de validação, e sua configuração leva algumas horas ou um dia.

Tempo de Execução

Se tiver canais de distribuição de pesquisas de validação, uma pesquisa poderá levar apenas 1–3 dias para obter milhares de respostas. Se tiver dificuldade em contatar seu público, pode levar algumas semanas para obter respostas suficientes.

Evidência

●●○○○

Você ficaria desapontado?

% de Desapontamento.

Mais de 40% de desapontados é uma pontuação ideal antes de pensar em escalar seu negócio. Do contrário, você afastará as pessoas tão depressa quanto as atraiu.

Esses dados são uma evidência relativamente fraca, mas sinalizar que o produto poderá desaparecer suscitará uma resposta melhor.

●○○○○

Você recomendaria o produto?

% de Probabilidade de Indicação

Mais de 0% é considerado bom, embora isso possa variar por setor. Procure online parâmetros de seu setor.

Os dados de uma pesquisa NPS fornecem uma evidência mais fraca do que um teste Sean Ellis. Você recebe respostas a uma situação de indicação hipotética.

●●○○○

Classificação de Tarefas / Dores / Ganhos

% de Exatidão Quando Comparado ao Perfil do Cliente

Tente obter 80%, pois estar errado aqui tem um efeito cascata em toda a estratégia.

Um tanto fraca, mas um passo importante antes de iniciar testes com maior envolvimento.

Capacidades

Produto / Marketing / Pesquisa

As pesquisas de validação exigem habilidade para elaborar perguntas com cuidado e usar o tom e a estrutura adequados. Como essas pesquisas visam clientes existentes, é preciso identificar segmentos específicos e subsegmentos para ajudar a reduzir ruídos nos dados.

Exigências

Material Básico Quantitativo

Pesquisas de validação devem pedir a clientes para se posicionarem em relação a uma situação, preço ou funcionalidade. Você precisará ter algo a que respondam para que possa medir quantitativamente suas respostas.

Canal para um Cliente Existente

Pesquisas de validação são feitas para clientes existentes, o que significa que você precisa confirmar que pode alavancar o canal para contatá-los, seja online ou pelo site, por e-mail, ou offline, por mala direta ou prospectos.

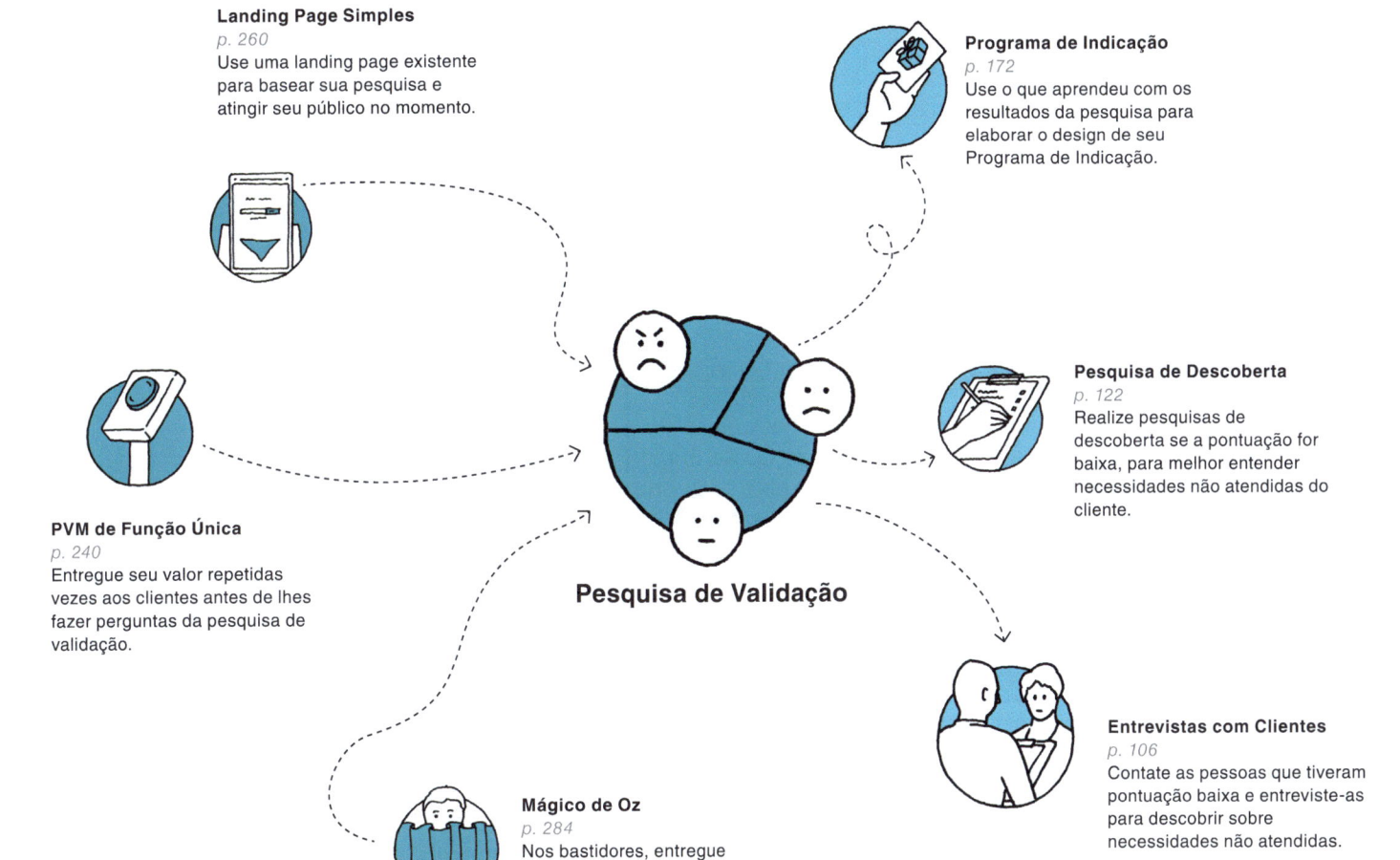

Landing Page Simples
p. 260
Use uma landing page existente
para basear sua pesquisa e
atingir seu público no momento.

Programa de Indicação
p. 172
Use o que aprendeu com os
resultados da pesquisa para
elaborar o design de seu
Programa de Indicação.

Pesquisa de Descoberta
p. 122
Realize pesquisas de
descoberta se a pontuação for
baixa, para melhor entender
necessidades não atendidas do
cliente.

PVM de Função Única
p. 240
Entregue seu valor repetidas
vezes aos clientes antes de lhes
fazer perguntas da pesquisa de
validação.

Pesquisa de Validação

Entrevistas com Clientes
p. 106
Contate as pessoas que tiveram
pontuação baixa e entreviste-as
para descobrir sobre
necessidades não atendidas.

Mágico de Oz
p. 284
Nos bastidores, entregue
manualmente o valor aos
clientes antes de lhes fazer
perguntas da pesquisa de
validação.

PESQUISA DE VALIDAÇÃO

283

CHAMADA PARA AÇÃO

VALIDAÇÃO / SIMULAÇÃO

Mágico de Oz

Criar uma experiência para o cliente e entregar valor manualmente a pessoas em vez de apenas usar tecnologia. O nome Mágico de Oz se origina do filme, porque você tem um pedido que é entregue pessoalmente. Ao contrário do concierge, as pessoas envolvidas não são visíveis ao cliente.

⬤⬤○○○ **CUSTO**	⬤⬤⬤⬤⬤ **FORÇA DA EVIDÊNCIA**
⬤⬤⬤○○ **TEMPO DE SETUP**	⬤⬤⬤○○ **TEMPO DE EXECUÇÃO**

CAPACIDADES *Design / Produto / Tecnologia / Jurídico / Marketing*

DESEJO · PRATICABILIDADE · VIABILIDADE

O Mágico de Oz é ideal para aprender manualmente e em primeira mão os passos necessários para criar, captar e entregar valor ao cliente.
O Mágico de Oz não é ideal para escalar um produto ou negócio.

Estabelecendo um Limite

O Mágico de Oz é uma forma de abordar o problema de escalar uma solução prematuramente. Recomendamos estabelecer um limite a partir do qual a automação das tarefas do Mágico de Oz manual faça sentido.

Se precisar de quinze minutos para criar o valor para o cliente de forma manual, pergunte-se:

1. A quantos pedidos de clientes podemos atender manualmente todos os dias?
2. Qual é o custo de entregar cada um (estrutura de custos)?
3. Qual é o valor máximo que os clientes pagariam (fluxos de receita)?
4. Com que volume a automatização dessas tarefas tem melhor custo-benefício?

Vimos empresários se apressarem a automatizar a solução e, consequentemente, escalar de forma prematura. Quando você estabelece um limite para entregar o valor de forma manual, não precisa escalá-lo até que tenha sido ultrapassado. Alguns empresários o ultrapassam e então passam à automatização. Outros podem nunca atingi-lo. Para estes, recomendamos recuar um pouco e reavaliar a estratégia.

Prepare

- ☐ Planeje os passos para criar o produto manualmente.
- ☐ Crie um quadro para acompanhar todos os pedidos e os passos necessários.
- ☐ Teste os passos com alguém internamente para certificar-se de que funcionam.
- ☐ Integre e verifique se os web analytics estão funcionando bem.

Execute

- ☐ Receba pedidos para o experimento do Mágico de Oz.
- ☐ Realize o experimento do Mágico de Oz.
- ☐ Atualize o quadro com os passos para cada pedido. Documente o tempo exigido para concluir as tarefas.
- ☐ Obtenha feedback de satisfação dos clientes com entrevistas e pesquisas.

Analise

- ☐ Revise o feedback de satisfação do cliente.
- ☐ Revise a métrica do quadro para:
  - • Tempo para concluir a tarefa.
  - • Em quais pontos do processo houve atrasos.
  - • Quantos compraram.
- ☐ Use as descobertas para melhorar o próximo experimento e saber como automatizar o processo.

Custo

Se os experimentos do Mágico de Oz forem pequenos e simples, sua execução será barata, pois você fará todo o trabalho manualmente, com pouca ou nenhuma tecnologia envolvida. Se tentar escalar o experimento ou deixá-lo muito complexo, o custo aumentará.

Tempo de Setup

Preparar um experimento Mágico de Oz leva um pouco mais de tempo do que outras técnicas rápidas de criação de protótipos, porque você terá que planejar manualmente todos os passos e conseguir clientes para ele.

Tempo de Execução

Executar um experimento Mágico de Oz pode levar dias ou semanas, dependendo da complexidade do processo e de quantos clientes estejam envolvidos. Ele leva mais tempo do que outras técnicas rápidas de criação de protótipos.

Evidência

Satisfação do cliente

Citações e feedback dos clientes sobre sua satisfação depois de receber o resultado de seu experimento.

A evidência gerada pela satisfação do cliente é forte neste caso, porque você pede feedback depois de o valor ser entregue ao cliente, e não em uma situação hipotética.

Nº de compras

Compras dos clientes a partir do experimento do Mágico de Oz. Quanto estão dispostos a pagar por uma experiência manual?

Os pagamentos são uma evidência forte, mesmo que você entregue valor manualmente.

Tempo necessário para concluir o processo

Lead time é o tempo total medido a partir do pedido do cliente até a entrega.

Cycle time é o tempo gasto trabalhando no pedido. Ele não inclui o tempo ocioso do pedido antes que o trabalho nele comece.

O tempo para concluir o experimento é uma evidência muito forte — ele lhe dá informações em primeira mão sobre os passos necessários para receber um pedido e entregar valor ao cliente.

Capacidades

Design / Produto / Tecn / Jurídico/ Marketing

Você precisa das capacidades de criar e entregar manualmente o produto ao cliente. O contexto é muito específico e depende de entregar um produto físico ou digital para o consumidor final.

Exigências

Tempo

A maior exigência para um experimento Mágico de Oz é o tempo, seguido de perto pela cortina digital. Como no experimento concierge, você precisará de mais tempo para o teste, mas, além disso, precisará de uma cortina para ocultar as pessoas que realizam as tarefas do cliente. Isso pode tomar várias formas, mas a mais comum é uma landing page simples ou interface digital em que o cliente pede e recebe o valor.

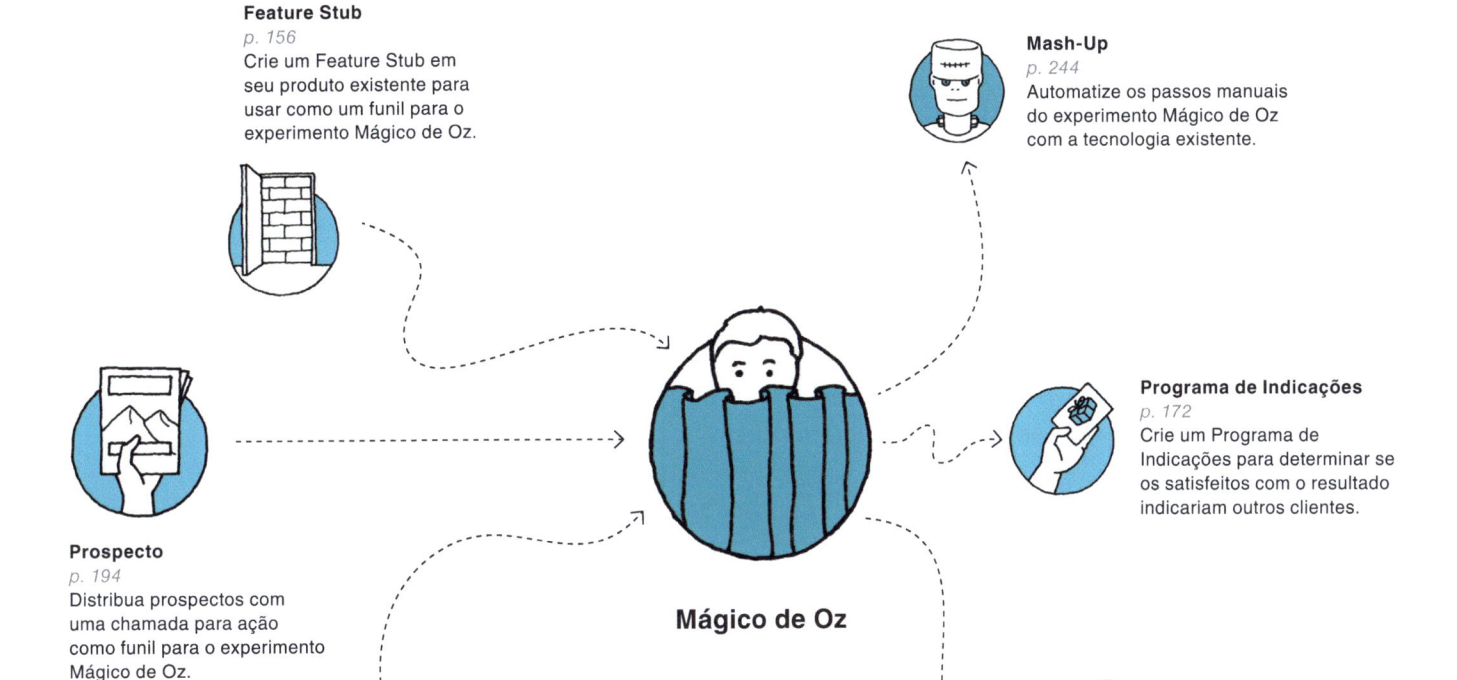

Feature Stub
p. 156
Crie um Feature Stub em seu produto existente para usar como um funil para o experimento Mágico de Oz.

Mash-Up
p. 244
Automatize os passos manuais do experimento Mágico de Oz com a tecnologia existente.

Prospecto
p. 194
Distribua prospectos com uma chamada para ação como funil para o experimento Mágico de Oz.

Mágico de Oz

Programa de Indicações
p. 172
Crie um Programa de Indicações para determinar se os satisfeitos com o resultado indicariam outros clientes.

Landing Page Simples
p. 260
Crie uma landing page simples para atrair interesse para o experimento Mágico de Oz.

Crowdfunding
p. 266
Crie uma campanha de crowdfunding para financiar o que for preciso para automatizar todos os passos para um produto escalável.

MÁGICO DE OZ

287

SIMULAÇÃO

Venda Simulada

Apresentar a venda do seu produto sem processar informações sobre pagamento.

● ● ○ ○ ○
CUSTO

⚖ ● ● ● ● ○ ○
FORÇA DA EVIDÊNCIA

🔳 ✉ ◑
DESEJO · PRATICABILIDADE · **VIABILIDADE**

🕐 ● ● ○ ○ ○
TEMPO DE SETUP

⏱ ● ● ● ○ ○
TEMPO DE EXECUÇÃO

A venda simulada é ideal para determinar diferentes pontos de venda para seu produto.

CAPACIDADES *DESIGN / VENDAS / FINANÇAS*

VAREJO OFFLINE

PREPARE

☐ Crie um protótipo físico de alta fidelidade de seu produto.

☐ Comunique a duração e natureza do experimento a gerentes e funcionários de lojas, para que todos entendam o que está ocorrendo.

Execute

☐ Coloque o protótipo em posição estratégica na prateleira na loja.

☐ Observe e documente quem vê, pega e coloca o produto na cesta.

☐ Antes ou na hora da compra do cliente, intercepte o produto e explique que ele ainda não está disponível.

☐ Obtenha feedback do cliente ou se ele quer ser contatado quando estiver disponível e por que o pegaram para comprar em comparação a outros produtos.

☐ Recompense o cliente pelo transtorno com um vale-presente.

Analise

☐ Revise as notas do feedback do cliente.

☐ Revise seu log de atividade de quantos:

- Viram o produto.
- Puseram-no na cesta.
- Quiseram comprá-lo.
- Deram informações para contato em seu lançamento.

☐ Use suas descobertas para melhorar a proposta de valor e o design do produto.

ONLINE COM INSCRIÇÃO POR E-MAIL

PREPARE

☐ Crie uma landing page simples.

☐ Insira suas opções de preço.

☐ No clique da opção de preço, mostre um pop-up "ainda não estamos prontos" com uma ficha de inscrição por e-mail.

☐ Integre e cheque se os web analytics funcionam bem.

Execute

☐ Deixe sua página ativa ao público.

☐ Atraia tráfego para sua página.

Analise

☐ Revise seus analytics sobre quantas pessoas:

- Viram as opções de preço.
- Clicaram em uma opção de preço.
- Forneceram o e-mail.
- Saíram do fluxo (i.e., funil de web analytics).
- Converteram na página com base na fonte de tráfego.

☐ Use os dados para avaliar a viabilidade e melhorar a proposta de valor e as opções de preço.

Conexões

- Opções de preço vêm de seu fluxo de receita, no Canvas do Modelo de Negócios.

Custo

Vendas simuladas são relativamente baratas: você testa o preço do produto sem criá-lo por completo. Precisa de um nível de fidelidade crível para seu público-alvo, portanto, há um custo para apresentar sua solução digital ou fisicamente.

Tempo de Setup

O tempo de setup para uma venda simulada é relativamente curto, e você pode criar uma plataforma crível para sua proposta de valor em algumas horas ou dias.

Tempo de Execução

O tempo de execução para uma venda simulada é de alguns dias ou semanas. Você deve visar um público específico com sua solução e lhe dar tempo suficiente para considerar uma compra.

Evidência

Nº de visualizações únicas
Nº de cliques para compra

Calcule a taxa de conversão de compra tomando o número de pessoas que clicaram para comprar pelo que viram o preço.

Cliques de compra são relativamente fortes, embora não tanto quanto o e-mail e a realização de pagamento subsequentes.

Nº de inscrições de compra por e-mail

Calcule a taxa de conversão de compra por e-mail dividindo o número de pessoas que se inscreveram por e-mail pelo número que viram o preço.

Inscrições por e-mail depois de cliques de compra são relativamente fortes, embora não tanto quanto a realização de pagamentos.

Nº de informações de pagamentos de compras apresentado

Calcule a taxa de conversão de pagamento de compras pegando o número de pessoas que preencheram as informações de pagamento dividido pelo daquelas que viram o preço.

A apresentação de informações de compra é uma evidência muito forte.

Capacidades
Design / Vendas / Finanças

Conduzir uma venda simulada exigirá habilidades de modelagem financeira para informar as opções de preço. Você também precisará projetar a venda de modo a ter a fidelidade adequada para seu público-alvo. Por fim, você precisa de habilidades de vendas, principalmente se as estiver conduzindo em pessoa no mundo físico.

Exigências
Estratégia de Preços

A venda simulada requer reflexão e alguns cálculos antes de realizar o experimento. Esse não é um cenário em que se pergunta simplesmente às pessoas quanto elas pagarão. É notável que os clientes não sabem responder a essa pergunta. Em vez disso, você deverá poder apresentar um ou vários preços de venda para que eles respondam. Se testar um preço ridiculamente baixo, receberá falsos positivos em algo que não poderá entregar. Assim, dedique um tempo para pensar bem na estrutura de custos, para fazer com que a evidência da venda simulada valha a pena.

Anúncio Online
p. 146
Crie demanda para a sua venda simulada publicando anúncios online dirigidos com sua proposta de valor.

Entrevistas com Cliente
p. 106
Contate as pessoas que mostraram interesse em comprar o produto para melhor compreender suas necessidades.

Landing Page Simples
p. 260
Crie uma landing page simples como veículo para conduzir a venda simulada.

Venda Simulada

PVM de Função Única
p. 240
Crie um produto de valor mínimo com função única para testar com os clientes.

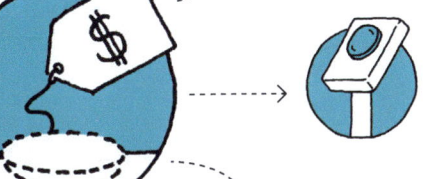

Campanha por E-mail
p. 162
Mantenha os interessados atualizados para quando lançar o produto.

Prospecto
p. 194
Use um prospecto com preços como material para sua venda simulada.

VENDA SIMULADA

291

SIMULAÇÃO

VENDA SIMULADA

Eles virão quando você o construir.
Buffer

Quando Joel Gascoigne, cofundador da Buffer, iniciou a empresa, em seu quarto, há nove anos, não tinha certeza se as pessoas iriam mesmo pagar por seu serviço de programação de mídia social.

Na época, gerentes de mídia social ainda faziam login manualmente em várias plataformas e postavam seu conteúdo. Eles usavam calendários e lembretes para lhes avisar do momento perfeito para logar e postar em diferentes fusos horários. Esse método não era ideal, principalmente quando se precisava postar no meio da noite.

O aplicativo da Buffer resolveria esse problema, começando por um serviço de programação para o Twitter, antes de se expandir para plataformas adicionais de mídia social. Joel decidiu testar ligeiramente o desejo do app Buffer adicionando um botão "Planos e Preços" à sua landing page simples. Quando clicado, exibia uma mensagem sobre não estar pronto ainda, com uma inscrição por e-mail para ser notificado.

Depois que algumas pessoas forneceram seu e-mail, Joel determinou que havia um interesse inicial, mas quis reunir mais evidências.

Hipótese
Joel achava que as pessoas pagariam uma taxa mensal para programar seus posts de mídia social no Twitter.
Fornecer o e-mail sem quaisquer informações de preço não era suficiente. Joel precisava saber se ele era viável.

Experimento
Testar preços de diferentes taxas mensais para avaliar viabilidade.
Joel decidiu testar a viabilidade adicionando três diferentes níveis de pagamento à landing page. Grátis = US$0/mês por 1 tuíte por dia e 5 tuítes em sua fila do buffer. Standard = US$5/mês por 10 tuítes por dia e 50 na fila. Max = US$20/mês por tuítes ilimitados por dia e na fila. Essas opções apareciam quando as pessoas clicavam no botão "Planos e Preços". Quando as pessoas clicavam em uma opção, um formulário de inscrição por e-mail aparecia declarando que o Buffer ainda não estava totalmente pronto para o lançamento. Cada opção na página tinha o analytics integrado, permitindo a Joel analisar quem estava se inscrevendo com base no preço selecionado.

Evidência
Um sinal de US$5/mês.
A evidência mostrou que o plano de US$5/mês foi o grande vencedor nesse teste inicial. Essa opção gerou a maioria das inscrições por e-mail quando ele a comparou com as de US$0 e US$20.

Insights
As pessoas tinham interesse em pagar.
Com os dados mostrando que o plano de US$5/mês era o mais popular, ficou claro como as pessoas valorizavam o Buffer. Elas não precisavam só programar um tuíte por dia, porque poderiam simplesmente fazer o log in e fazer isso. Por outro lado, não precisavam de tuítes ilimitados, porque gerentes de mídia social não querem sobrecarregar seu público e ser vistos como spam. O ponto ideal parecia ser o de 5 tuítes por dia, o que já gerava complicação suficiente para as pessoas pagarem uma taxa de US$5/mês por endereço.

Ações
Evidência de que o Buffer deveria ser construído.
Depois de gerar evidências e insights sobre a demanda do Buffer, Joel decidiu construir o aplicativo. Ele usou seus conhecimentos para ajudar a formar os pontos de preço para o lançamento. Joel também economizou nos elementos e manualmente processou os pagamentos para cada cliente no início. Hoje, o Buffer é usado por centenas de milhares de clientes em todo o mundo e tem uma receita mensal recorrente de US$1,5 milhão.

VALIDAÇÃO / SIMULAÇÃO

Carta de Intenções

Curto contrato escrito de leitura simples sem vínculo jurídico.

CUSTO ● ● ○ ○ ○ ○

FORÇA DA EVIDÊNCIA ● ● ● ○ ○ ○

TEMPO DE SETUP ● ● ○ ○ ○ ○

TEMPO DE EXECUÇÃO ● ● ● ○ ○ ○

CAPACIDADES *Produto / Tecnologia / Jurídico / Finanças*

 DESEJO · PRATICABILIDADE · VIABILIDADE

A carta de intenções (CDI) é ideal para avaliar os parceiros principais e segmento de clientes B2B.
A carta de intenções não é ideal para segmentos de clientes B2C.

CARTA DE INTENÇÕES

Modelo Básico de CDI
(Seu Nome)
(Cargo)
(Nome da Empresa)
(Endereço da Empresa)

(Data)

(Para Nome)
(Cargo)
(Nome da Empresa)
(Endereço da Empresa)

Caro (Nome)
Aqui, apresentamos uma carta
de intenções sem vínculo
jurídico para (insira os termos
do acordo).

Atenciosamente,
(Seu Nome).

SIMULAÇÃO

295

Prepare

☐ Defina o público-alvo de
sua carta de intenções,
de preferência, um que já
conheça o seu negócio.
☐ Pesquise que formato jurídico
de carta de intenções
corresponde melhor ao seu
negócio (i.e., cliente B2B vs.
parceiros principais B2B).
☐ Crie seu modelo de carta de
intenções.

Execute

☐ Mostre a carta de intenções
ao seu público-alvo.
☐ Uma pessoa na equipe realiza
a entrevista.
☐ Outra pessoa na equipe anota
citações, tarefas, dores,
ganhos e linguagem corporal
do cliente.

Analise

☐ Revise suas notas com a
equipe.
☐ Quantas foram enviadas,
lidas e assinadas?
☐ Acompanhe as assinadas
para continuar a conversa e
fazer sua ideia de negócios
avançar.

Custo

Criar contratos de cartas de intenções é relativamente barato, pois, geralmente, têm uma ou duas páginas. Você encontra modelos gratuitos de CDI online ou pode gastar um pouco de dinheiro para que um advogado o ajude a elaborar uma carta apropriada.

Tempo de Setup

O tempo de setup de uma carta de intenções é de apenas algumas horas ou, talvez, um dia, se envolver ajuda jurídica.

Tempo de Execução

O tempo de execução para uma carta de intenções é curto, pois seu público pode aceitá-la ou não.

Evidência

Nº de CDIs enviadas
Nº de CDIs vistas
Nº de CDIs assinadas

A taxa de aceitação de CDIs = nº de CDIs assinadas dividido pelo nº de CDIs enviadas.

As assinaturas de cartas de intenções não têm vínculo jurídico, mas são uma evidência mais forte do que pessoas apenas dizendo que participarão ou comprarão.

Feedback do cliente
Feedback do parceiro
Citações de Clientes e Parceiros

O feedback é uma evidência fraca, mas, geralmente, é bom para obter insights qualitativos.

Capacidades

Produto / Tecnologia / Jurídico / Finanças

Para criar uma carta de intenções, é útil ter algum conhecimento jurídico básico, mesmo que não seja um documento legal. Se for usada com parceiros, você precisará articular a atividade-chave ou o recurso-chave necessário em detalhes. Para clientes B2B, será preciso falar claramente sobre sua proposta de valor e estrutura de preços.

Exigências

Leads Mornas

A menos que você tenha leads mornas [Stakeholders no produto], o que significa que há uma compreensão básica da sua proposta de valor e negócio percebidos, não recomendamos usar uma carta de intenções. Não seria bom enviar e-mails sem aviso prévio com CDIs para as pessoas, o que resultaria em uma taxa de conversão desalentadora. Em vez disso, prepare sua CDI para conversas agendadas para que possa apresentá-la durante ou logo após a reunião.

Entrevistas com Parceiros & Fornecedores
p. 114
Entreviste parceiros e fornecedores para entender melhor suas capacidades antes de criar a CDI.

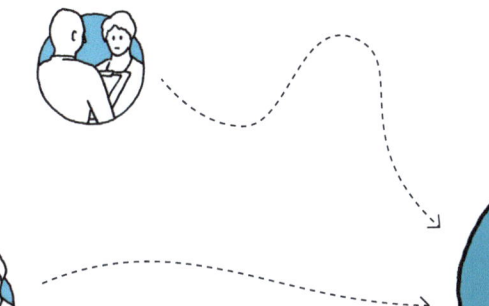

PVM de Função Única
p. 240
Crie um PVM de Função Única com seus parceiros ou clientes de CDI.

Entrevistas com Clientes
p. 106
Use as notas das entrevistas para criar a estrutura de sua CDI.

Carta de Intenções

Pré-vendas
p. 274
Realize a pré-venda da solução para seus clientes antes de estar disponível para o público.

Protótipo em Tamanho Natural
p. 254
Crie um protótipo em tamanho natural para testar com seu segmento de clientes.

CARTA DE INTENÇÕES
Usando CDIs com Paisagistas
Thrive Smart Systems

A Thrive Smart Systems é uma empresa determinada a empoderar as pessoas com a mais moderna tecnologia de irrigação. Seu sistema wireless poupa tempo e dinheiro, e fornece uma irrigação mais inteligente.

Os cofundadores, Seth Bangerter e Grant Rowberry, queriam saber se as pessoas comprariam seu produto antes que completassem o seu desenvolvimento. Muitas pessoas, em especial paisagistas, mostraram tanto interesse que, quando lhes perguntaram quantos comprariam, respondiam: "Vários" ou "Tantos quantos puder me vender". Embora isso fosse empolgante, Seth e Grant queriam ter um número sólido de quantos desses clientes estavam dispostos a comprar.

A equipe da Thrive decidiu pedir aos clientes interessados para escrever uma carta de intenções de compra. A ideia era permitir às pessoas escrever, em números, exatamente o que queriam. Seth e Grant decidiram criar um modelo que incluísse elementos vitais, que uma carta de intenções deveria ter. Quando um cliente em potencial declarava que estava disposto a comprar uma quantidade x do produto da Thrive, então a quantidade x era colocada na carta de intenções.

A Thrive chamou esse modelo de formulário de carta de intenção.

Hipótese

Seth e Grant acharam que gerariam US$25 mil durante a fase de teste, por meio de 20 CDIs.

Experimento

Pedindo aos clientes para escreverem uma CDI.

Eles começaram a testar essa hipótese pedindo a clientes interessados que escrevessem uma carta de intenções para quantas unidades estivessem dispostos a comprar.

Depois de receber algumas, eles criaram um modelo de CDI para distribuir a cada pessoa que mostrasse interesse em comprar o produto.

Evidência

Gerando mais de US$50 mil em compras.

A equipe da Thrive constatou que, sem anúncios, apenas pedindo aos clientes para preencher um formulário, poderiam gerar mais de US$50 mil em receitas projetadas.

Insights

Expectativas versus realidade.

Eles também descobriram que a quantidade de unidades que as pessoas dizem que comprariam é muito maior do que a que colocam por escrito.

Os que disseram que comprariam mil unidades escreveram que comprariam apenas trezentas. Alguns que disseram que comprariam cem, escreveram que comprariam só de quinze a vinte. Assim, Seth e Grant reuniram informações sobre como formalizar o processo de compra. Mesmo que a CDI não tenha vínculo jurídico, quando um cliente em potencial põe tudo em preto no branco, fica mais envolvido no processo.

Ações

Iterando a abordagem da CDI.

A partir dos experimentos com CDIs, Seth e Grant as aperfeiçoaram em duas versões. Uma sendo "uma promessa de compra" para os que quisessem comprar o produto final. A outra sendo um "acordo de teste" para os que quisessem participar do teste beta.

VALIDAÇÃO / SIMULAÇÃO

Loja Pop-Up

Uma loja de varejo temporária para vender mercadorias, geralmente,
um produto da moda ou sazonal.

 ●●●●○
CUSTO

 ●●○○○
FORÇA DA EVIDÊNCIA

 ●●●○○
TEMPO DE SETUP

●●○○○
TEMPO DE EXECUÇÃO

CAPACIDADES *Design / Produto / Jurídico / Vendas / Marketing*

DESEJO · PRATICABILIDADE · VIABILIDADE

*Uma loja pop-up é ideal para testar interações diretas com
clientes, para ver se realmente realizam a compra.
Uma loja pop-up não é ideal para negócios B2B; em vez disso,
pense em um stand em uma conferência.*

Prepare

- ☐ Encontre um local.
- ☐ Trate do aluguel, da licença, das autorizações e do seguro.
- ☐ Faça o design da experiência.
- ☐ Planeje a logística de como funcionará.
- ☐ Divulgue as datas que estará aberta ao público.

Execute

- ☐ Abra sua loja pop-up.
- ☐ Reúna evidências necessárias com os clientes.
- ☐ Feche sua loja pop-up.

Analise

- ☐ Revise suas notas com a equipe:
  - O que empolgou as pessoas?
  - O que as deixou céticas?
- ☐ Revise quantas interações significativas ocorreram:
  - Você anotou os e-mails dos clientes?
  - Você realizou alguma venda simulada, pré-venda ou venda efetiva?
- ☐ Use o que aprendeu para iterar a experiência antes de abrir outra loja pop-up.

LOJA POP-UP

301

SIMULAÇÃO

Custo

Lojas pop-up geralmente são pequenas, mas ainda custam mais do que experimentos de baixa fidelidade. Grande parte do custo consiste no aluguel de um espaço e na publicidade, que podem variar, dependendo do local e do acesso à loja. Você pode reduzir os custos se achar um proprietário que lhe ceda um espaço em sua loja para o experimento. Custos adicionais podem incluir licenças, autorizações e seguros exigidos, a fim de realizar transações comerciais.

Tempo de Setup

O tempo de setup para uma loja pop-up pode ser de dias ou semanas, dependendo do local disponível. Ela deverá ter um aspecto profissional, o que exige ter as pessoas e a aparência certas para a loja. Você também precisará criar demanda com anúncios, a menos que esteja em uma área de grande tráfego com seus clientes-alvo.

Tempo de Execução

O tempo de execução para uma loja pop-up geralmente é curto, de algumas horas a poucos dias. A intenção aqui é aprender depressa, sintetizar os resultados e seguir em frente.

Evidência

●●○○○

Nº de visitas de clientes
Nº de inscrições por e-mail

A taxa de conversão de pessoas que visitaram e forneceram o endereço de e-mail.

Feedback de clientes

Citações de clientes fornecidas em feedback para você.

Visitas de clientes, e-mails e feedback são evidências muito fracas, mas boas para obter insights qualitativos.

Nº de pré-vendas
Nº de vendas simuladas
Nº de vendas

Taxa de conversão de pessoas dispostas a pagar ou que pagaram pelo produto.

As vendas são uma evidência forte de que os clientes querem o seu produto.

Capacidades

Design / Produto / Jurídico / Vendas / Marketing

Para criar e dirigir uma loja pop-up, você precisará de conhecimentos jurídicos para tratar de licenças, autorizações, aluguel e seguro. Você precisará de conhecimentos de marketing online para divulgar a loja e de experiência em vendas para contratar vendedores para a interação com clientes.

Exigências

Tráfego

Lojas pop-up prosperam pela ideia de um nicho, uma oferta por tempo limitado para os clientes. A fim de criar essa demanda, você precisará anunciar e divulgar a loja por:

- Anúncios online.
- Campanhas na mídia social.
- Campanhas por e-mail.
- Boca a boca.

Anúncios Online
p. 146
Crie anúncios para sua loja pop-up para atrair clientes geograficamente localizados.

Pré-vendas
p. 274
Reúna informações de pagamento para compras, mas só cobre quando o produto for enviado.

Entrevistas com Clientes
p. 106
Entreviste clientes em potencial na rua e, se forem uma boa opção, dirija-os à loja pop-up.

Loja Pop-Up

Vendas Simuladas
p. 288
Realize vendas simuladas com os clientes para avaliar seu interesse, mas não peça informações de pagamento e agradeça-lhes pelo seu tempo com um vale-presente.

Concierge
p. 248
Realize o processo manualmente com os clientes, receba o pagamento e entregue o produto a eles.

Campanha na Mídia Social
p. 168
Use a mídia social para atrair pessoas à sua loja pop-up.

LOJA POP-UP

Aprendendo com o Varejo Temporário
Topology Eyewear

A Topology Eyewear visa resolver o problema de óculos mal ajustados criando itens sob medida, cujo tamanho e estilo são determinados por meio de um app de realidade aumentada. Os clientes podem tirar uma selfie, ver como diferentes óculos ficam em seu rosto e, então, comprar os óculos personalizados especialmente criados para se ajustar às suas dimensões únicas. Como acontece com qualquer inovação, há hipóteses arriscadas que precisam ser testadas.

Apesar de a tecnologia funcionar, a equipe precisava testar as várias barreiras de adoção pelos clientes.

Hipótese

A equipe da Topology achava que muitas pessoas se identificariam com o problema de óculos mal ajustados e receberiam bem uma abordagem de alta tecnologia como uma solução potencial.

Experimento

Saindo do escritório com uma loja pop-up.

A equipe alugou um espaço parcialmente vazio na entrada de uma loja na Union Street, em São Francisco, por uma sexta-feira, e criou um nome temporário — Alchemy Eyewear — e encomendou pôsteres e panfletos que o fizessem parecer exclusivo e empolgante. Chris Guest, chefe de marketing, foi para as ruas abordar estranhos, perguntou-lhes sobre seus óculos, resumiu os argumentos de venda e os encorajou a visitar a loja pop-up. Quando os clientes entravam na loja, o pessoal da Topology primeiro lhes perguntava sobre seus problemas com os óculos, anotando como descreveriam a situação nas próprias palavras. Em seguida, apresentavam a solução e anotavam a resposta e quais perguntas foram feitas a respeito. Então demonstravam o app usando um modelo de rosto padrão e anotavam suas respostas e perguntas. Depois pediam permissão para escanear seu rosto para que pudessem testá-lo em si mesmos. Quando carregado, eles os orientavam a realizar o escaneamento, e anotavam e respondiam a suas perguntas. Ao escolher um determinado design, perguntavam se poderiam pegar seu endereço de e-mail para que pudessem salvar o design e enviá-lo para eles.

Evidência

Achar os primeiros adotantes recrutados na rua.

Apesar das expectativas modestas, após duas horas, eles venderam 4 pares de óculos a um preço médio de US$400.

As taxas de conversão em inscrições por e-mail foram pequenas demais para serem significativas no sentido absoluto, mas foram úteis para descobrir em qual parte do processo ocorria a maior taxa de abandono.

Insights

As pessoas viam que seus óculos não ficavam bem, mas não sabiam bem por quê.

Apesar de a equipe ter vendido quatro pares de óculos, os insights qualitativos foram os mais valiosos.

A equipe notou que as pessoas pareciam estar "cientes dos sintomas", mas não "cientes dos problemas". Ou seja, quando lhes questionavam se tinham um problema com o ajuste, a maioria dizia que não. Mas quando lhes perguntavam se seus óculos escorregavam no nariz, apertavam, criavam marcas vermelhas etc., a maioria dizia que sim. Eles entendiam os sintomas do mau ajuste, mas ninguém pensava neles como decorrentes do mau ajuste. Isso orientou as mensagens de marketing durante anos depois.

Ações

Usando a voz do cliente.

As citações dos clientes inspiradas pelo propósito e pela visão da empresa, tornando-se essenciais para a marca.

A equipe usou o que aprendeu para abrir mais lojas pop-up para testar a proposta de valor, o posicionamento e o marketing, por fim, atingindo mais de mil clientes diretamente.

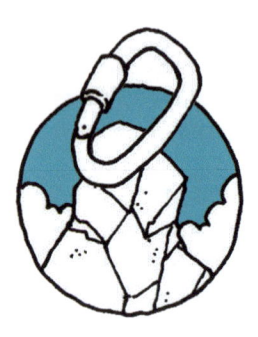

VALIDAÇÃO / SIMULAÇÃO

Extreme Programming Spike

Um programa simples para explorar soluções técnicas ou de design em potencial. O termo spike vem do alpinismo e das estradas de ferro. É uma tarefa necessária para parar e realizar, de modo que você possa continuar a progredir de modo viável.

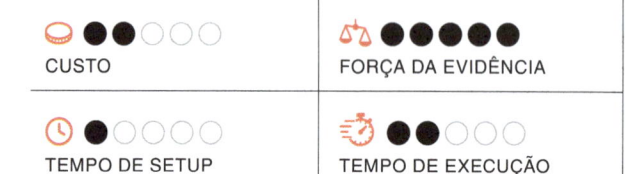

CUSTO ●●○○○○

FORÇA DA EVIDÊNCIA ●●●●●

TEMPO DE SETUP ●○○○○○

TEMPO DE EXECUÇÃO ●●○○○○

CAPACIDADES *Produto / Tecnologia / Dados*

DESEJO · **PRATICABILIDADE** · VIABILIDADE

O Extreme Programming Spike é ideal para avaliar rapidamente se sua solução é praticável ou não, geralmente com software.
O Extreme Programming Spike não é ideal para escalar a solução, já que, normalmente, ela é descartada e recriada depois.

Prepare

- ☐ Defina seus critérios de aceitação.
- ☐ Defina seu time box para o spike.
- ☐ Planeje a data de início e de fim.

Execute

- ☐ Escreva o código para atingir os critérios de aceitação.
- ☐ Pense seriamente em fazer programação em par com outra pessoa para ajudar a navegar o código e a criar quaisquer testes necessários.

Analise

- ☐ Conte o que descobriu com relação a:
    - Desempenho.
    - Nível de complexidade.
    - Resultados.
- ☐ Determine se os critérios de aceitação foram atingidos com êxito.
- ☐ Use o que aprendeu para construir, emprestar ou comprar a solução necessária.

Custo

O custo é relativamente baixo e muito mais barato do que construir a solução completa — só para descobrir se é viável no final.

Tempo de Setup

O tempo de setup para um Extreme Programming Spike geralmente é de um dia. Esse é o tempo necessário para pesquisar que métodos estão disponíveis e são geralmente realizados por alguém que já tem conhecimentos técnicos.

Tempo de Execução

O tempo de execução para um Extreme Programming geralmente é de um dia a duas semanas. Ele está em um time box agressivo por um motivo — está extremamente focado em testar a praticabilidade de uma solução específica.

Evidência

Critérios de aceitação

Os critérios de aceitação definidos para o spike foram suficientemente atingidos. O código desempenhou a tarefa e gerou o resultado exigido?

Recomendação

As pessoas trabalhando no spike oferecem recomendações sobre a inclinação da curva de aprendizado para usar o software e se é adequada para seu propósito de criar a solução.

Spikes geram evidências fortes: você está trabalhando com um código que representa a solução maior.

Capacidades

Produto / Tecnologia / Dados

Você precisará entender de produtos para comunicar com clareza como a solução cria a proposta de valor. Isso inclui responder a quaisquer perguntas da equipe e atender às expectativas do cliente quanto à velocidade e à qualidade. Capacidade sobre dados também é útil se houver alguma visualização ou aspecto de analytics no spike. A capacidade mais importante diz respeito à tecnologia e ao software, pois o spike geralmente trabalha com o código para produzir um sinal para o próximo plano de ação.

Exigências

Critérios de Aceitação

Antes de realizar um spike, defina com clareza os critérios de aceitação e o time box para que todos conheçam a meta antes de começar. Se não forem analisados, podem se tornar projetos de pesquisa intermináveis.

VALIDAÇÃO

EXPERIMENTOS

Entrevistas com Parceiros & Fornecedores
p. 114
Entreviste parceiros e fornecedores para entender melhor suas capacidades antes de iniciar sua criação.

PVM de Função Única
p. 240
Crie um produto viável mínimo de função única para testar com os clientes.

Folha de Dados
p. 190
Crie uma folha de dados sobre quais especificações a solução deve conter.

Boomerang
p. 204
Use as soluções dos concorrentes e pesquise como se desempenham e quais serviços de tecnologia usam.

Extreme Programming Spike

EXTREME PROGRAMMING SPIKE

309

SIMULAÇÃO

Min

dset

"Quanto mais sucesso você teve
no passado, menos crítico será
ao analisar suas suposições."

———————

Vinod Khosla
Capitalista de risco

SEÇÃO 4 — MINDSET

4.1 — EVITE ARMADILHAS NOS EXPERIMENTOS

Armadilhas nos Experimentos

Os melhores planos para experimentação nem sempre se concretizam. Aprendemos isso trabalhando com equipes para planejar, executar e analisar experimentos ao longo dos anos. Parte do aprendizado desse processo é se tornar mais proficiente na rapidez em realizar experimentos. Encontramos armadilhas comuns que podem ser identificadas no início, para que nos beneficiemos de nossos erros.

Armadilha de Tempo
Não dedicar tempo suficiente.

 ✗
– Você ganha o que investe. Equipes que não dedicam tempo suficiente a testar ideias de negócios não obtêm bons resultados. Muitas vezes, elas subestimam o que é necessário para realizar múltiplos experimentos e testar ideias bem.

 ✓
☐ Dedique tempo toda semana para testar, aprender e adaptar.
☐ Defina metas semanais para o que quer aprender sobre a hipótese.
☐ Visualize seu trabalho para que ele fique claro quando as tarefas se estagnarem ou ficarem bloqueadas.

Paralisia da Análise
Pensar demais em coisas que só devem ser testadas e adaptadas.

 ✗
– Boas ideias e conceitos são importantes, mas muitas equipes pensam demais e desperdiçam tempo, em vez de sair do prédio para testar e adaptar essas ideias.

 ✓
☐ Crie um time box para seu trabalho de análise.
☐ Diferencie decisões reversíveis e irreversíveis. Aja rápido na primeira. Gaste mais tempo com a segunda.
☐ Evite debates de opinião. Realize debates guiados por evidências seguidas por decisões.

Dados/Evidências Não Comparáveis
Dados confusos não comparáveis.

 ✗
– Muitas equipes são desleixadas ao definir hipóteses, experimentos e métricas exatos. Isso leva a dados não comparáveis (por exemplo, não testar exatamente no mesmo segmento de clientes ou em contextos totalmente diferentes).

 ✓
☐ Use o Cartão de Teste.
☐ Torne explícitos os objetos de teste, o contexto do experimento e as métricas precisas.
☐ Garanta que todos os envolvidos na realização do experimento participem do design.

Dados/Evidências Fracos

Medir apenas o que as pessoas dizem, não o que fazem.

 ✗
– Muitas vezes, as equipes se satisfazem ao realizar pesquisas e entrevistas, e não se aprofundam em como as pessoas agem em situações reais.

 ✓
☐ Não acredite só no que as pessoas dizem.
☐ Realize experimentos com chamada para ação.
☐ Gere evidência que se aproxime ao máximo de uma situação do mundo real que você está tentando testar.

Confirmação Parcial

Acreditar só em evidências que concordem com sua hipótese.

 ✗
– Às vezes, as equipes descartam ou subestimam evidências que entram em conflito com sua hipótese. Elas preferem a ilusão de estar corretas em sua previsão.

 ✓
☐ Envolva outros no processo de síntese de dados para ouvir diferentes opiniões.
☐ Crie hipóteses concorrentes para contestar suas crenças.
☐ Realize experimentos múltiplos para cada hipótese.

Poucos Experimentos

Realizar só um experimento para a sua hipótese mais importante.

 ✗
– Poucas equipes percebem quantos experimentos devem realizar para validar uma hipótese. Elas tomam decisões sobre hipóteses importantes com base em um experimento com evidências fracas.

 ✓
☐ Realize múltiplos experimentos para hipóteses importantes.
☐ Diferencie evidências fracas de fortes.
☐ Aumente a força da evidência reduzindo a incerteza.

Falha em Aprender e Adaptar

Quando você não dedica tempo para analisar a evidência para gerar insights e ação.

 ✗
– Algumas equipes se aprofundam tanto nos testes que se esquecem de manter os olhos no resultado. A meta não é testar e aprender. A meta é decidir, com base em evidências e insights, para ir da ideia ao negócio.

 ✓
☐ Separe um tempo para sintetizar os resultados, gerar insights e adaptar sua ideia.
☐ Navegue sempre entre um processo de teste detalhado e a ideia como um todo: que padrões importantes você observa?
☐ Crie rituais para manter os olhos no resultado: progrida da ideia para o negócio.

Terceirizar Testes

Quando você terceiriza o que deveria estar fazendo e aprendendo.

 ✗
– Terceirizar testes raramente é uma boa ideia. Testar trata de iterações rápidas entre testes, aprendizado e adaptação de uma ideia. Uma agência não consegue tomar essas decisões rápidas, e você se arrisca a desperdiçar tempo e energia com a terceirização.

 ✓
☐ Passe os recursos que você reservou para uma agência para os membros da equipe interna.
☐ Crie uma equipe de testadores profissionais.

"Precisamos de humildade para admitir
que não sabemos tudo,
que não devemos dormir sobre os louros
e que precisamos continuar
aprendendo e observando.
Se não o fizermos, podemos ter certeza
de que alguma startup estará lá
para tomar nosso lugar."

———

Cher Wang
Cofundador HTC

Melhorando Modelos de Negócios

Linguagem

Líderes que melhoram modelos de negócios existentes precisam estar cientes de sua linguagem e tom. É provável que você tenha se tornado um líder ao longo do tempo porque é um especialista com conhecimento e experiência.

À medida que conduz as equipes pelos experimentos sobre um modelo de negócios conhecido, esteja atento ao fato de que o uso excessivo de linguagem pode inadvertidamente desempoderá-las. Elas podem sentir como se sua autoridade de tomada de decisões fosse retirada, mesmo que você meramente dê sua opinião. Elas simplesmente esperarão que você lhes designe experimentos, o que não é ideal.

Responsabilidade

Muitas vezes, a responsabilidade tem uma conotação negativa nas organizações atuais, mas não precisa ser assim. Nem sempre as equipes precisam "ser responsabilizadas" por cumprir prazos e liberar funcionalidades. Embora estas sejam importantes, são fins, não resultados. Lembre-se de focar os resultados de negócios, não só funcionalidades e datas.

Suas equipes querem a oportunidade de fazer um relato de como vão os experimentos e o progresso em direção a resultados de negócios. Como líder, é sua tarefa criar um ambiente para que essas oportunidades ocorram.

Facilitação

Também é importante a forma como você interage com as equipes enquanto melhora modelos de negócios. À medida que você se transforma em líder em níveis mais elevados na organização, perceberá que é obrigatório ter habilidades de facilitação.

Recomendamos fazer cursos de facilitação à medida que progredir no jogo da liderança. Pode haver muitas opções diferentes para melhorar os negócios e, em vez de escolher uma, use a facilitação para selecionar vários experimentos. Faça a evidência moldar qual abordagem funciona melhor para seu negócio.

✔

☐ "Nós, Nos, Nosso"

☐ "Como você atingiria esse resultado de negócios?"

☐ "Você pode pensar em 2–3 experimentos adicionais?"

✘

– "Eu, Mim, Meu"

– "Entregue essa funcionalidade na data de lançamento."

– "Esse é o único experimento que devemos realizar."

Deixe sua intuição guiá-lo para a conclusão, não importa o quanto ela seja imperfeita — essa é a parte da "opinião forte". Então — essa é a parte "com base fraca" —, prove que está errado.
— Paul Saffo

Inventando Modelos de Negócios

Opiniões Fortes, Base Fraca

Inventar novos modelos de negócios exige experimentação e abertura à possibilidade de estar errado. Um jeito de pensar nisso é a abordagem de Paul Saffo: "Opiniões fortes com base fraca." Significa que você começa com uma hipótese, mas está aberto para aceitar que está errado. Se só estiver tentando provar que está certo, então ficará suscetível aos seus vieses cognitivos.

Por exemplo, quando participar de uma reunião com stakeholders, as equipes partilharão o que testaram e onde querem chegar. Se você conduzir com perguntas e ignorar todos os dados que contradigam sua opinião, a reunião será muito frustrante para todos. A atitude essencialmente desfará a cultura de experimentação que você está tentando construir.

✔
- ☐ "Qual é sua meta de aprendizado?"
- ☐ "Que obstáculos posso remover para ajudá-lo a avançar?"
- ☐ "De que outra forma podemos tratar o problema?"
- ☐ "O que aprendeu que o surpreendeu até agora?"

✘
- "Não confio nos dados."
- "Ainda acho que é uma boa ideia e devemos construí-lo mesmo assim."
- "Você precisa falar com mil clientes para que tenha importância."
- "Este precisa ser um negócio de US$15 milhões até o fim do ano que vem."

Passos que os Líderes Podem Dar

Crie um Ambiente Propício: Processos, Métricas e Cultura

O principal papel da liderança para ajudar a testar ideias de negócios é criar o ambiente certo. Dê tempo suficiente às pessoas para testarem ideias de modo iterativo. Líderes precisam abolir planos de negócios e criar processos e métricas de teste adequadas, diferentes dos processos e métricas de execução. Eles precisam dar às equipes a autonomia de tomar decisões, avançar depressa e não atrapalhar.

Remova Obstáculos e Abra Portas: Acesso a Clientes, Marcas, PI e Outros Recursos

Líderes podem remover obstáculos quando as equipes encontrarem dificuldades internas, como falta de acesso a conhecimentos internos ou recursos especializados. Líderes podem abrir portas aos clientes quando necessário. É surpreendente o quanto poucas equipes de inovação e crescimento corporativo têm fácil acesso aos clientes a fim de testar novas ideias.

Certifique-se de que as Evidências Superem as Opiniões: Mude a Tomada de Decisões

Líderes estão habituados a decidir com base em sua geralmente profunda experiência e extenso histórico. No entanto, na inovação e no empreendedorismo, a experiência passada pode realmente evitar que o indivíduo veja e se adapte ao futuro. Aqui, a evidência supera a opinião. A função do líder é estimular a equipe a criar uma hipótese convincente, para uma ideia baseada em evidência, não nas suas preferências.

Faça Perguntas em vez de Dar Respostas: Ajude as Equipes a Crescer e a Adaptar Suas Ideias

Líderes precisam melhorar suas habilidades de questionamento para estimular as equipes a desenvolverem melhores propostas de valor e modelos de negócios que tenham êxito no mundo real. Eles precisam ser incansáveis nas perguntas sobre experimentos, evidências, insights e padrões com que as equipes criam propostas de valor e ideias para modelos de negócios.

Crie
Mais
Líderes

Encontre as Equipes Meio Passo à Frente

Líderes precisam levar as equipes na jornada, em vez de inadvertidamente deixá-las para trás. Pense onde quer que os membros da equipe cheguem, então olhe para trás. Como eles vão chegar lá? Que passos terão que dar? Esse é um pequeno truque cognitivo, mas funciona. Líderes precisam sentir onde as equipes estão hoje e como fazê-las avançar. Ache oportunidades para guiá-las a dar esse primeiro passo, seja em retrospectivas programadas diretas ou em conversas no corredor.

Entenda o Contexto Antes de Dar Conselhos

Líderes precisam ouvir ativamente e entender o contexto antes de dar conselhos aos membros da equipe. Pratique deixar os membros da equipe falarem até terminarem. Quando houver uma pausa na conversa, faça perguntas esclarecedoras para garantir que entende o contexto, antes de dar conselhos. Não fique entusiasmado demais a ponto de interromper quem estiver falando porque já pensou em uma resposta. Talvez você dê conselhos prematuramente e ligue pontos que não existem.

Diga: "Eu Não Sei."

Essas três palavras simples podem assustar os líderes. "Eu não sei." Muitas vezes, perguntamos a eles quando foi a última vez em que proferiram essas palavras diante de seus empregados. As respostas variam de: "Ora, ontem mesmo!" a "Nunca!" A última resposta é preocupante. Imagine sentir a pressão de liderar uma organização e sempre ter as respostas. Há uma boa chance de que você não as tenha. Ao criar uma cultura de inovação e empreendedorismo, agir como se tivesse todas as respostas pode ser desastroso. As equipes logo verão como enxergar através do véu quando aprenderem a realizar experimentos e a gerar as próprias evidências. Pior ainda, você sentirá que enfraqueceu sua posição de liderança quando provarem que está errado. Em vez disso, recomendamos que pratique dizer "eu não sei" quando estiver em uma situação em que não sabe. Isso ajudará suas esquipes a começarem a entender que você não tem todas as respostas, e nem deveria. Continue com: "Como você trataria disso?" ou "O que acha que deveríamos fazer?" Dizer "eu não sei" o ajudará a modelar um comportamento que os líderes que está formando adotarão.

"Um mal sistema vencerá
uma boa pessoa o tempo todo."

———————

W. Edwards Deming
Professor e autor

Silos vs. Equipes Multifuncionais

Muito do modo como as empresas são estruturadas atualmente se baseia na Era Industrial. Naquela época, você criava uma fábrica para montar um produto, como um automóvel. A fabricação de um automóvel era dividida em tarefas, criava uma linha de montagem e contratava operários para realizarem a mesma tarefa sem parar. Isso funciona se você conhecer a solução, já que pode analisar seu modo de criá-la com eficiência. Não é coincidência que as corporações atuais sejam formadas do mesmo modo. Criamos projetos, os dividimos em tarefas e as designamos em diversas funções. Organizar com base na função pode dar certo se você conhecer bem tanto o problema quanto a solução — e nada mudar.

Nas últimas décadas de trabalho, aprendemos que é raro conhecermos a solução, especialmente em softwares. As coisas mudam depressa. Muito depressa. Assim, a ideia de que a solução é conhecida e nada muda está se tornando cada vez menos comum no mercado atual. É por isso que tem havido uma mudança nos modelos tradicionais que funcionam como silos para modelos mais ágeis, de equipes multifuncionais. Quando testamos novas ideias de negócios, velocidade e agilidade são obrigatórias. Equipes multifuncionais podem se adaptar mais depressa do que equipes em forma de silos. Em muitas empresas, pequenas equipes dedicadas multifuncionais podem superar equipes de projeto grandes, em forma de silos.

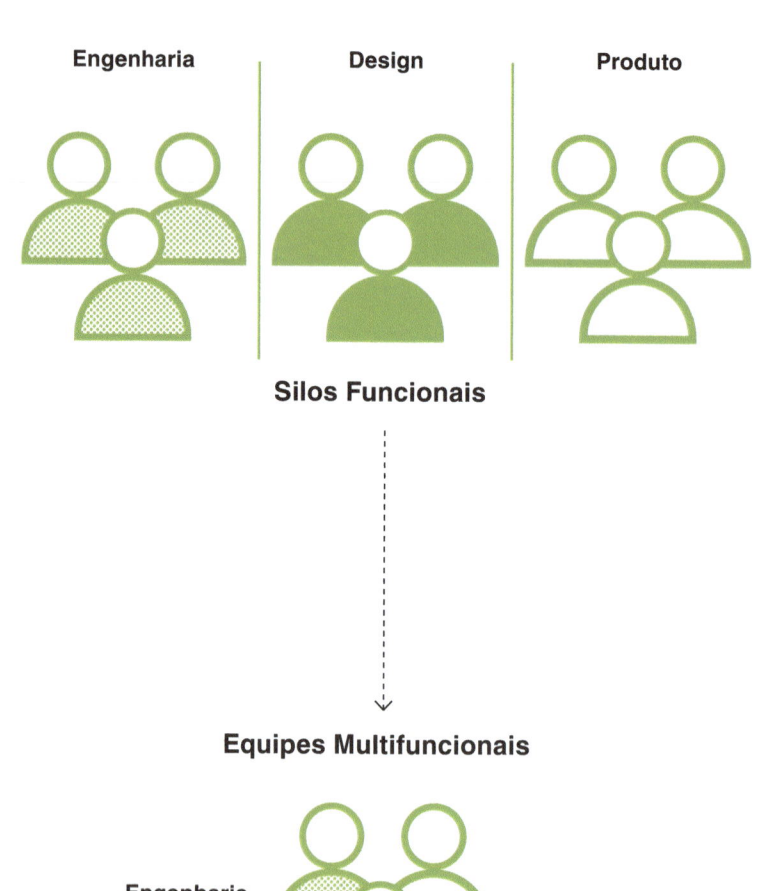

Silos Funcionais

Equipes Multifuncionais

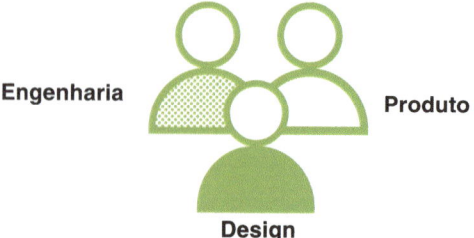

Pensando Como um Capitalista de Risco

Outro modelo desatualizado que observamos em empresas se refere à obtenção de recursos. Muitas empresas ainda aderem ao ultrapassado estilo de financiamento anual, que recorre ao mercado financeiro. Isso limita muito a agilidade da empresa e incentiva o comportamento inadequado. Por exemplo, se seu departamento não gastar todo o orçamento, é provável que seu orçamento do ano seguinte seja reduzido. Assim, o orçamento não é gasto nas atividades mais impactantes, mas naquelas que asseguram que não sobre dinheiro no final do ciclo. A obtenção anual de recursos também limita suas investidas, sendo que, em vez de tomar uma grande decisão, você se sai melhor tomando pequenas medidas por vez. É aqui que as empresas podem aprender com a comunidade de capital de risco. Infelizmente, o grau de paciência e a disposição de dar espaço às equipes são um tanto limitados nas empresas, como ilustramos abaixo.

Recursos de Capital de Risco	Recursos de Inovação
8–12 anos	1–3 anos
20–30 startups	5–10 startups internas
Hands-Off	Hands-On

Portfólio de Inovação

Em comparação ao orçamento anual, empresas estão adotando uma abordagem mais parecida com o estilo do capitalismo de risco. Isso ajuda os líderes a investirem incrementalmente em uma série de ideias de negócios e a se dedicarem às que são bem-sucedidas. Isso aumenta muito suas possibilidades e suas chances de encontrar um unicórnio, em vez de fazer 1–2 grandes apostas.

Financiamen

Incerteza & Risco

PROGRESSO

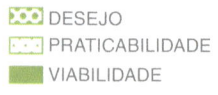

DESEJO
PRATICABILIDADE
VIABILIDADE

	Inicial	Lançamento	Desenvolvimento
Financiamento	Menos que US$50 mil	US$50 mil – US$500 mil	US$500 mil+
Tamanho da Equipe	1–3	2–5	5+
Tempo por Membro da Equipe	20–40%	40–80%	100%
Número de Projetos	Alto	Médio	Baixo
Objetivos	Entendimento do cliente, contexto e disposição para pagar	Prova de interesse e indicações de lucratividade	Modelo comprovado em escala limitada
KPIs	• Tamanho do Mercado • Evidência do Cliente • Product/solution fit • Tamanho da oportunidade	• Evidência da proposta de valor • Evidência financeira • Evidência de praticabilidade	• Product/market fit • Evidência de aquisição e retenção • Adequação do modelo de negócio
Temas de Experimentos	50–80% 0–10% 10–30%	30–50% 10–40% 20–50%	10–30% 40–50% 20–50%

Comitês de Investimento

Outro aspecto importante do financiamento no estilo do capital de risco é ter um pequeno comitê de investimento, que consiste em liderança para fazer o processo avançar. Esses líderes da empresa precisam ter autoridade de tomada de decisões quando se trata do orçamento, porque, assim, ajudam as equipes a navegar pelos estágios iniciais, lançamento e desenvolvimento. Essas decisões de financiamento geralmente ocorrem na Cerimônia de Revisão de Stakeholders (veja a página 80). Embora recomendemos que essas revisões ocorram a cada mês, as decisões de investimento costumam ocorrer em intervalos de 3–6 meses, dependendo do seu empreendimento. Veja algumas diretrizes quando se trata de criar seu comitê de investimento.

Planejando o Comitê

- *3–5 membros:* Mantenha o comitê relativamente pequeno para poder tomar decisões e avançar depressa.

- *Membro externo:* Pense em adicionar um membro externo ou empreendedor em residência (EIR) que possa ajudar a levar novos pontos de vista ao portfólio.

- *Autoridade para tomada de decisão:* Inclua membros que possam tomar decisões em relação à aprovação e ao orçamento.

- *Proposta de valor:* Embora os membros não precisem ter um histórico de empreendedorismo, precisam estar dispostos a desafiar o status quo. Muitos membros conservadores impedem prematuramente o desenvolvimento de iniciativas inovadoras.

Crie um Acordo de Trabalho

Quando reunidos, crie um acordo de trabalho para o comitê antes de convidar as equipes a apresentarem suas recomendações. Como equipe, redija e acorde normas como:

- *Ser pontual:* Os membros têm agendas lotadas, mas devem priorizar as cerimônias de revisão de stakeholders, do contrário, as equipes se perguntarão se suas iniciativas são importantes.

- *Tome decisões na reunião:* As equipes não devem sair da revisão se perguntando se podem avançar. Decida na presença delas antes de encerrar.

- *Deixe seu ego na porta:* Dê sua opinião na revisão, mas esteja disposto a mudá-la de acordo com as evidências. As equipes levarão os experimentos realizados e como pretendem avançar. Sua função é ouvir.

Promova um Ambiente

Esse comitê é parcialmente responsável por promover o ambiente de equipe que apresentamos na página 10.

Sem sua ajuda, as equipes não serão capazes de se sustentar ao longo do tempo, mesmo que sejam multifuncionais e apresentem o comportamento adequado.

Como comitê, tenha um plano para revisitar como está ajudando a equipe com obstáculos centrados em:

- Tempo.
- Multitarefas.
- Financiamento.
- Suporte.
- Acesso.
- Direção.

Pos

ácio

Glossário

Abordagem Iterativa
O processo de repetir um ciclo a fim de levar um resultado para mais perto da descoberta a cada repetição.

Ação
Próximo passo para avançar com testes e eliminar riscos de uma ideia de negócio; decisão embasada de abandonar, pivotar, iterar ou continuar os testes.

Adequação
Quando os elementos de seu Mapa de Valor atendem a tarefas, dores e ganhos relevantes de todo o seu segmento de clientes, e uma quantidade significativa de clientes "contrata" sua proposta de valor para satisfazer essas tarefas, dores e ganhos.

Aliviam as Dores
Descreve como produtos e serviços aliviam dores do cliente eliminando ou reduzindo resultados insatisfatórios, riscos e obstáculos que os impedem de fazer (bem) um trabalho.

B2B
Business to business; troca de produtos ou serviços entre empresas.

B2C
Business to consumer; troca de produtos ou serviços entre empresas e consumidores.

Canvas do Modelo de Negócios
Ferramenta de gerenciamento estratégico para planejar, testar, criar e gerir (com lucro e em escala) modelos de negócios.

Canvas da Proposta de Valor
Ferramenta de gerenciamento estratégico para projetar, testar, criar e gerir modelos de negócios lucrativos e escaláveis. Totalmente integrado ao Canvas do Modelo de Negócios.

Cartão de Aprendizado
Ferramenta de aprendizado estratégico para captar insights de pesquisas e experimentos.

Cartão de Teste
Ferramenta e teste estratégico para projetar e estruturar sua pesquisa e seus experimentos.

Chamada para Ação (CTA)
Prepara o sujeito para realizar uma ação; usada em um experimento a fim de testar uma ou mais hipóteses.

Classificação por Afinidade
Um exercício usado para organizar ideias e dados, no qual ideias são classificadas em grupos ou temas com base em seus relacionamentos.

Conversão
Quando um cliente interage com seu anúncio e realiza uma ação valiosa para o seu negócio.

Criadores de Ganhos
Descreve como produtos e serviços criam ganhos e ajudam clientes a atingir os resultados e benefícios que exigem, esperam, desejam ou sonham em ter com um trabalho (bem-feito).

CSAT
Sigla de Satisfação do Cliente.

Desejo
Os seus clientes querem seu produto ou serviço? Ter evidência de que os clientes desejam uma solução ao problema que sua proposta de valor visa.

Desenvolvimento do Cliente
Processo de quatro etapas inventado por Steve Blank para reduzir o risco e a incerteza em empreendimentos ao continuamente testar as hipóteses que embasam o modelo de negócios, com clientes e stakeholders.

Design da Proposta de Valor
O processo de projetar, testar, criar e gerir propostas de valor durante todo o seu ciclo de vida.

Dores do Cliente
Maus resultados, riscos e obstáculos que o cliente quer evitar, especialmente porque o impede de realizar (bem) um trabalho.

Equipe Distribuída
Uma equipe espalhada por locais geográficos diferentes; remota.

Empresário Solo
Palavra para designar quem cria um negócio por conta própria.

Etnografia
O estudo de pessoas na vida e práticas do dia a dia.

Evidência
Dados gerados em um experimento ou coletados no campo. Prova ou refuta uma hipótese (de negócios), um insight do cliente ou crença sobre uma proposta de valor, modelo de negócios ou o ambiente.

Experimento
Procedimento para validar ou invalidar a hipótese de uma proposta de valor ou modelo de negócios que produza evidências. Um procedimento para reduzir risco e incerteza de uma ideia de negócios.

Fidelidade
O grau em que o protótipo reproduz com exatidão o produto ou serviço. Nível de detalhes e funcionalidade no protótipo.

Ganhos do Cliente
Resultados e benefícios que clientes devem ter, esperar, desejar ou sonhar em ter.

Hipótese
Uma crença extraída de uma estratégia, modelo de negócios ou proposta de valor que precisa ser verdadeira para que sua ideia funcione parcial ou totalmente, mas ainda não foi validada.

Ideação
O processo de gerar e comunicar ideias em uma sessão em grupo.

Insight do Cliente
Pequenos ou grandes avanços no entendimento do cliente que ajudem você a criar propostas de valor e modelos de negócio melhores.

KPIs (Key Performance Indicators)
Valor mensurável que demonstra com que eficiência você está alcançando suas metas de sucesso.

Lean Startup
Método de Eric Ries baseado no processo de Desenvolvimento do Cliente para eliminar desperdício e incerteza do desenvolvimento do produto ao continuamente criar, testar e aprender de modo iterativo.

Mapa de Equipe
Uma ferramenta visual criada por Stefano Mastrogiacomo para promover o alinhamento entre os membros da equipe, para que se tenham reuniões e conversas mais efetivas.

Mapa de Valor
Ferramenta de negócios que consiste na parte esquerda do Canvas da Proposta de Valor. Ela torna explícita como seus produtos e serviços criam valor aliviando dores e criando ganhos.

Mapa do Ambiente
Ferramenta de previsão estratégica para mapear o contexto no qual você planeja e gerencia propostas de valor e modelos de negócios.

Mapeamento de Suposições
Um exercício em equipe em que suposições de desejo, viabilidade e praticabilidade são explicitamente escritas e, então, submetidas à decisão.

Métricas
Uma mensuração quantificável usada para rastrear e avaliar.

Modelo de Negócios
Fundamento sobre o qual a empresa cria, entrega e capta valor.

Perfil do Cliente
Ferramenta de negócios que consiste na parte direita do Canvas da Proposta de Valor. Ele visualiza as tarefas, as dores e os ganhos de um segmento de cliente (ou stakeholder) para quem você pretende criar valor.

Praticabilidade
Você pode criar seu produto ou serviço? Ter os recursos e a infraestrutura para construir seu produto ou serviço.

Produto Viável Mínimo (PVM)
O modelo de uma proposta de valor desenhada especificamente para validar ou não uma ou mais hipóteses.

Produtos e Serviços
Os itens nos quais sua proposta de valor se baseia e que seus clientes podem ver na sua vitrine — metaforicamente falando.

Proposta de Valor
Descreve os benefícios que os clientes podem esperar de seus produtos e serviços.

Protótipos, Realização de (Baixa/Alta) Fidelidade
A prática de criar modelos de estudo rápidos, baratos e rústicos para aprender sobre desejo, praticabilidade e viabilidade de propostas de valor e modelos de negócios alternativos.

Quadro de Progresso
Ferramenta de gerenciamento estratégico para gerir e monitorar o modelo de negócios e o processo de design da proposta de valor e rastrear o progresso até a origem.

Reunião em Pé Diária
Uma reunião diária breve para conscientizar os membros da equipe do status do projeto; derivado do Método Agile.

Stakeholder
Alguém com interesse legítimo que pode afetar ou ser afetado pelo seu negócio.

Suposição
Uma declaração ou fato que acreditamos ser verdadeiro; uma declaração na qual aceitamos algo sem qualquer evidência que a suporte.

Tarefas a Serem Realizadas
O que os clientes precisam, querem ou desejam que seja feito em seu trabalho e suas vidas.

Time Box
Um período de tempo determinado em que uma tarefa precisa ser concluída, originário do Método Agile.

Validar
Confirmar que uma hipótese é legítima, bem fundamentada ou justificável.

Viabilidade
Podemos ter lucro com nosso produto ou serviço? Ter evidências de que você pode gerar mais receita que custos do seu produto ou serviço.

Votação por Pontos
Participantes votam colocando um "ponto" ou uma nota adesiva junto às opções preferidas, usando um número limitado de notas adesivas (pontocracia ou multivotos).

Agradecimentos

Não teria sido possível criar este livro sem o amor e o apoio de minha mulher, Elizabeth. Ela tem sido minha fortaleza ao longo dos anos e, nessa jornada, não foi diferente. Nossos filhos foram ótimos durante o processo de escrita, me oferecendo amor e tempo para me concentrar. Então, Catherine, Isabella e James: agradeço a vocês por me alegrarem. Tenho sorte de ser pai de crianças tão incríveis.

Quero agradecer a meu coautor, Alex Osterwalder. Ele ofereceu sua excelente orientação e insights durante todo o livro. Tem sido um prazer e uma honra tê-lo como parte desse empreendimento ambicioso. Eu também gostaria de agradecer a Alan Smith e a toda a equipe da Strategyzer pelas muitas horas e finais de semana que dedicaram ao magnífico design do livro.

Testing Business Ideas: Testando ideias de negócios foi escrito com o benefício de ter as perspectivas de nossos antecessores. Este livro só existe por causa de todos os que influenciaram minhas ideias ao longo dos anos, de formas diretas e indiretas. Vocês foram corajosos o bastante para divulgar seus pensamentos, para que os outros os vissem.

Quero agradecer a todos vocês que continuam a colocar essas ideias em prática: Eric Ries, Steve Blank, Jeff Gothelf, Josh Seiden, Giff Constable, Janice Fraser, Jason Fraser, Ash Maurya, Laura Klein, Christina Wodtke, Brant Cooper, Patrick Vlaskovits, Kate Rutter, Tendayi Viki, Barry O'Reilly, Melissa Perri, Jeff Patton, Sam McAfee, Teresa Torres, Marty Cagan, Sean Ellis, Tristan Kromer, Tom Looy e Kent Beck.

Um livro pode parecer um processo muito intenso. Fizemos o melhor para testar nosso conteúdo à medida que iterávamos ao longo do caminho. Quero agradecer a todos os que ajudaram a revisar e ofereceram o primeiro feedback. Seus insights ajudaram a transformar o livro no que ele é hoje.

— *David J. Bland 2019*

AUTOR
David J. Bland
Fundador, consultor e palestrante

David J. Bland é um consultor, autor e fundador
que mora na área da baía de São Francisco.
Em 2015, criou a Precoil para ajudar empresas
a encontrar o product/market fit usando lean
startup, design thinking e inovação de modelo
de negócios. Ajudou a validar novos produtos e
serviços de empresas em todo o mundo. Antes
da consultoria, David passou dez anos de sua
carreira aperfeiçoando startups de tecnologia.
Ele continua contribuindo com a comunidade de
startups lecionando em várias aceleradoras
de startups no Vale do Silício.

@davidjbland
precoil.com

COAUTOR
Alex Osterwalder
*Fundador, palestrante e pensador de
negócios*

Em 2015, Alex ganhou o prêmio de estratégia
da Thinkers50, chamado de "Oscars of
Management Thinking" [Oscar de Pensamento
Gerencial] pela FT, e atualmente é o nº 7 entre os
melhores pensadores de negócios do mundo.

É palestrante principal em empresas da
Fortune 500 e palestrante convidado das
melhores universidades de todo o mundo,
incluindo Wharton, Stanford, Berkeley,
IESE, MIT, KAUST e IMD. Alex trabalha com
executivos seniores de grandes empresas,
como Bayer, Bosch, WL Gore e empresas da
Fortune 500, como a Mastercard, em projetos
relacionados à estratégia e à inovação.

@AlexOsterwalder
strategyzer.com/blog

CHEFE DE CRIAÇÃO
Alan Smith
Fundador, explorador e designer

Alan usa sua curiosidade e criatividade para
fazer perguntas e transformar as respostas
em ferramentas simples, visuais e práticas.
Acredita que as ferramentas certas dão
confiança às pessoas para mirar alto e criar
grandes coisas importantes.

Ele é cofundador da Strategyzer, com Alex
Osterwalder, onde trabalha com uma equipe
inspirada em produtos. Os livros, ferramentas
e serviços da Strategyzer são usados em
empresas de todo o mundo.

strategyzer.com

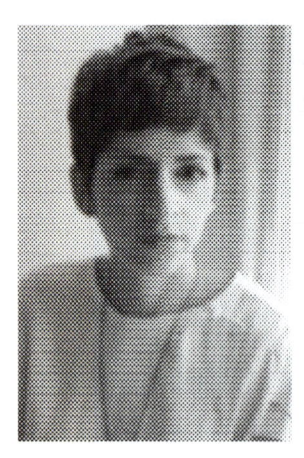

CHEFE DE CRIAÇÃO
Trish Papadakos
Designer, fotógrafa e criadora

Trish é mestre em design pela Central St. Martins, em Londres, e é formada em Design pelo York Sheridan Joint Program, em Toronto.

Leciona Design em sua *alma mater*, trabalhou com agências premiadas, lançou vários negócios e colabora pela quarta vez com a equipe da Strategyzer.

@trishpapadakos

CRIAÇÃO ADICIONAL
Chris White
Designer editorial

Alan e Trish gostariam de agradecer a Chris por subir a bordo no final do projeto e oferecer seus ótimos préstimos para ajudar a torná-lo um sucesso.

ILUSTRAÇÃO
Owen Pomery
Ilustração narrativa

Meus agradecimentos a Owen pela paciência e disposição de iterar e comunicar as ideias corretas.

owenpomery.com

ICON DESIGN
b Farias
Colaborador

Ícones: equipe, lâmpada, frasco, visível, instrumento, telescópio, caixa de seleção, cross bones, destino, papel de notas, dashboard, like, clipboard, gráfico torta, livro de química, alfinetes no mapa, troféu e capelo por b farias do Noun Project.

thenounproject.com/bfarias

TRANSFORMAÇÃO
Crie Mudança
Formação de habilidades no curso da biblioteca da Strategyzer Cloud Academy.

Crie valor para os clientes, valor para seu negócio, testando suas ideias e uma biblioteca de experimentos aprofundados.

DESENVOLVIMENTO
Crie Desenvolvimento
Sistematize e aumente os esforços de desenvolvimento.

Desenvolva estratégia, inovação, avaliação de disponibilidade, design do funil de inovação, sprints e métricas.

Índice